JURISDIÇÃO E
GARANTIAS FUNDAMENTAIS
DO PROCESSO

ADRIANO CESAR BRAZ CALDEIRA

JURISDIÇÃO E GARANTIAS FUNDAMENTAIS DO PROCESSO

Marcial Pons

MADRI | BARCELONA | BUENOS AIRES | SÃO PAULO

Jurisdição e garantias fundamentais do processo
Adriano Cesar Braz Caldeira

Produção e editoração eletrônica
Ida Gouveia / HBLYZ / Oficina das Letras®

CIP-Brasil. Catalogação na Publicação
Sindicato Nacional dos Editores de Livros, RJ

C151j
Caldeira, Adriano Cesar Braz
Jurisdição e garantias fundamentais do processo / Adriano Cesar Braz Caldeira. - 1. ed. - São Paulo: Marcial Pons, 2019.

Inclui bibliografia
ISBN 9788566722697

1. Direito constitucional - Brasil. I. Título.

19-56152 CDU: 342(81)

www.marcialpons.com.br

Impresso no Brasil

AGRADECIMENTOS

Redigir os agradecimentos de um trabalho como o que ora é apresentado ao público, nos faz reviver situações que a correria dos nossos dias por vezes acaba por esconder em nossa memória. As longas conversas com amigos de academia, que me mostraram visões diversas sobre determinadas premissas, especialmente aquelas de fundo filosófico, político e econômico. Por essa razão, agradeço ao querido Silvio de Almeida, um irmão que a vida acadêmica me deu, dono de uma seriedade, sem deixar de ser gentil, simplicidade, que não esconde a erudição e profundidade de conhecimento que o faz digno de toda minha admiração. Ao amigo Camilo Onoda Caldas, destacado estudioso das linhas gerais do direito, agradeço as preciosas considerações apresentadas por ocasião da defesa da tese de doutoramento e que deu origem ao presente livro. Agradeço ao amigo Paulo Henrique dos Santos Lucon, pela atenta leitura e considerações feitas ao trabalho, por ocasião da banca de qualificação, o que permitiu o realinhamento de questões fundamentais do trabalho e ao professor Walter Piva Rodrigues, pelo carinho, respeito e compromisso com que analisou e encaminhou os debates sobre o tema proposto, apresentando considerações valiosas para as conclusões a que o trabalho se propunha. Dirijo um agradecimento especial aos amigos Alysson Leandro Mascaro e José Rogério Cruz e Tucci. Alysson é um pensador crítico de destaque internacional, mas sobretudo uma das pessoas mais humanas e solidárias que a vida me permitiu conhecer e conviver, me fez ir às lágrimas com a apresentação da presente obra, obrigado meu querido e amado irmão. Quanto ao amigo José Rogerio Cruz e Tucci, indiscutivelmente um dos maiores juristas de nosso tempo, agradeço o carinho e sobretudo o respeito com que se dedicou à leitura deste livro, apresentando importantes considerações expostas no prefácio, obrigado caro amigo. Aos amigos Daniel Mitidiero e Marcelo Porciuncula, grandes responsáveis pela publicação deste trabalho pela Marcial Pons. De coração cheio e lágrima nos olhos agradeço a minha família, meus filhos amados, João Pedro e Bernardo, alicerces das minhas conquistas, minha esposa Marilia, corajosa, de um competência profissional inigualável, além de linda, serei eternamente grato pela força nos momentos difíceis e pelo amor sem medida, ah meu Deus, que mulher colocastes ao meu lado, te amo. Minha amada mãe, sempre com uma palavra de carinho e amor, Cris e Ro, irmãos que Deus me deu, Caio e Rubens, irmãos que a vida me permitiu escolher, à minha querida sogra Gina, literalmente uma segunda mãe. Por fim, mas jamais menos importante, abraço a todos os meus amigos e professores da Faculdade de Direito da Universidade Mackenzie, pelos constantes debates na sala dos professores.

Obrigado.

APRESENTAÇÃO

Adriano Cesar Braz Caldeira entrega, neste seu *Jurisdição e Garantias Fundamentais do Processo*, avançada e ímpar reflexão sobre o tema da jurisdição, não apenas desbastando a história do conceito mas, também, demonstrando sua aplicação a quadrantes e problemas contemporâneos concretos da técnica processual. Além disso, e coroando este projeto, este livro busca pensar criticamente a jurisdição na sociedade capitalista contemporânea, tendo em vista a natureza da sociabilidade presente, suas contradições e a transformação dos conflitos pelo direito processual, de tal sorte que a dominação política e jurídica se mantenha em dinâmica.

Somente uma investigação sobre o Estado que alcance sua materialidade – e, daí, chegue à sua forma social específica historicamente, capitalista, terceira aos sujeitos da exploração e, ao mesmo tempo, necessária para a exploração e a dominação mediante vínculos jurídicos entre sujeitos considerados livres e iguais – é capaz de dar conta de perceber a condição do direito processual nessa estrutura. A jurisdição não é a boa técnica que olimpicamente tenha sido pensada como resolução dos problemas sociais. Nem tampouco é o espaço da imparcialidade ou da manifestação de um saber tido por científico que opere a subsunção do fato à norma. Sendo o Estado uma forma necessária da exploração, a jurisdição é o escoadouro do conflito que não se resolve – e não pode se resolver numa sociedade de classes – entre sujeitos em concorrência numa miríade de vínculos e oposições.

Este livro parte da mirada concreta e material sobre o Estado, a partir de autores como Joachim Hirsch, dentre outros, para demonstrar como, em institutos normativos como o da Constituição Federal brasileira de 1988, despertam-se esperanças na jurisdição que não podem ser entregues, porque pensadas a partir de um idealismo que toma os poderes judiciários e o processo como distintos dos problemas e conflitos sociais dos quais são, inexoravelmente, partes. Não há oposição estrutural entre direito processual e realidade social: a mesma sociedade que vincula para explorar e persegue para reiterar a dominação erige a forma política estatal não para fazer desse espaço um distinto de si, mas o elemento de condução mesmo de sua própria evolução. A jurisdição não pode salvar o mundo; antes, reforça a estrutura deste mesmo mundo como é.

Em *Estado e forma política*, insisto com o fato de que a forma social do Estado é haurida de um processo de derivação a partir da forma mercadoria, que lhe dá o talhe e a natureza. A forma social do direito, que se revela na subjetividade jurídica, como já Pachukanis asseverava, também se origina do mesmo movimento de derivação da forma mercadoria. Não são, direito e Estado, uma mesma forma social, nem um cria o outro – rompendo, assim, com os juspositivismos que os reduziam a uma sinonímia –, mas, no complexo das formas sociais, sendo ambas derivadas da mesma determinação pela mercadoria, pelo valor e pela acumulação, acabam por se perfilhar em graus variados de confluência. Chamo a isso de conformação entre formas sociais, de tal sorte que o direito processual é a resultante de uma derivação secundária entre a forma política estatal e a forma de subjetividade jurídica. O processo e a jurisdição tanto atravessam o Estado e o sujeito de direito quanto são atravessados por eles. Esta conjunção de formas, o direito processual, tem algum grau de autonomia relativa, mas no fundamental está determinada pela sociabilidade da mercadoria e pelo Estado e pela subjetividade jurídica.

Indo do saber à aplicação, Caldeira expõe, de modo vigoroso, a realidade jurídica brasileira contemporânea das últimas décadas e os limites das esperanças que se fiavam no recôndito jurisdicional. O interesse do capital, das classes e grupos dominantes, a força de poderes internacionais e internos faz com que haja um descompasso necessário entre a anunciação constitucional "cidadã" e a entrega processual que nunca alcança a resolução do central do conflito social. A pergunta deste livro a respeito da estrutura político-jurídico-social que temos e a que queremos é trabalhada e respondida com armas críticas: instituições e relações sociais estão imbricadas, e a transformação de um lado só pode se dar com a do outro lado. A crítica transcende o processo para alcançar a totalidade das estruturas sociais.

O direito processual ganha, com essa obra, uma mirada quase nunca alcançada: este livro vai a fundo na ciência acerca da sociabilidade contemporânea, demonstrando de modo ímpar a verdade da materialidade da jurisdição, calcando-se na crítica ao Estado, direito e ao processo e, também e ainda, apontando para rastros de esperança numa sociedade que, justamente porque baseada no conflito, não pode se fiar numa estaticidade suficiente, dado que esta inexiste. A ordem é sempre incerta, instável, incontrolável. A dor social, mal reelaborada necessariamente pelo direito processual e pela jurisdição, poderá gerar luta e, mediante esta, transformação social.

As páginas escritas por Adriano Caldeira revelam as qualidades e o vigor de um jurista e intelectual que está na linha de frente das reflexões presentes. Anelando o mais específico da dogmática jurídica com o mais alto da compreensão social, fornece nesta obra elementos incontornáveis para uma nova ciência processual. Orientei Caldeira em seu Doutorado em Direito Político e Econômico, cuja tese é a base para o texto deste livro, e tenho a alegria de vê-lo, em todos os anos em que foi meu aluno e orientando, como um jurista de infatigável vontade de avançar na ciência e no domínio do saber. Advogado de renome, professor universitário de grande carisma e bem-querer por parte dos alunos e da comunidade acadêmica, atesto em Caldeira as raras qualidades de junção entre o saber e o fazer.

Nos tempos presentes do Brasil e do mundo, nos quais as contradições sociais e as agudas crises encontram no direito não meios de superação, mas de propagação, a leitura deste livro é incontornável. Somente a ciência e a crítica podem dar as melhores estradas para uma nova sociabilidade.

São Paulo, 2019.

Alysson Leandro Mascaro

Professor da Faculdade de Direito da Universidade de São Paulo.

PREFÁCIO

No âmbito da nossa comunidade jurídica, o ano que se findou foi marcado pela comemoração das três décadas de vigência da Constituição de 1988 – a sétima da nossa história –, elaborada pelo Congresso Constituinte, composto por deputados e senadores eleitos democraticamente em 1986 e empossados em fevereiro de 1987. O trabalho, concluído em um ano e oito meses, permitiu inequívocos progressos em áreas estratégicas da convivência social. As normas previstas no título sob a rubrica *Dos Direitos e Garantias Fundamentais*, consideradas irrevogáveis, são denominadas cláusulas pétreas (não podem ser alteradas por emendas constitucionais). Entre elas estão a maioria das garantias processuais.

A Constituição, dentre outros relevantes escopos, deve regular e pacificar os conflitos e interesses individuais e coletivos que integram a sociedade. Para isso, estabelece regras que asseguram a prestação jurisdicional revestida de determinadas garantias, que foram sendo cunhadas ao longo do tempo pela experiência extraída de dogmas democráticos, fundamentais para dar consistência à famosa máxima, sábia e perene, do jurista romano Ulpiano (*Digesto 1.1.10.1*): "*Iuris praecepta sunt haec: honeste vivere, alterum non laedere, suum cuique tribuere*" ("Os preceitos do direito são estes: viver honestamente, não lesar a outrem, dar a cada um o que é seu").

E isso, simplesmente porque os atos processuais devem ser regidos, realizados e interpretados em estrita simetria com os postulados que asseguram aos litigantes o devido processo legal, contemplados na Constituição Federal de 1988, especialmente em seu art. 5º. Assinale-se que a Carta Republicana em vigor, lei suprema que é, situa-se no ponto culminante da hierarquia das fontes do Direito, contendo os fundamentos institucionais e políticos de toda a legislação ordinária. Em seus textos repousam numerosas regras e institutos atinentes ao processo, qualquer que seja a sua natureza. Ademais, ao lado de seu perfil técnico, deslocado para a vertente constitucional, o Direito Processual vem moldado por duas diferentes exigências: precisão formal e justiça substancial. E nesse conflito dialético entre exigências contrapostas, não obstante dignas de proteção, são inseridas as garantias constitucionais do processo.

Destacada página da história da liberdade, a garantia constitucional do devido processo legal deve ser uma realidade em todo o desenrolar do processo judicial, arbitral ou administrativo, de sorte que ninguém seja privado de seus direitos, a não ser que no procedimento em que este se materializa se constatem todas as formalidades e exigências em lei previstas. A Constituição Federal vigente assegurou, como se sabe, a todos os membros da coletividade um processo que deve se desenrolar publicamente perante uma autoridade competente, com igual tratamento dos sujeitos parciais, para que possam defender os seus direitos em contraditório, com todos os meios inerentes e motivando-se os respectivos provimentos; tudo dentro de um lapso temporal razoável.

Como pressuposto de um processo civil revestido de todas estas prerrogativas, é imprescindível que os titulares de direitos ameaçados ou violados possam submeter as suas respectivas pretensões à apreciação no âmbito de um procedimento no qual lhes sejam asseguradas tais garantias, com absoluta paridade de armas.

Com a promulgação da Constituição em 1988 e dos inúmeros textos legais que lhe seguiram (por exemplo: Código de Defesa do Consumidor, reforma da Lei de Ação Civil Pública etc.), infundiu-se em cada brasileiro um verdadeiro "espírito de cidadania". Os cidadãos passaram a ser senhores de seus respectivos direitos, com a expectativa de verem cumpridas as garantias que lhes foram então asseguradas.

O princípio constitucional do contraditório – e o seu desdobramento na garantia do direito de defesa – corresponde a um postulado considerado eterno. Realmente, nenhuma restrição de direitos pode ser admitida sem que se propicie à pessoa interessada a produção de ampla defesa, e, consequentemente, esta só poderá efetivar-se em sua plenitude com o estabelecimento da participação ativa e contraditória dos sujeitos parciais em todos os atos e termos do processo.

É que, aliás, ampliando, explicitamente, tradicional regra de nosso ordenamento jurídico, a garantia do contraditório foi elevada ao plano constitucional, no Brasil, pela Constituição de 1946 e reiterada na atual Carta Magna no inciso LV do art. 5º: "*aos litigantes, em processo judicial ou administrativo, e aos acusados em geral são assegurados o contraditório e ampla defesa, com os meios e recursos a ela inerentes*".

Assim, diante desse amplo panorama, o ilustre advogado e professor Adriano Cesar Braz Caldeira aceitou o desafio de reexaminar toda essa matéria, sob uma visão crítica, na presente monografia, que tenho a honra de prefaciar, intitulada *Jurisdição e garantias fundamentais do processo*. Trata-se da versão comercial de sua tese de doutorado, defendida com brilho perante banca examinadora na Faculdade de Direito da Universidade Mackenzie.

Não é preciso salientar que a obra, além do oportuno momento em que é publicada, certamente contribuirá para um conhecimento mais aprofundado da imbricação dos escopos modernos da jurisdição com as garantias processuais contempladas no texto constitucional.

O desenvolvimento do importante tema, que irrompe realmente instigante, encontra-se seccionado em quatro capítulos, sinteticamente resumidos na introdução elaborada pelo seu ilustre autor.

O ponto alto do trabalho centra-se, com efeito, no redimensionamento do conceito de jurisdição, abandonando-se as tradicionais estruturas da ciência processual, que, ao ver do professor Adriano Caldeira, delineiam-se anacrônicas e não mais se prestam à justa composição da lide.

Ademais, a intrincada e debatida questão atinente ao papel do juiz, detentor do monopólio da jurisdição, vem também enfrentada pela ótica experiente de um advogado.

A obra é ainda finalizada com um interessante capítulo que propõe uma redefinição do modelo de representação social como mecanismo de transformação das instituições e funções, em particular, a jurisdicional, em prol de um processo, tanto quanto possível, mais humano e mais próximo da sociedade!

Por não me cativar o exemplo daqueles que a pretexto de prefácio escrevem verdadeiros comentários ou paráfrases, limito-me a enfatizar o que extraí após atenta leitura: congratulo-me com o professor Adriano Caldeira pela bela monografia que escreveu, inédita sob a vigência do novo Código de Processo Civil!

José Rogério Cruz e Tucci

Advogado em São Paulo. Professor Titular regente da disciplina Direito Processual Civil nos Cursos de Graduação e Pós-Graduação da Faculdade de Direito da Universidade de São Paulo.

SUMÁRIO

INTRODUÇÃO

De início, vale ressaltar que o presente trabalho é fruto de pesquisa, destinada á obtenção de título de doutoramento em direito. Portanto, é com esses olhos que se deve ler suas linhas, sendo imperioso o afastamento das paixões ideológicas e das convicções de ordem pessoal.

Anota-se que a versão que ora vem a público, exigiu revisões e atualizações em decorrência, por exemplo, do advento do novo código de processo civil, vigente a partir de 2016 que, a época em que se escrevia o texto original do presente trabalho, encontrava-se em debate no Congresso Nacional Brasileiro. Com a referida revisão se pretendeu ainda, ofertar maior leveza ao texto, como forma de ampliar as possibilidades de compreensão para aqueles que não estejam diretamente ligado a determinados termos técnicos do direito e da filosofia, sendo esse o fim maior de uma publicação.

Pois bem.

O pensamento jurídico processual, passado aproximadamente um século e meio da conquista de sua autonomia em relação ao direito material, recebendo ares de ciência, pouco produziu de concreto, sobretudo se analisado sob o aspecto da sua capacidade de diagnosticar as razões que impedem o processo e o exercício da função jurisdicional de cumprirem com o papel que as Constituições, especialmente as democráticas, lhes atribuiu ao longo do tempo.

No caso do processo, visto como instrumento de tutela do direito material, trazendo a reboque o exercício da função jurisdicional, acaba por absorver as mesmas históricas e propositais características impostas ao direito material. É assim que o privatismo, o individualismo, o elitismo e o positivismo (legalidade estrita) que envolvem o direito material e/ou o modelo interpretativo que se lhe impõe, são absorvidos quase *in natura,* tanto pelo processo, como instrumento, quanto o exercício da função jurisdicional, atingindo ainda a raiz dessa sistemática, o pensamento jurídico processual, de modo a transformar este sistema em mecanismo de legitimação e perpetuação dessas características.[1]

Cabe observar, que esse diagnóstico não se mostra diverso daquilo que os mais atentos aos fatores materialistas da história do Estado e da sociedade já percebiam imperar, a exemplo de Joachim Hirsch.

Importante o esclarecimento de que a palavra "crítica" constante no título, de modo algum deve ser lida no sentido de emissão de algum julgamento, ou avaliação subjetiva sobre determinado tema.

O pensamento crítico adotado no presente trabalho é fruto de uma escola filosófica iniciada nos anos 20, na Alemanha, denominada Escola Crítica de Frankfurt, dentre outros, pelas mãos de Max Horkheimer, Theodor Adorno, Herbert Marcuse, Erich Fromm e mais tarde, Jürgen Habermas, onde estes filósofos, enxergando determinados limites nas teorias de Karl Marx, decidiram estudar uma via alternativa para solução das grandes questões sociais.

Por esta teoria, como esclarece Olgária Chain Féres Matos, nos comentários introdutórios de obra denominada Teoria Crítica I de Max Horkheimer,[2] busca-se o pensamento dissonante, que desconfia da verdade una, de modo a interrogar o presente a partir de elementos da realidade de uma época.

E é nessa perspectiva que se analisa, no primeiro capítulo deste estudo, o papel da Constituição Federal de 1988: se de ruptura com o histórico modelo ideológico de legitimação das desigualdades e consequente elitização das estruturas jurídico-normativa e jurídico-funcional, ou se de continuísmo, a partir de uma nova roupagem, com contornos democráticos e sociais, transformando as instituições em (in)conscientes colaboradores daqueles que, de fato, determinam os rumos de países de eterna condição colonial, como é o caso do Brasil.

Importante considerar que não há mal na opção pelo modelo de capital, como não há mal na adoção de métodos privatistas na solução de conflitos, como é o caso da arbitragem, ou as novas regras de negócio jurídico processual. A questão definitivamente não é essa e pensar assim é pensar raso diante de necessidades que se apresentam com um profundo grau de complexidade.

O grande ponto a ser questionado no presente trabalho se relaciona de modo íntimo com o papel das Instituições, em especial o jurisdicional, no processo de resgate do necessário equilíbrio nas relações sociais, assim também sobre o papel dos aqui chamados, atores processuais, na busca pela melhor solução do conflito

1. Para ser uma ampla visão sobre o movimento de formação de nosso modelo processo, especialmente quanto ao CPC/1973, ver por todos artigo de autoria de Daniel Mitidiero, publicado na Edição n. 183 da *Revista de Processo*, com o título de O processualismo e a formação do Código Buzaid.

2. Obra traduzida por Hilde Cohn. São Paulo: Perspectiva, São Paulo, 2011, p. XIV.

posto, além do caminho que se deve trilhar com fins à real conquista da efetivação dos direitos.

Seguindo, será observado também no primeiro capítulo que as grandes questões envolvendo a inefetividade da atuação jurisdicional não têm origem na estrutura, ou seja, não decorrem da insuficiência de norma, de estrutura material ou pessoal, mostrando-se mais profunda a questão, de ordem externa, ideológica.

O aperfeiçoamento do modelo globalizado de circulação de riquezas tem influência direta na tentativa de perpetuação desse cenário, permitindo que as próprias instituições oficiais de países como o Brasil sofram interferências externas irresistíveis, transformando as garantias jurisdicionais previstas na Constituição em meros debates formais.

É exatamente esse modelo de atuação institucional, onde se lhe impõe ajustes de acordo com as necessidades econômicas e políticas de uma época, que implica em um processo de exclusão quase natural que não pode mais prevalecer. Crescimento econômico desprovido de garantia efetiva de direitos não pode ser visto como legítimo, por esta razão, imperioso o fortalecimento de Instituições envolvidas direta e indiretamente com a efetivação dos direitos.

No segundo capítulo, parte-se para a análise das conquistas estabelecidas na esfera processual, assim como no campo do pensamento jurídico. Exemplo se tem, com o mais recente código de processo civil, introduzido pelo advento da Lei 13.105/2015, o Código de Defesa do Consumidor e as Leis que disciplinam os instrumentos de tutela coletiva, apenas para arrolar alguns.

A grande questão é que, tais instrumentos, considerados em seu aspecto processual, nada obstante sua histórica relevância, tem apresentado resultados inexpressivos em termos de efetivação de direitos, especialmente aqueles ditos fundamentais.

Tal cenário indica que o pensamento jurídico, de mãos dadas com a atuação jurisdicional, traz consigo a essência elitista e de exclusão que marca o direito material desde o Código napoleônico, impedindo o processo e a função jurisdicional do Estado de dialogar e contribuir com a solução de questões profundas e complexas surgidas cada vez com mais constância na sociedade contemporânea.

Nessa quadra, natural que o leitor se questione se seria papel do processo ou da função jurisdicional atuar na realização do necessário equilíbrio em uma sociedade de desiguais. Questionamento este, que na mesma medida se fez presente durante toda pesquisa realizada na produção desse trabalho.

Não se pode ter dúvida de que este papel, essencialmente, pertence ás regras de direito material, com olhos fixos nos limites da Constituição Federal, contudo, enquanto esta realidade desejada para o direito material não se realiza, deve o processo e sobretudo os atores que exercem a função jurisdicional assumir tal mister, o que nos impõe também outro modelo do processo e sobretudo do pensamento jurídico processual.

Como bem pondera doutrina de José Carlos Barbosa Moreira, a promoção de uma sociedade mais justa não pode ficar restritivamente nas mãos do aparelho jurisdicional. Esclarece o autor que "é todo edifício, desde as suas fundações, que para tanto precisa ser revisto e reformado".[3]

Como já anotado nos parágrafos anteriores, os novos mecanismos processuais, por apego exagerado a técnica e a legalidade, não lograram atingir o fim para o qual se destinavam, qual seja, a inclusão tanto jurisdicional quanto democrática dos sujeitos periféricos da sociedade, que continuam, como sempre estiveram, à margem do sistema jurisdicional brasileiro.

Notadamente em relação ao cenário nacional, cumpre destacar que o direito processual não conseguiu desenvolver uma estrutura científica que lhe permitisse estabelecer premissas adequadas à construção de um debate processual considerando as necessidades e as características de complexidade da nossa sociedade. Em outras palavras, o aperfeiçoamento dos mecanismos de atuação jurisdicional impõe a necessidade de se olhar para as ruas.

Ocorre, que a elitização histórica da formação jurídica no Brasil contribui ainda com considerável peso na perpetuação dos debates técnico-processuais cada vez mais descompromissados com a realidade social do país.

Nesse diapasão, a conquista da autonomia do direito processual civil brasileiro em relação ao ordenamento português, no início do século XX, o que se deu com a criação de algumas leis processuais estaduais, não se mostrou suficiente para estabelecer uma desvinculação dos parâmetros processuais impostos pelo tradicional sistema europeu, sobretudo na Itália e na Alemanha, e daquele privatismo antigo, de imposição de vontades e não de ajustes de necessidades e equilíbrio de relações.

Assim, temas como ação e processo, bem como uma série de questões que integram esses dois institutos, foram colocados no centro do debate, deixando-se de lado necessidades decorrentes das interferências provocadas no exercício da jurisdição pelos elementos de natureza sociais, política e econômicas que, ao longo do tempo, foram adquirindo novos contornos e maior profundidade.

Por outro lado, a jurisdição, como função do Estado de pacificação dos conflitos e de educação para a pacificação dos conflitos, restringiu-se a uma ideia formal, estaticamente posta pela doutrina do início do século XX pelas mãos de Chiovenda e reproduzida quase como um mantra até os dias atuais.

---

3. Por um processo socialmente efetivo. *Temas de Direito Processual.* Oitava série. São Paulo: Saraiva, 2004. p. 16.

Enganam-se aqueles que, ao inserir no centro do debate questões como o acesso à justiça, cooperação processual, negócio jurídico processual e a criação de meios adequados de solução de litígios e mesmo os limites de atuação do juiz frente às políticas públicas, imaginam estar no caminho do avanço. Em verdade, não.

Exatamente porque as premissas alojadas na infraestrutura da função jurisdicional brasileira e do próprio pensamento jurídico, de privatismo, individualismo e elitização das instituições, permanecem intactas, vindas do direito material, em especial o civil, já que o penal, bem como o trabalhista surgem, assim como o sistema processual, como mecanismos de legitimação e consolidação daqueles mesmos ideais exploratórios.

O debate envolvendo temas como efetividade, acesso à justiça, segurança jurídica e imparcialidade judicial, se não for retirado do ambiente técnico em que está inserido, mostrar-se-á incapaz de resolver as questões que agridem a sociedade, que também carece de um caminho de desindividualização das suas relações.

É importante salientar que o individualismo e o legalismo, características típicas das relações privadas, considerando uma concepção ressequida de privatismo, foram absorvidos pelo sistema processual brasileiro, abandonando-se, em contrapartida, as características do caso concreto e sobretudo as necessidades das novas demandas.

Face ao continuo crescimento da judicialização dos conflitos, a atuação jurisdicional passou a ser gerida como uma linha de montagem, típica do sistema fordista, instituindo-se departamentos e especialidades tais que impedem a solução dos conflitos próximos às suas causas, restringindo-se a resolver apenas fragmentos dos mesmos, postos pelas partes em juízo e restritivamente, nos limites da legalidade.

Nesse sentido, a própria reforma do Poder Judiciário, realizada em dezembro de 2004, como resultado de determinações do Banco Mundial, fala expressamente em "treinamento de juízes para implantação da lei de falência".[4]

A vinculação do magistrado aos limites do que é posto pelas partes, nada obstante adequado sob os olhos da técnica processual e da ideia de segurança jurídica, acaba por aprofundar o cenário de privatismo e desigualdade históricos no sistema de julgamento. A lide e a sua eliminação passam a ser o núcleo de preocupação do sistema processual, ficando de lado a ideia de um tratamento do conflito, de uma adequação dos meios processuais as necessidades do caso fático.

---

4. BANCO MUNDIAL. *Documento técnico número 319: o setor judiciário na América Latina e no Caribe – elementos para reforma.* Tradução de Sandro Eduardo Sardá. Washington, D.C.: Banco Mundial, 1996. Disponível em: <http://www.anamatra.org.br/uploads/document/00003439.pdf>. Acesso em: 20 mar. 2013, *passim.*

Não se diz com isso que os institutos da ação e do processo, bem como as suas técnicas, não mereçam atenção, mas sim que não é esse debate que permitirá a atuação jurisdicional do Estado se consubstanciar em uma via democrática de realização dos direitos, possibilitando uma sociedade mais justa e mais equilibrada nas suas relações.

Cabe dizer que, não obstante inserido em um cenário social de plena complexidade, como é a sociedade brasileira, nosso direito processual, influenciado pelas sistemáticas italiana e alemã, restringiu-se ao debate da técnica.

A perpetuação de afirmativas e conceitos históricos do direito processual, potencializada pela política positivista de interpretação e aplicação do Direito, assim como a politização das instituições, tudo isso somado ao distanciamento dos cursos jurídicos da cientificidade e da realidade social, que deveriam ser de sua essência, tendo em vista constituírem o berço de formação jurídica dos gestores do instrumento processual, ladeado pelo histórico processo de elitização da sociedade brasileira, resultam em obstáculos epistemológicos à constituição de uma Ciência Jurídica, na ideia de Michel Miaille.[5]

Como nos lembra esse doutrinador:

> "Não se trata de um obstáculo visível e consciente: bem pelo contrário, funciona, na maior parte das vezes sem que os próprios investigadores tenham consciência dele. Não encontraríamos tão-pouco explicação psicológica, com risco de desnaturar completamente este fenômeno."[6]

Embora exiba características formais de autonomia, o direito processual jamais assumiu concretamente esse formato. A certeza de tal afirmação decorre da análise histórica dos seus objetos de estudo, que teve por preocupação a definição de institutos, ritos e procedimentos.

Tem razão, nos parece, Michel Miaille, aludindo a mesma dificuldade quanto ao Direito em geral, ao sustentar que tais percalços surgem a cada época da história, sendo de ordem objetiva, portanto, os fatores de impedimento da real cientificidade da ordem jurídica, no nosso caso, o direito processual.

A ausência de um estudo sincrético entre os institutos do direito processual e as demais Ciências Humanas, a Antropologia, a Sociologia, a História e a Filosofia, é outro claro demonstrativo do que aqui se afirma.

Em linha oposta a essa, ainda são raras as pesquisas como a implementada por Michele Taruffo buscando identificar a relação entre neurociência e atuação processual. Indaga esse processualista da Universidade de Pavia – Italia, se,

---

5. *Introdução crítica ao Direito*. 3. ed. Tradução de Ana Prata. Lisboa: Editorial Estampa, 2005, p. 37.

6. *Ibidem, loc. cit.*

quando e em quais condições a neurociência é capaz de revelar as condições em que se realizou uma determinada prova processual ou uma motivação judicial.[7]

Essa postura de preferência sobre os institutos racionais do processo, como acontece com a ação e do processo deve- se, na visão acertada de Cândido Rangel Dinamarco, ao peso do privatismo que ainda hoje recai sobre o direito processual.[8]

É necessário, em se querendo o direito processual diverso desse que construímos durante mais de um século, analisar a própria atuação daquele que eleito para gerir a estrutura do direito processual e constituído para a resolução dos conflitos de ordem social, o que justifica a escolha do tema do presente trabalho sobre função jurisdicional.

Bem ressalta Cândido Dinamarco quando afirma, em outras palavras, que esse é o canal de que se vale o Estado para cumprir com uma de suas funções, qual seja a resolução dos conflitos e, em particular, a educação para o exercício dos direitos.[9] É hora, portanto, de realocar a jurisdição dentro da estrutura sistemática da chamada ciência processual, colocando-a no centro do debate, sobretudo em relação ao seu aspecto funcional.

O estudo científico de institutos processuais pressupõe o abandono de paixões, de dogmas construídos historicamente, o que talvez justifique a pouca cientificidade construída sobre a matéria durante todo o período de sua autonomia em relação ao direito material, que, diga-se, também peca quanto à carga de cientificidade pelas mesmas razões do direito processual.

Assim sendo, a guinada que se imagina e se espera no exercício da função jurisdicional não deve ser promessa para o futuro, mas ato presente.

Como anota a doutrina de Ferruccio Tommaseo:

> "(...) falar de um direito processual, em vez de um procedimento, impõe que o jurista se afaste de concepções limitadas ao comportamento exterior das formalidades legais e enfrente com espírito novo o estudo do instituto do processo civil (...)."[10]

Na busca das razões de realidade e não mais de fantasia, como até hoje se fez, sobre a inefetividade da função jurisdicional, optou-se, neste trabalho, pelo

---

7. Para uma visão mais completa sobre o tema sugerimos a leitura da obra *Neurociência y proceso judicial.* Michele Taruffo e Jordi Nieva Fenoll. Colección Proceso y Derecho. Jordi Nieva Fenoll, Michele Taruffo, Eduardo Oteiza e Daniel Mitidiero. Madrid: Marcial Pons, 2013.

8. *A instrumentalidade do processo.* 14. ed. São Paulo: Malheiros, 2009, p. 90-91.

9. *Ibidem, loc. cit.*

10. *Appunti di diritto processuale civile.* 4. ed. Turim: G. Giappichelli Editore, 2000, p. 7. Texto original em italiano: "(...) *il parlare d'un diritto processuale anziché d'un procedura esige Che Il giurista non s'appaghi d'una indagine limitada solo allo svolgimento meramente esteriore delle formalità giudiziarie ma affronti con spirito nuovo lo Studio degli istituti del processo civile*(...)".

método crítico de estudo, por se entender que se aproxima mais sensivelmente da realidade que se pretende, sem compromisso com as ideologias já estabelecidas.

A esse fim se destina o presente trabalho. Compreender os motivos que impedem nações periféricas, em especial o caso brasileiro, de construir uma função jurisdicional que atue para além dos limites da lide processual e do técnico-formal-individualista, com vistas ao tratamento dos conflitos, considerando as necessidades e as desigualdades da sociedade. Visa, ainda, a observar as razões que impedem as garantias constitucionais do processo de se realizarem de maneira plena.

Só a análise histórico-materialista da atuação jurisdicional será capaz de nos revelar os caminhos e, sobretudo, as razões que levaram à adoção de determinados procedimentos pelo ordenamento jurídico-processual contemporâneo, os conceitos criteriosamente estabelecidos, de modo que o processualista não tivesse condições de contestá-los enquanto preso aos limites das regras de natureza puramente processuais.

Nesse sentido, observa Ovídio Batista da Silva que "as raízes de nosso sistema processual, quando descobertas, explicam as dificuldades enfrentadas pela doutrina para conceber uma tutela processual que tenha natureza puramente preventiva".[11]

Concepções como aquela posta por Montesquieu, de que o juiz é tão somente a boca da lei, ou de que a segurança jurídica é condição indispensável para a consolidação da democracia, ou ainda teorias como a da subsunção, a do dispositivo ou a da congruência, além da tese da instrumentalidade do processo, quando aludindo ao processo como mero instrumento da técnica,[12] somadas a tantas outras teorias, manualescas, de caráter puramente técnico, foram responsáveis pelo não menos racional empobrecimento do estudo da jurisdição, colocando por décadas a ação como o grande instituto processual a ser debatido.

Esse cenário, de limites técnicos impostos ao estudo da jurisdição e da própria atuação jurisdicional do Estado, não tem fundo no acaso, mas, ao contrário, mostra-se como resultado de uma estrutura e de uma finalidade cirurgicamente posta já antes mesmo da Revolução Francesa, tendo sido aperfeiçoada sensivelmente a partir desse momento histórico.

Diante disso, o processo de politização da atuação jurisdicional e os caminhos de abandono de tal comportamento são o objeto de estudo do terceiro capí-

---

11. Racionalismo e tutela preventiva em processo civil. Artigo publicado no site <www.cenajus.org.br> no ano de 2009. p. 1.

12. Indispensável se faz a observação de que é possível ver na teoria da instrumentalidade do processo, elementos que vão além da mera técnica dogmática. Assim o fez Cândido Rangel Dinamarco, em obra destinada ao tratamento específico do tema, onde mostra a relação inafastável da atuação processual como instrumento da jurisdição voltado às complexas necessidades da sociedade.

tulo deste trabalho, juntamente com a necessária redefinição dos limites de tais instituições.

O capítulo quarto, por fim, é inteiramente voltado à redefinição do modelo de representação social, bem como de transformação das instituições, em especial a jurisdicional. A deliberação social, mais do que a simples participação, deve conduzir o movimento de descentralização da atuação jurisdicional, de modo que passe a atuar de maneira efetiva no abandono da democracia que se tem em busca daquela que se pretende conquistar.

1

TUTELA JURISDICIONAL EFETIVA: O HORIZONTE ESTABELECIDO PELA CONSTITUIÇÃO FEDERAL DE 1988

1.1 Estrutura política e econômica e a Constituição Federal de 1988

A Constituição Federal de 1988, bem como todo o seu processo de abertura democrática, em nenhum momento representa o novo, sobretudo em termos ideológicos.[1]

Analisados aqueles que consideramos os principais momentos de crise da história do Brasil, o que se tem é que a Constituição Federal, obviamente não aquela que surge no papel, mas a que vai para as ruas, sempre surge como instrumento de legitimação dos anseios políticos e econômicos, variando a preponderância de um e outro ao longo do tempo, passando a ser equivalente em determinado estágio.

Assim também acontece com a ideia de democracia, utilizada, inclusive pelo Regime Militar, no período da década de 1960, como justificativa para as atrocidades cometidas pré e pós-golpe, cenário esse que não é de exclusividade do Brasil, e menos ainda restrito a uma época.

Nos golpes anteriores, tanto na passagem do Império para a República, quanto no processo de instituição da República Nova de Getúlio, a ideia de democracia não surgia como a grande razão de todo o movimento. Eram os novos hori-

---

1. Em sentido exatamente contrário, certamente imbuído de um otimismo que, confessamos, gostaríamos de ter, ver: GUERRA FILHO, Willis Santiago. *Processo constitucional e direitos fundamentais.* 5. ed. São Paulo: RCS, 2007.

zontes políticos e econômicos de crescimento nacional que os moviam e, consequentemente, o fortalecimento dos mecanismos de dominação. Especificamente no caso do movimento de instituição da República, em 1889, o que se buscava era a ocupação do poder pelos ruralistas, em especial os cafeicultores; já no caso de 1930, o que se pretendia era a tomada de poder pelos industriais. Somente com o interesse do sistema econômico, principalmente americano, de tomar o poder e evitar que o Brasil se tornasse uma potência comunista é que a teórica necessidade de implantação e consolidação de um Estado Democrático assumiu o lugar de principal elemento motivador de um movimento revolucionário, dominando todo e qualquer discurso que buscasse legitimá-lo.

Em consequência desse materialismo histórico do Estado brasileiro, os direitos e garantias, ainda que previstos de modo expresso no texto constitucional, só serão efetivados ao longo do tempo, na medida do interesse daquelas duas categorias,[2] ressalvadas em raras exceções de pressão social, como se verifica entre as décadas de 1970 e, sobretudo, de 1980, ou em questões pontuais verificadas em períodos anteriores a esses.

E antes que se levantem vozes afirmando que essa realidade não é absoluta, é preciso considerar que nenhuma estratégia, minimamente inteligente, é absoluta, rígida e inflexível. Nem mesmo a desigualdade entre as classes, tão vital ao desenvolvimento do capitalismo na primeira metade do século XX pode ser extremada, sob pena de provocar um colapso no próprio sistema de capital; ao contrário, ceder em momentos estratégicos faz parte do processo de implementação de ideologias.

Diante desse cenário, se a Constituição não coopera com os fins desejados pelo sistema político e econômico de cada época, rompe-se com ela e se estabelece uma nova ordem, como verificado nos golpes de 1930 e de 1964, e, de certo modo, no próprio ideal da República adotado na Constituição de 1891.

Por outra via, quando a realidade política de uma nação não favorece esse tipo de atuação, o agir por meio da força, adota-se a via da legalidade,[3] da interpretação das regras e, sobretudo, da integração das instituições como caminho mais curto para a implementação do ideal desejado.

---

2. Apenas para deixarmos alguns exemplos consignados: a Constituição de 1934 previa, expressamente, em seu artigo 113, a plena igualdade, não sendo admitida qualquer forma de discriminação, inclusive quanto ao sexo, mas, ao mesmo tempo, limitava o direito ao voto apenas às mulheres que fossem funcionárias públicas. Sob a incidência da mesma Constituição, tem-se a situação do surgimento dos direitos trabalhistas restritos aos trabalhadores urbanos, ainda que o artigo acima aludisse à igualdade de trabalho.

3. Para uma visão profunda sobre a relação do Sistema de capital com a legalidade, ver: MASCARO, Alysson Leandro. *Crítica da legalidade e do Direito brasileiro*. 2. ed. São Paulo: Quartier Latin, 2008.

Nessa linha, ver-se-á que o que acontece com a Constituição Federal de 1988 não é diferente, apenas as estratégias se modificam, mantendo-se a ideologia.

Nesta primeira subseção do capítulo 1, voltar-se-á a atenção para a análise desses aspectos políticos, ideológicos e jurídicos que envolvem a atual Constituição Federal Brasileira, com o intuito de trazer à luz os seus contornos reais, buscando afastar certo ufanismo, ainda hoje existente, não apenas em relação ao processo de redemocratização, como também no que tange aos direitos e garantias estabelecidos na Constituição.

Para tanto, faz-se necessário analisar, ainda que de modo meramente descritivo, relevantes aspectos do modelo político desenvolvido no Brasil no século XX, por se entender que as características da Constituição Federal de 1988 são apenas reflexos de todo um processo que em muito a antecede.

Em sociedades consideradas periféricas, como é o caso do Brasil, a Constituição Federal, em especial no caso daquelas ditas democráticas e que se apresentam como o repositório de elementos determinantes da prosperidade social, ganha importância diferenciada, servindo de base para a sustentação de dois objetivos muito claros: a) de um lado, reacendendo no imaginário daqueles não tão atentos as manobras de poder, as esperanças e as fantasias de uma sociedade mais livre e justa; e b) de outro, garantir, por meio de sua amplitude e generalidade, a transformação das garantias ali previstas em meras aparências jurídicas, o que também contribui para o aperfeiçoamento e a manutenção daquele mesmo processo impositivo e alheio a via da legitimação.

A Constituição Federal representa, portanto, uma possibilidade de mudança, de liberdade, o que foi percebido, e continua sendo – pois se trata de processo histórico – por aqueles que buscam a imposição de uma ideologia que, apesar de amarga em sua essência, se camuflada pelo jogo de cena da democracia, de liberdade e igualdade, acaba por receber contornos mais agradáveis.

As guerras e revoluções dos séculos XVIII, XIX e XX demonstraram, com suficiente clareza, que a repressão, a agressão direta, não funcionam, inclusive e, principalmente, sob o aspecto econômico, impondo a necessidade de novos caminhos.

Segundo Herbert Marcuse, em análise filosófica sobre o pensamento de Freud, o caminho encontrado foi o da transformação do "princípio do prazer em princípio da realidade".[4]

Enquanto o processo de dominação formatado por meio das guerras e revoluções causa certa repulsa social, em razão da agressividade, das mortes, além da absoluta desvantagem econômica, a transformação do prazer, da felicidade

4. *Eros e civilização: uma interpretação filosófica do pensamento de Freud.* 8. ed. Trad. Álvaro Cabral. Rio de Janeiro: LTC, 2009, p. 33-34.

inconsciente em realidade consciente é agradável. Nas palavras de Marcuse, "o princípio da realidade supera o princípio do prazer", de modo que o sujeito é levado a substituir a ausência de repressão por segurança, o prazer pela razão, as atividades lúdicas pelo esforço do trabalho.[5]

Os benefícios percebidos pela forma social atual, em sua quase totalidade decorrentes de um avanço tecnológico, permitindo uma melhor qualidade de vida, a produção intensificada de alimentos e a abertura de novos caminhos de comunicação, provocam a transferência quase inconsciente da fantasia, dos sonhos, para a razão consciente da realidade, segundo Marcuse

Arquitetar, contudo, esse processo, de modo a alinhavar os elementos certos, no momento adequado, não é tarefa fácil, exigindo a conjugação de esforços. Praticamente meio século se levou para a implementação de uma ideologia que, não obstante opressiva e exploratória, recebeu contornos de ordem e progresso.

Vale notar que um dos fatores determinantes do êxito desse processo é, sem dúvida, o limbo cultural em que o Brasil se encontra, tendo uma população que, ao mesmo tempo em que possui certo grau de escolaridade, mostra- se carecedora de educação, cenário esse que só em um primeiro momento, e só aos mais desatentos, parece paradoxal.

Não é segredo algum que o histórico processo de imposição de ideologias de natureza política e econômica, que envolve o Brasil desde a sua independência, empenha esforços no sentido de formar mão de obra necessária à manutenção desse sistema, de modo a ensinar, mas não a educar.

Se mais brasileiros estão na escola, se houve conquista de um maior número de vagas em faculdades, em especial nas particulares, isso ocorre principalmente porque as máquinas, que tomaram conta da mão de obra humana, estão cada vez mais sofisticadas, de modo a exigir uma mão de obra cada vez mais preparada, o que resulta em um ensino domesticado,[6] de maneira a não libertar, mas a perpetuar a condição de opressão.

A educação de qualidade liberta, o que contraria a lógica dessas atrasadas ideologias. A fragilidade da educação é, dessa forma, a roda desse modelo de capital e político ultrapassado, de tal sorte que impede que o trabalhador inverta a sua condição e passe a controlar os meios de produção e de capacitação para aperfeiçoamento das Instituições. Em outras palavras, oferta-se um ensino necessário

---

5. Esse apego a uma imagem irreal da Constituição Federal, resistindo a uma análise de seus contornos materiais e históricos, é mais comum entre os juristas do que entre os cientistas políticos e os sociólogos. Esse cenário talvez se justifique pelo fato de que o jurista do século XX, influenciado pela cultura do positivismo, distanciou-se da análise material dos seus institutos.

6. O uso desse termo é proposital, de modo a indicar a condição de limites impostos por alguém que, de algum modo, inflige o seu poder, exatamente como um cão que, preso à sua coleira, imaginando-se livre, corre alegre e solto, até que o enforcador lhe imponha limites.

apenas para se trabalhar melhor, para servir com mais eficiência, mas não para transformar o trabalhador em dono da fábrica ou adquirir condições de avanço científico.[7]

E, antes que se diga que esse cenário somente pode ser encontrado em instituições de ensino periféricas, tidas como de menor qualidade, cabe observar que, em verdade, o que ocorre é apenas um ajuste de forma. Por certo, também nos bancos de (in)formação mais elitizados, o que se tem é exatamente o mesmo processo de ensino, mas que, por razões óbvias, exige a adoção de métodos mais sofisticados.

A própria transformação dos cursos superiores em verdadeiros cursos técnicos, não sendo essa uma característica exclusiva do ensino superior brasileiro, demonstra claramente o que se diz. O ensino jurídico é um exemplo, pautado na superada tese do positivismo jurídico, que se transformou em mero curso de técnica, descomprometido com a realidade à sua volta. O resultado? Uma sociedade de operários e tecnólogos; uma sociedade apática, morna, distante das necessidades e da realidade de seus integrantes; uma sociedade que, mantidas essas condições, está fadada a permanecer sempre na condição de colônia.

A cultura da superficialidade e da celeridade como rapidez, o desapego ao histórico e às culturas regionais, o culto à estética, a cultura do sucesso e do consumo descontrolado, o desapego ao tradicional, a modernidade[8] são todas características dessa realidade.

Por outro lado, o povo brasileiro possui, em suas entranhas, um inigualável poder de reação, talvez como decorrência (in)consciente dos históricos e prolongados anos de açoite de nossos antepassados, remotos e recentes, e que, de algum modo, e por outros métodos, continua a ocorrer nos dias de hoje.[9]

---

7. Se o idioma inglês, só para colocarmos um exemplo, é tão festejado e imposto ao brasileiro, isso nada tem com uma maior liberdade cultural, até porque esse não é fator cultural, mas reúne condições mínimas para se entender o funcionamento dos painéis eletrônicos que comandam as máquinas de hoje, ou para o entendimento dos contratos.

8. Oportuno e, sobretudo, necessário observar que diferenciamos modernidade, ao indicar o superficial, o fugaz, de modernização. Esta nos parece saudável e necessária, porque realizada por meio de processo histórico e sólido, com cuidadosa observação das características de cada povo e de cada época. Zygmunt Bauman salienta que uma das grandes características sociais fomentadas pelos sistemas de dominação é a transformação da sociedade sólida em líquida. Quer o autor observar a superficialidade das relações e da própria condição das instituições, que, segundo ele, não podem manter a sua forma por muito tempo. No seu entender, "as organizações sociais não podem mais manter sua forma por muito tempo, pois se decompõem e se dissolvem mais rápido que o tempo que leva para moldá-las e, uma vez reorganizadas, para que se estabeleçam". Cf. *Tempos líquidos*. Tradução de Carlos Alberto Medeiros. Rio de Janeiro: Zahar, 2007, p. 7.

9. Para uma visão mais detalhada e aprofundada da formação do nosso país, recomendamos a leitura de três obras: FREIRE, Gilberto. *Problemas brasileiros de Antropologia*. 3. ed. Rio de Janeiro: Livraria José Olympio, 1962; HOLANDA, Sérgio

Foi certamente em decorrência desse marcante poder de reação que a sociedade conquistou alguns poucos e ainda inefetivos direitos, como a tutela dos direitos do trabalhador, do idoso, da criança, do consumidor, do patrimônio cultural e da igualdade de gêneros, além das demandas coletivas, para citar alguns exemplos.

A capacidade de renovação das esperanças possibilitada por Constituições como a de 1988, carismática, recheada de promessas de igualdade, liberdade e solidariedade, bem como de instituições comprometidas com a sociedade, de garantias de um processo justo e de uma economia mais humanizada,[10] faz com que haja, nas sociedades periféricas, de tempos em tempos, a alternância, apenas na forma, dos detentores do poder político, o que é suficiente para transformar o Brasil em um país neocolonial, nas lúcidas palavras de Paulo Bonavides.[11]

Tais aparentes transformações, de ditadura ao democrático, deste àquele, do Império à República, são responsáveis por reacender as esperanças de um povo cada vez mais esmagado por sistemas sem freios e sem contrapesos.

Essa técnica de rupturas formais das estruturas políticas, como instrumento de renovação de esperanças, funcionando como combustível para a legitimação da continuidade de ideologias de opressão, não é de hoje, mas de sempre, tendo a Constituição Federal como instrumento de legitimação. Tendo sido assim durante toda a história do Brasil, cabendo frisar que não é essa uma característica exclusiva nossa.[12]

O processo de abandono do escravagismo e instituição do feudalismo, e deste ao capitalismo, é um claro exemplo.

A própria Revolução Francesa marca um período de legitimação de mudança formal de poder: saem os absolutistas, exploradores, entram os liberais, igualmente exploradores. Apenas as técnicas se modificam, neste último, mais sofisticadas, porque legitimadas pela legalidade e pela ilusória ideia de democracia. Não é demais lembrar que, mesmo com a promessa de liberdade, o regime escravista continuou sendo a forma de exploração da mão de obra por anos a fio. A igualdade ali prometida, até hoje aguardamos ansiosos, haja vista a condição de trabalho da mulher, o espaço de vida dos negros, dos homossexuais e dos

---

Buarque de Holanda. *Raízes do Brasil*. São Paulo: Companhia das Letras, 2006; e PRADO JUNIOR, Caio. *Formação do Brasil contemporâneo*. 6. ed. São Paulo: Brasiliense, 2000.

10. Isso sim nos parece paradoxal, uma vez que, atendendo às suas características de origem, a economia transforma o mundo e as pessoas em números.

11. *Do país constitucional ao país neocolonial: a derrubada da Constituição e a recolonização pelo golpe de Estado institucional*. 4. ed. São Paulo: Malheiros, 2009. p. 13.

12. Basta lembrar que o grande argumento utilizado para a invasão dos países árabes é exatamente a ideia de democracia. Curiosamente, tal lógica não se aplica aos países miseráveis da África, que, igualmente, carecem de democracia.

deficientes, a coisificação dos moradores de rua e a fraternidade, esta última que jamais fez parte do vocabulário jurídico.

No caso do Brasil, a formal desvinculação de Portugal, a instituição das capitanias hereditárias e das sesmarias (até hoje existentes sob outras roupagens), e a quase absoluta dominação dos fazendeiros, ainda escravocratas, nos espaços políticos, impediam a ascensão do sistema de capital. Era o Brasil, na primeira metade do século XX, literalmente um mercado a ser explorado.

A total condição de abandono existente nas áreas rurais, no início do século XX, com o completo analfabetismo e os quase inexistentes sistemas de saúde e de ensino, facilitava o processo de perpetuação dos comandantes da política.[13]

O primeiro relevante passo rumo a uma mudança substancial na forma de imposição de novas ideologias ocorreu com a própria chegada da República e a consequente adoção do modelo liberal americano de gerência, fazendo parte desse pacote o controle de constitucionalidade, isso porque, como bem pondera Octávio Ianni, "as reformas institucionais são imprescindíveis à adaptação das relações de produção às condições e tendências apresentadas pelas forças produtivas (...)".[14]

No caso específico do golpe de 1930, uma das promessas, como bem nos lembra a doutrina de Paulo Bonavides e Paes de Andrade, era exatamente eliminar a erva daninha daquela época,[15] a corrupção institucional que impregnava a chamada República Velha.[16]

Em verdade, assim como será visto com relação ao golpe de 1964, bem como com o processo de abertura democrática de 1988, a revolução de 1930 não representava tempos novos, mas uma fase de transição, na qual a meta principal passava ao largo de uma maior justiça social.

Especificamente no caso de 1930, a falta de desenvolvimento industrial no país, a sua dependência da precária produção rural e, consequentemente, a derrocada de nossa economia face à quebra da bolsa nova-iorquina em 1929, exatamente em razão da completa dependência econômica propositalmente instituída pelos ideais republicanos de 1889/1891, levaram à renovação do modelo de desenvolvimento.

É fácil perceber que aqui também a mudança se deu em um plano puramente formal. A ideologia que se esconde continua sendo a de tutela do sistema político e, de modo ainda mais profundo, do sistema econômico.

---

13. Sobre o implemento da metropole e o surgimento das desigualdades, ver: MARICATO, Ermínia. Metrópole, legislação e desigualdade. *Estudos Avançados*, São Paulo, v. 17, n. 48, p. 151-166.

14. Processo político e desenvolvimento econômico. In: IANNI, Octávio *et alii*. *Política e revolução social no Brasil*. Rio de Janeiro: Civilização Brasileira, 1965, p. 28.

15. *História constitucional do Brasil*. 3. ed. Rio de Janeiro: Paz e Terra, 1991, p. 284.

16. Vemos que não se trata de mera coincidência com as alegações de hoje.

A criação de direitos trabalhistas restritos aos trabalhadores urbanos, com total exclusão dos trabalhadores rurais, é um claro exemplo dessa realidade. A consequência desse ideal de transformação das cidades em grandes centros de produção é o cenário que temos hoje, de periferias intermináveis, de um processo quase irresolúvel de favelização dos grandes centros.

Como bem anota Celso Furtado, a partir de uma estabilização do processo de industrialização, que teve início nos anos de 1960, ainda que o Brasil continuasse sendo um país profundamente subdesenvolvido, o chamado poder industrial começou a integrar o centro de debate político, passando a se interessar pelos caminhos do poder, cenário esse, até então, dominado exclusivamente pelos ruralistas.[17]

Segundo esse autor, com o crescente despertar da classe industrial, a aliança entre a classe política de Getúlio Vargas e as Forças Armadas começava a se desfazer, sendo esse processo acelerado pelos comportamentos populistas de Vargas e João Goulart, que acreditavam que seria possível manter-se no poder pelas mãos do povo, sobretudo por meio daqueles menos favorecidos, e não mais pela força dos militares.

A consequência foi a formação de uma nova aliança entre a classe industrial e as Forças Armadas, dando início ao processo de consolidação do sistema de capital em nosso país, tendo sido a criação do Instituto de Pesquisas e Estudos Sociais (IPES) um dos seus primeiros passos, seguido do golpe em 1964.

Anota João Sayad que uma das primeiras medidas adotadas pelo Governo, logo após o golpe, foi exatamente ofertar autonomia gerencial e tarifária para algumas empresas, em especial, do aço, da energia elétrica, petrolíferas, petroquímicas e de telecomunicações.[18]

Em verdade, o que se fez foi retribuir o apoio, especialmente financeiro, dessas empresas na criação e no fomento do IPES, que recebeu forte contribuição desses ramos empresariais, além do aporte do Governo americano.

De acordo com Paul Singer, a política trabalhista posta em prática a partir de 1964 contribuiu também, sensivelmente, para que de 1968 em diante, a economia conquistasse elevadas taxas de crescimento.[19] Destaca o autor, entre os principais pontos adotados com esse intuito, o processo de substituição da estabilidade pelo

---

17. Análise do modelo brasileiro. 2. ed. Rio de Janeiro: Civilização Brasileira, 1972, p. 34.

18. Aspectos políticos do déficit público. In: POMERANZ, Lenina; MIGLIOLI, Jorge; LIMA, Gilberto Tadeu. *Dinâmica econômica do capitalismo contemporâneo*: homenagem a M. Kalecki. São Paulo:

19. A economia brasileira depois de 1964. *Debate e Crítica - Revista de Ciências Sociais*, São Paulo, n. 4, 1974, p. 2.

Fundo de Garantia por Tempo de Serviço (FGTS) e a abolição do direito de greve,[20] o que se deu devido à crescente utilização desses mecanismos de pressão, com iminente risco de deixar os grandes centros, onde havia uma maior concentração de manifestações dessa natureza, em direção aos pequenos centros e à área rural.

As medidas de consolidação do sistema de capital, como nos lembra Gabriel Cohn,[21] em especial a partir de Juscelino Kubitschek, ao mesmo tempo em que gera empregos, cria forte pressão salarial, tendo em vista a opção por permitir a inflação como consequência do financiamento do desenvolvimento capitalista. Aquele primeiro fator, geração de empregos, impossibilitou que a sociedade percebesse os gravíssimos desdobramentos advindos do crescimento da inflação, o que, segundo o autor, pôde ser percebido pela vitória de Jânio Quadros nas eleições seguintes, derrotando o candidato de esquerda.[22]

O processo de transição para a democracia, apesar de programado pelo sistema capitalista, inclusive previsto pelo próprio Regime Militar, sendo que os militares apenas atuavam como escudo de proteção desse sistema, passou a exigir maior atenção e celeridade em sua execução, tendo em vista os exageros praticados pelos militares, provocando uma ebulição social, de modo a ofertar risco de revolta e ação popular, sem contar as consequências internacionais, colocando a perder todo o processo de dominação.

Percebendo as enormes rachaduras já existentes naquele sistema e a irreversível abertura para o regime democrático, restava fazê-lo de maneira controlada, de modo a manter a ideologia de capital. Nesse sentido é que o então presidente Ernesto Geisel determinou, no ano de 1977, o fechamento temporário do Congresso como forma de controlar o sistema de criação de leis, e, imediatamente após, deu início ao processo de transição.[23]

A partir desse momento, já não se via mais no regime golpista aqueles traços iniciais de agressões, violações de direitos, homicídios, torturas, mas sim a suavização proposital da forma de agir; saiu a força e entrou a estratégia, de tal sorte que aqueles que outrora contribuíram para o processo golpista passaram a mirar o outro lado do muro, os votos.

---

20. Não obstante, na forma, tal direito tenha sido mantido, segundo o autor. Cf. A economia brasileira depois de 1964, *passim*.

21. Perspectiva da esquerda. In: IANNI, Octávio *et alii*. *Política e revolução social no Brasil*. Rio de Janeiro: Civilização Brasileira, 1965, p. 148.

22. *Ibidem*, p. 150.

23. Sobre o processo de transição, ver: BONAVIDES, Paulo; ANDRADE, Paes de. *História constitucional do Brasil*. 3. ed. Rio de Janeiro: Paz e Terra, 1991. Como bem observa Bonavides, "no fundo do quadro já se desenha, pois, a silhueta do gigante soberano levantando os joelhos para erguer-se de genuflexão de tantos anos de apatia e pesadelo – a Sociedade Civil, pelos seus órgãos de expressão." (p. 452).

Ainda como último golpe dos militares, veio a rejeição das eleições diretas e a indicação de Tancredo Neves e José Sarney para o exercício do que Bonavides denomina de "República-tampão", visando a aperfeiçoar a chamada Aliança Democrática, acabando por assumir o último[24] em razão do falecimento do primeiro.[25]

O que se viu a partir daí foi, em verdade, um processo de luta do sistema capitalista e do próprio Regime Militar para a entrega dos dedos como forma de salvar as mãos, tendo sido a edição da Lei n. 6.683/1979 (Lei de Anistia)[26] um dos primeiros passos nesse sentido.

No campo político, o que se viu de início foi a formação de grandes currais eleitorais, tomando a mesma forma já verificada na primeira fase da República, quando o domínio político dos fazendeiros se perpetuava face às precárias condições de vida no campo. Essa precariedade das condições de vida, sobretudo nas regiões Norte e Nordeste do país, até hoje sustentada, tem, portanto, suas razões.

No campo econômico, iniciado o processo de transição, foram adotadas medidas objetivando, literalmente, a quebra das empresas nacionais, como forma de justificar o repasse para mãos privadas. Deu-se início, portanto, de modo concomitante ao processo de transição política, a outro processo, o de privatização.

Como ressalta João Sayad, o Fundo Monetário Internacional (FMI) passou a considerar como parte da dívida pública os empréstimos tomados pelas empresas estatais brasileiras, mesmo aquelas que, segundo o autor, jamais tenham se valido do Tesouro Nacional.[27] Importante lembrar, seguindo ainda as observações desse doutrinador, que grande parte das aquisições no processo de privatização foi realizada com recursos nacionais, vindos do Banco Nacional de Desenvolvimento Econômico e Social (BNDES), o que contraria a tese de que com as privatizações haveria uma natural redução do *deficit* público.[28]

Como bem anota José Eduardo Faria, o aparecimento da realidade se deu mais cedo do que se imaginava. Já na própria convocação da Assembleia Constituinte, que mais tarde se percebeu que nada mais foi do que um Congresso com atribuições constituintes, restou clara a ideologia que se pretendia impor.[29]

---

24. Não é demais lembrar que a grande ascensão política de José Sarney deu-se durante o Regime Militar.

25. *História constitucional do Brasil*, p. 452.

26. Ainda que já na incidência da Declaração dos Direitos do Homem, mesmo contrariando a própria determinação da Constituição Federal, que, em seu artigo 150, § 4.º, previa, de modo expresso, o livre acesso à justiça, visando a afastar agressões a direitos individuais, o Supremo Tribunal Federal (STF) acabou por legitimar a referida norma.

27. Aspectos politicos do deficit público, p. 248.

28. *Ibidem*, p. 250.

29. *O Brasil pós-constituinte*. Rio de Janeiro: Graal, 1989, p. 10.

Iniciando seus trabalhos em fevereiro de 1987 e encerrando-os em outubro de 1988, com o advento da prometida Constituição, a Assembleia Constituinte representou um papel figurativo, com uma função meramente homologatória.

Pois bem, chegada a Constituição Federal de 1988, qual o cenário? Alteraram-se as premissas até então postas pelos sistemas político e econômico, ou não é outra coisa a Constituição, considerada em seu aspecto material, ou seja, a Constituição que se vê nas ruas, senão a representação de um continuísmo, de um mero rito de legitimação de uma ideologia construída por todo um processo que a antecedeu?

Avaliadas as condições sob as quais se deu todo o processo que antecedeu a elaboração da Constituição de 1988, a conclusão é no sentido de que nenhuma inovação substancial de ideologia se deu. O cenário é, portanto, de continuidade, apenas valendo-se de novos métodos, agora não mais com alternância dos sistemas político e econômico, mas com atuações semelhantes e paralelas.

Não coadunamos com a doutrina que sustenta que a Constituição Federal de 1988 foi estabelecida com esteio em novos pilares, menos ainda que represente um Estado com características sociais e democráticas.

O Brasil, ainda hoje, ressalte-se, não logrou a condição de nação social, senão, convive com fragmentos de direitos sociais, conquistados a duras penas em razão de movimentos organizados que, a cada dia, tornam-se mais e mais raros, o que também se apresenta como fruto de um trabalho de dominação política e econômica.

Desse modo, é possível afirmar que a Constituição Federal de 1988 continua tendo como pilares de sustentação a propriedade privada, a subjetividade dos direitos e a tutela dos sistemas político e econômico, sendo essas, normas de aplicação imediata, garantindo-se os direitos sociais apenas por normas programáticas. Saliente-se, ainda, que toda essa estrutura de ideologias dominadoras só é possível valendo-se do tradicionalismo imposto por um sistema positivista superado, mas que se apresenta como útil mecanismo de regência social e administração das instituições.

No caso da propriedade privada, se no passado histórico era ela tutelada pela força física dos senhores de escravos e pelos senhores feudais, com a instituição do Estado contemporâneo, passou às mãos deste último o dever de tutelar aquele que é o grande pilar de sustentação do regime de capital.[30]

---

30. Importante ressaltar que nossa posição não é no sentido da extinção da propriedade privada, mas de um mecanismo de controle efetivo de seu uso, de uma maior socialização de seus espaços e, consequentemente, de menor concentração. É imperioso lembrar que um dos motes do golpe militar de 1964 foi exatamente a tendência de João Goulart de efetivar a reforma agrária, buscando exatamente essa concentração de propriedade.

Não se pode deixar de observar, com respaldo na doutrina de José Luiz Alcântara Filho e Rosa Maria Oliveira Fontes, que, apesar do avanço formal da Lei da Terra (Lei n. 4.504/1964), garantindo a necessidade de desapropriação de terras que configurassem minifúndios (menos de um módulo rural) ou latifúndios (mais de 15 módulos rurais), visando a uma desconcentração da propriedade, não passou, tal lei, salvo raras exceções, para a esfera prática.[31]

Observam esses pesquisadores da Universidade Federal de Juiz de Fora que, com o advento da Constituição Federal de 1988, o que se verificou foi, além da não inovação no sentido de efetivar a função social da propriedade, a consolidação de um verdadeiro retrocesso, já que, além de colocar a propriedade privada como direito fundamental, subtraiu aqueles limites previstos na Lei de Terras, de modo a legitimar os grandes latifúndios, claramente com o intuito de fomentar o agronegócio.[32]

Assim sendo, a instituição da exigência de uma utilização social dessa propriedade aparece na Constituição Federal, no artigo 5.º, XXIII, como aquilo que denominamos, no presente trabalho, de garantias constitucionais como aparência.[33]

Essa assertiva pode ser verificada com absoluta dose de perfeição já no inciso seguinte do mesmo dispositivo constitucional, XXIV, no qual se consigna a observação de que eventual desapropriação por não exercício da função social deverá ser devidamente indenizada, além de se exigir rígido procedimento para tanto. Ou seja, aquela mesma propriedade, fruto de histórico processo de grilagem, de doações de terras públicas, as quais, como já vimos, não ocorreram apenas no período das capitanias e das sesmarias, se não voltada à função social, deverá ser desapropriada, devendo o seu proprietário ser indenizado. Essa situação é comparável àquela em que, após furtar um determinado bem, se o ladrão não lhe destinar a um fim social, poderá o Estado comprar-lhe o bem furtado.

É nesse sentido que o artigo 4.º da Lei Complementar n. 76/1993, quase que imediatamente após a Constituição Federal de 1988, determina que o proprietário de área desapropriada para fins sociais terá o direito de exigir a sua integral desapropriação, em recusa à intenção de desapropriação parcial do Estado, quando a fração que lhe sobrar se tornar insuficiente para exploração econômica.

---

31. A formação da propriedade e a concentração de terras no Brasil. *Revista de História Econômica e Economia Regional Aplicada*, Juiz de Fora, v. 4, n. 7, jul.-dez. 2009, p. 67.

32. Sobre o processo histórico de formação do agronegócio no Brasil, ver: FURTADO, Celso. *Análise do modelo brasileiro*. 2. ed. Rio de Janeiro: Civilização Brasileira, 1972, p. 91 *et seq.*, em especial a página 103. Ver, igualmente, o trabalho de LEITE, Sérgio Pereira; ÁVILA, Roddrigo Vieira de. *Reforma agrária e desenvolvimento na América Latina: rompendo com o reducionismo das abordagens economicistas*. Rio de Janeiro, RER, v. 45. N. 3, p. 777-805, jul.-set. 2007.

33. Trataremos das características e da ideia que adotamos sobre aparência e realidade na seção a seguir.

Não obstante a determinação da função social da propriedade no texto formal da Constituição de 1988, por se tratar de norma programática, compete à lei infraconstitucional a definição do que se deva entender por função social, fixando os critérios de seu cumprimento. Assume aqui total relevância na tutela do poder econômico a atuação política, justificando a afirmativa já anotada nas linhas anteriores, de que, no Estado de Direito, o poder econômico e o poder político atuam conjuntamente, e não mais de modo separado, e às vezes até com certa dose de exclusão, como se deu na primeira metade do século XX, sobretudo nos países periféricos, em especial o Brasil.

É por esse caminho que se obteve êxito na fixação de critérios objetivos de determinação do exercício da função social com fulcro na eficiência da exploração desse bem, como se depreende da análise do artigo 6.º da Lei n. 8.629/1993, que, regulamentando os dispositivos constitucionais da reforma agrária, dispõe que será a propriedade considerada produtiva quando explorada "econômica e racionalmente", e atingir os índices de eficiência determinados pelos órgãos federais.[34]

Mesmo a Constituição de 1930, apesar de apresentar elementos essencialmente sociais, vem, na verdade, como anota a doutrina de Gilberto Bercovici, ratificar medidas que já haviam sido colocadas em prática pelo Governo provisório de Getúlio Vargas. Cita o autor a constitucionalização do Código de Águas e o Código de Minas. Ainda assim, sustenta Bercovici que a Constituição de 1934 não foi a referência para a atuação do Estado brasileiro, tendo em vista que esta se dá, segundo o autor, pelos direitos administrativo e econômico.[35]

Observa, ainda, Gilberto Bercovici que a Constituição Federal de 1946 não repete a mesma atenção dada pela Constituição anterior aos direitos sociais. Em suas palavras, "o Estado se desenvolve e atua apesar da Constituição".[36]

Essas observações apenas reforçam a tese aqui sustentada de que a ideia de um Estado brasileiro social, não obstante os fragmentos de tais direitos e o fato de estarem elencados, de um modo ou outro, nas Constituições Federais durante o século XX, com reforço nas Constituições de 1930 e 1988, não se realizou. E por quê? Porque não era essa a ideologia. Tais direitos surgem apenas na medida da necessidade de estruturação dos sistemas político e de capital.[37] Exatamente por isso, tendo em vista que o processo de industrialização iniciado com o golpe

---

34. "Considera-se propriedade produtiva aquela que, explorada econômica e racionalmente, atinge, simultaneamente, graus de utilização da terra e de eficiência na exploração, segundo índices fixados pelo órgão federal competente".

35. Estado intervencionista e Constituição social no Brasil: o silêncio ensurdecedor de um diálogo entre ausentes. In: SOUZA NETO, Cláudio Pereira de; SARMENTO, Daniel; BINENBOJM, Gustavo (Coord.). *Vinte anos da Constituição Federal de 1988*. Rio de Janeiro: Lúmen Júris, 2009, p. 725 *et seq.*

36. *Ibidem*, p. 729.

37. Ainda que válidas, por certo, as poucas conquistas já implementadas são, em verdade, concessões de um Sistema que entrega o dedo, mas salva as mãos.

de 1930 já estava em andamento e com suas bases postas, a Constituição de 1946 relaxou quanto ao seu tratamento.

Com o advento das ideologias econômicas e políticas de dominação, pós-reabertura de 1988, as normas de administração passaram a ser insuficientes para legitimar a sua atuação, necessitando da Constituição Federal para tanto.

Assim como se deu com a propriedade privada, a denominada Constituição econômica também passou por um processo de arranjo normativo, de modo a provocar uma confusão entre ela, a Constituição financeira e a Constituição política, o que, na visão de Gilberto Bercovici e Luís Fernando Massonetto, não se deu sem uma razão definida.[38]

Segundo esses doutrinadores, o crescimento e a organização jurídica do direito financeiro, deixando no passado a tendência de considerá-lo como subproduto do direito público, lhe permitiu uma maior aproximação do direito econômico, contribuindo para uma maior atuação intervencionista do Estado no processo de acúmulo de capital. Em outras palavras, o que se pretende é colocar o direito financeiro no centro do debate.[39]

Nesse sentido, como bem observam Bercovici e Massonetto, com o advento da Constituição de 1988, verifica-se uma maior participação do Legislativo na elaboração e aprovação do orçamento, a centralização e a unificação orçamentária no artigo 165 da Constituição, culminando no processo de privatização dos bancos estatais na década de 1990, a centralização definitiva do controle monetário nas mãos do Banco Central e a aprovação da Lei de Responsabilidade Fiscal.[40]

Afirmam os autores que a Constituição de 1988 restou "blindada", implicando o fato de que "a implementação da ordem econômica e da ordem social ficaram restritas, assim, às sobras orçamentárias e financeiras do Estado".[41]

Outro claro indicativo de que a Constituição Federal de 1988 não se mostra capaz de romper com o processo de dominação política e econômica, servindo apenas como mecanismo de legitimação dessa realidade, é a forte carga de individualismo de seus institutos.

---

38. A Constituição dirigente invertida: a blindagem da Constituição financeira e a agonia da Constituição econômica. *Boletim de Ciências Econômicas*, Coimbra, v. 49, 2006, *passim*.

39. *Ibidem, passim*.

40. *Ibidem*, p. 12. Segundo salientam esses doutrinadores, "a constituição financeira passou a ser interpretada e aplicada como se fosse 'neutra', meramente processual, como diretrizes e lógica próprias, separada totalmente da ordem econômica e social, esterilizando, assim, a capacidade de intervenção do Estado na economia. Separada da Constituição financeira, a Constituição econômica de 1988 foi transformada em mera 'norma programática'" (p. 13).

41. *Ibidem*, p. 17.

Adotando como um dos pilares centrais de sua estruturação a igualdade e a liberdade, tidas aqui no sentido formal, a Constituição de 1988, marcada por profundas linhas liberais, ratifica antiga estratégia, já verificada nas razões que legitimaram a própria Revolução Francesa, bem como as legislações que se seguiram, como o Código Civil napoleônico e o Código de Processo Civil francês de 1806, bases dos sistemas civilista e processualista brasileiros, de colocar o sujeito, individualmente considerado, como a célula nuclear do debate jurídico.

Como nos lembra a doutrina de Manuel Garcia-Pelayo:

> "O liberalismo se caracteriza por ser uma concepção individualista; quer dizer, uma concepção para a qual o indivíduo constitui a verdadeira essência, e não os grupos; os valores individuais são superiores aos coletivos, e o indivíduo, enfim, decide o seu destino e faz a sua história." (Tradução nossa.)[42]

Comenta esse clássico constitucionalista que o individualismo pregado pelo neoliberalismo é aquele caracterizado como abstrato, em que o sujeito é visto não em sua singularidade,[43] mas em uma homogeneidade social formada por indivíduos isolados, distante, portanto, da concepção de sociedade solidária.[44]

É preciso salientar que a premissa básica de sustentação do sistema de capital é o sujeito considerado formalmente livre e igual, exatamente para que possa estabelecer relações negociais válidas, a clássica definição do sujeito de direito.

Como bem aponta Michel Miaille, o próprio ensino jurídico se encarrega de colocar laconicamente a ideia de sujeito de direito, de modo que tal condição do sujeito em relação ao direito se mostre a mais natural possível. Ressalta, ainda, que essa abordagem não encontra qualquer forma de resistência quanto aos receptores de tal modal de ensino, justamente porque lhes parece algo natural colocar o

---

42. *Derecho constitucional comparado*. 3. ed. Madri: Revista de Occidente, 1953, p. 143. Texto original, em Espanhol: "*El liberalismo se caracteriza por ser una concepción individualista; es decir, una concepción para la cual el individuo y no los grupos constituen la verdadera esencia; los valores individuales son superiores a los colectivos, y el individuo, en fin, decide su destino y hace La história*".

43. O individualismo concreto, que considera o sujeito em sua singularidade, é fundamental para o desenvolvimento sadio da sua formação como pessoa e como cidadão. Essa concepção de individualidade não exclui o sujeito do ambiente coletivo, antes, se bem construída, apresenta-se como condição indispensável para uma coletividade igualmente sadia.

44. *Op. cit. passim.* Segundo o autor, por essa ideia de individualismo, pela qual os indivíduos sociais são formalmente iguais e livres, é possível falar em direitos da pessoa humana, visto que participam "(...) em certas verdades e valores transcendentes a todos eles e que são imediatamente identificáveis pela razão" (p. 143, tradução nossa). Texto original, em Espanhol: "(...) *en ciertas verdad y valores transcendentes a todos ellos y que se hace inmediatamente congnocibles por La razón*". Nesse quandro, estão incluídos no contexto da Constituição Federal de 1988 o sufrágio universal, o direito de ir, vir e permanecer, a liberdade religiosa, etc.

homem no centro do interesse jurídico.[45] A propósito, já nos lembrava a doutrina de Eugeny Pasukanis que "o sujeito é o átomo da teoria jurídica, seu elemento simples, indecomponível"[46].

Desse modo, observa Michel Miaille uma questão que muitas vezes passa à margem do debate posto pelas doutrinas de Introdução ao Direito, qual seja o significado de indivíduo-sujeito de direito, e pondera que esse tratamento não se dá por acaso, indagando por que o indivíduo precisa ser considerado sujeito de direito.[47] Indagamos nós, por que as Constituições, sobretudo aquelas como a Constituição de 1988, com forte anúncio democrático, precisam ratificar tal ideologia?

A resposta está no fato de que, se para o positivismo é o Direito considerado um conjunto de normas que determina as mudanças da sociedade, para a teoria crítica o movimento se dá exatamente na linha inversa, ou seja, é a forma social que determina o Direito. Exatamente por isso, vimos, nas linhas anteriores, que o papel da Constituição Federal não é de criação de realidades sociais novas, resistentes ao processo de dominação, mas de ratificação, de legitimação de realidades sociais existentes em cada época.

Se, no período escravagista, o Direito[48] legitimava a propriedade de escravos, é porque essa era a forma social daquela época. Assim, não se escravizava porque o Direito permitia, mas o Direito permitia escravizar porque a forma social assim determinava.

Na sociedade dita de direito, liberal e capitalista, o controle do comportamento social e de validade das ações subjetivas deve ser regulado pelo Direito, e não mais por meio da força, por isso ganham importância a rigidez da norma e as concepções de segurança jurídica, de legalidade estrita e de sujeito de direito.

É a legalidade,[49] portanto, a via eleita pelo regime de capital e pelo regime político para nivelar a subordinação da sociedade às necessidades de desenvolvimento desses regimes, devendo ser imposta por um único ente, o Legislativo, e de modo inalcançável ao homem comum, por isso a Constituição

Federal, e, conjuntamente a ela, a tese da cláusula pétrea. Exatamente por isso, soa tão natural para a sociedade a ideia posta por Rousseau de um contrato

45. Introdução crítica ao Direito, p. 114.

46. A teoria geral do Direito e o marxismo. Tradução de Paulo Bessa. Rio de Janeiro: Renovar, 1989, p. 81.

47. *Op. cit.*, p. 114.

48. Por certo que estamos aludindo à forma de Direito de regras sociais existentes naquele período histórico, nada tendo com a forma de Direito hoje existente.

49. Para um profundo estudo da legalidade, ver a seguinte obra específica: MASCARO, Alysson Leandro. *Crítica da legalidade e do direito brasileiro*. 2. ed. São Paulo: Quartier Latin, 2008.

social realizado, de um lado pelo Estado, de outro pelo cidadão, que aceita as determinações por aquele impostas.

A atribuição da condição de sujeito de direito é, assim, pedra fundamental na estruturação do sistema político, mas, sobretudo, de capital, de modo a permitir a circulação de mão de obra e de mercadorias, tendo por base sujeitos iguais e livres.

É nessa linha que a Constituição Federal de 1988 fortalece a teoria da garantia individual do direito de ação, em seu artigo 5.º, XXXV. Como veremos em espaço especificamente destinado ao estudo das garantias constitucionais do processo, temos ainda hoje dificuldade de fazer prevalecer o coletivo sobre o individual.

A relação entre o capital e a atuação social do indivíduo é de tal ordem que Alaôr Caffé Alves chega a afirmar, com total acerto, a nosso ver, que:

> "Com efeito, o capital pode ser separado de um determinado indivíduo, mas não pode subsistir separado de todo e qualquer indivíduo de uma formação econômico-social, sob pena de se eliminar essa formação como estrutura capitalista de produção."[50]

Como anota a doutrina de Alysson Leandro Mascaro, valendo-se dos pensamentos de Ernest Bloch, o tradicional tratamento da dicotomia entre direito objetivo e direito subjetivo expressa muito bem as duas esferas de manutenção do poder de capital. De um lado, o indivíduo, que, nessa condição juspositivista, é reduzido à condição normativa de sujeito de direito, e, de outro, o poder do Estado, igualmente reduzido à norma, o chamado direito objetivo, só que, nesse caso, com posição de vantagem sobre aquele.[51]

Nessa esteira, a própria exigência de imparcialidade judicial, conjugada ao princípio dispositivo, ambos garantidos diretamente pela Constituição Federal de 1988, são claras determinações, ainda que disfarçadas de pilares de um processo democrático, do subjetivismo que aqui se apresenta.

Definitivamente, a intenção do legislador constituinte ao alojar a liberdade e a igualdade como premissas fundamentais da nossa Constituição ou de nossas Constituições, nada tem com o sentido axiológico desses institutos, os quais não estão ali como indicativos de valores humanos, mas como premissas de sustentação de validade dos negócios jurídicos.

Não se está, com essa abordagem, sustentando que o indivíduo, considerado em si mesmo, não tenha relevância nas relações sociais e que só o coletivo deva ser considerado como ideal. Até porque o coletivo, o solidário, deve sempre ser visto como o resultado de um agir individual, mas com visão no outro.

---

50. *Estado e ideologia: aparência e realidade*. São Paulo: Brasiliense, 1987, p. 125.
51. *Utopia e Direito*. São Paulo: Quartier Latin, 2008, p. 164-165.

Tampouco se sustenta que a liberdade e a igualdade não devam ser preservadas como ideais de sociedade, ao contrário, são esses os dois pilares da sociedade que se deseja ver efetivamente constituída. O grande problema é que a ideia de liberdade e igualdade que se adota a partir de um sistema de capital é apenas formal, voltada exclusivamente para legitimar um agir involuntariamente praticado.[52]

Assim, afirmar, como o faz a Constituição Federal de 1988, em seu artigo 5.º, *caput*, que todos são iguais perante a lei, mostra-se falso sob todos os aspectos e sob todas as vertentes de leitura que se possa fazer, ressalvada uma, a do privatismo, do individualismo e do normativismo impostos no século XX.

Como bem destaca a doutrina de Roberto Mangabeira Unger, o neoliberalismo carece de uma condição de igualdade para impor, por meio do Direito, suas condições de gerenciamento do capital.[53] Ao contrário do que possa parecer, um excessivo abismo social entre uma classe e outra não é fator de vantagem para o sistema de capital. É nesse ponto que, segundo esse professor de Harvard, o Estado assumiu duas funções perante a ordem neoliberal: produzir o alinhamento da produção nacional com a produção internacional e, o que mais nos importa aqui, providenciar mecanismos para que os mais pobres tenham condições de consumir.[54] É só nesse sentido que surge a igualdade na Constituição de 1988.

E é com esse mesmo raciocínio que nos parece que Lenio Luiz Streck, tratando do confronto entre o velho e novo na sistemática interpretativa, afirma que:

> "Não implica entender que a Constituição (seu texto) tenha que ter 'um sentido', mas sim, que haja 'um sentido de Constituição que exsurge da proposta civilizatória do Estado Democrático de Direito, calcado na realização dos direitos fundamentais e da função social do direito'."[55]

---

52. Inclui-se aqui a falsa ideia de escolha livre dos representantes, do exercício do trabalho, da igualdade de condições de trabalho, e até a própria ideia de liberdade religiosa. No primeiro caso, os representantes são escolhidos entre aqueles que já foram previamente selecionados a partir de um jogo de interesses políticos. As próprias condições de trabalho do sujeito, na grande maioria das vezes, são definidas dentro de limites impostos por seu histórico de vida socioeconômica.

53. *A segunda via: presente e futuro do Brasil.* São Paulo: Boitempo, 2001, p. 120.

54. Definitivamente, os programas governamentais de redução da miséria não têm propriamente o fim de retirar essas pessoas de tal condição, atribuindo-lhes condições dignas de vida, mas sim de dar-lhes alguma condição de consumo. Tanto assim, que o valor considerado mínimo para que a pessoa saia da condição de miserabilidade é de R$ 70,00 mensais. No setor previdenciário, não se considera o valor trabalho, mas a capacidade financeira de contribuição do sujeito social, de modo que quem paga mais recebe mais.

55. A crise da hermenêutica e a hermenêutica da crise: a necessidade de uma nova crítica do Direito. In: SAMPAIO, José Adércio Leite (Coord.). *Jurisdição constitucional e direitos fundamentais.* Belo Horizonte: Del Rey, 2003, p. 111.

Isso indica que é a realidade social de uma época que dá os contornos interpretativos de uma Constituição dita democrática, e não o contrário. Não modificadas as premissas do que o autor denomina de "velho modelo individualista, normativista e liberal", a Constituição Federal de 1988 continuará na condição de um eterno vir a ser.[56]

Incontestes, portanto, as afirmações já clássicas de Ferdinand Lassalle, de que a Constituição de um país não é o que se diz ser, mas o que concretamente dela se realiza[57].

Na linha do que observa esse clássico do direito constitucional, muitas vezes banalizado na dita doutrina constitucionalista e raramente analisado com a profundidade que a sua obra exige, a Constituição, reduzida a escritos e assinada por uma nação, e ainda por seu rei, de nada servirá se não penetrarmos em sua essência.

Ainda com esse doutrinador, tem-se que as definições de Constituição postas pelo positivismo, como "norma fundamental", "lei maior de uma nação", ou ainda como "a base normativa do ordenamento jurídico", enfim, apenas nos possibilita substituir um termo por outro, sem que nos permita sair do lugar de origem.[58]

Na visão do autor, uma Constituição só pode ser classificada como "lei fundamental", em se entendendo por fundamental o que ele denomina de "necessidade ativa", ou seja, uma força de tal ordem determinante que exige um sistema todo baseado em suas orientações, impedindo que se faça de outro modo.[59]

A chamada força ativa, observa Lassalle, nada mais indica do que os fatores reais de Poder de uma sociedade, ou seja, quer o autor deixar claro que não é o que se escreve em uma folha de papel que determina o que deva ser entendido por Constituição, mas o que de fato se verifica na materialidade da vida em sociedade.[60]

No caso específico do Brasil, os fatores reais de Poder são e sempre foram dois: o político e o econômico, ainda que com alguma alternância entre eles durante a história.

Mesmo que se admita como verdadeira a tese da complexidade social posta por Niklas Luhmann,[61] entendemos, no presente trabalho, que aqueles dois pilares,

---

56. *Ibidem*, p. 110.
57. *A essência da Constituição*. 4. ed. Rio de Janeiro: Lumen Juris, 1998, p. 22.
58. *Ibidem, loc. cit.*
59. *A essência da Constituição*, p. 25.
60. *Ibidem*, p. 26-27.
61. Na teoria dos sistemas, Luhmann sustenta que as sociedades, sobretudo as modernas, comportam mais possibilidades do que se possa realizar. Desse modo, na medida em que se realizam tais possibilidades, outras surgirão, inclusive com respostas distintas daquelas que se esperava, o que o autor denomina de "contingência". Cf. *Sociologia do Direito*. Tradução de Gustavo Bayer. Rio de Janeiro: Edições Tempo Brasileiro, 1983. v. I, p. 45.

político e econômico, são centrais na estruturação da Constituição e, consequentemente, da própria vida social e legal no nosso país, de modo que os demais fatores que compõem a sociedade complexa constituem-se em torno e a partir deles, inclusive o processual, como será anotado na subseção seguinte.

Não é, portanto, o fato de a nossa Constituição prever, em seu artigo 3.º, como objetivo da República, uma sociedade livre, justa e solidária, ou estabelecer, em seu artigo 1.º, tratar-se o nosso país de uma nação democrática, que de fato isso ocorrerá.

Mostra-se profundamente inadequada a ideia outrora sustentada de que devemos nos contentar com a democracia possível, a democracia que se pode ter. Não coadunamos, *data maxima venia*, com a posição exarada nesse sentido por Manoel Gonçalves Ferreira Filho, de que seja impossível a democracia exercida pela maioria e de que a democracia só se mostra factível se exercitada por uma minoria, não restando à maioria, na visão e nas palavras desse doutrinador, senão obedecer.[62]

No mesmo sentido, não é o fato de a nossa Constituição estabelecer, em seu artigo 3.º, IV, tratar-se o nosso país de uma nação que tem como objetivos a erradicação da pobreza e do preconceito, que materialmente assim o é. Ao contrário, quando o tema é preconceito, a Constituição real aparece no Relatório Anual das Desigualdades Raciais, envolvendo o biênio 2009-2010, do qual consta, entre tantos outros dados e conclusões, que, no espaço de 10 anos (1998-2008), a desigualdade entre brancos e negros nas escolas caiu de 1,6 para 1,5; ou, ainda, que a taxa de mortes por fatores externos, que, entre os brancos, era de 107,3 no ano de 2001, tendo sido reduzida para 98,3 em 2007, entre os negros, era de 118,5 em 2001, elevada para 125,7 em 2007.[63-64]

Se o artigo 1.º da Constituição de 1988 fala em dignidade da pessoa humana como um dos fundamentos da democracia brasileira, o relatório produzido entre os anos de 2007 e 2008, pelo Ministério do Desenvolvimento Social e Combate à Fome, indicou, apenas entre adultos (acima de 18 anos), 31.922 moradores de rua.[65] É preciso considerar que esse relatório não inclui crianças e jovens, não tendo sido abrangidos, também, os dados das capitais São Paulo, Recife, Porto Alegre e Belo Horizonte, que produziram relatórios próprios.

---

62. *A democracia possível*. São Paulo: Saraiva, 1972, p. 23.

63. Tais números aparecem no relatório com parâmetro em 100 mil habitantes.

64. PAIXÃO, Marcelo *et alii* (Org.). *Relatório Anual das Desigualdades Raciais no Brasil 2009-2010*. Brasília: Garamond; Laeser, 2010. Disponível em: <http://www.laeser.ie.ufrj.br/PT/ relatorios%20pdf/Relat%C3%B3rio_2009-2010.pdf>. Acesso em: 10 mar. 2013, *passim*.

65. *Pesquisa nacional sobre a população em situação de rua*. Brasília: Secretaria de Avaliação e Gestão da Informação, 2008. Disponível em: <http://www.mds.gov.br/backup/arquivos/sumario_ executivo_pop_rua.pdf>. Acesso em: 10 mar. 2013, *passim*.

Diante desses dados todos ofertados, o que menos interessa são os números, pesando sensivelmente a condição material das chamadas garantias constitucionais. Essa é a Constituição, não aquela descrita em folha de papel, que tudo aceita e que historicamente é rasgada dando lugar à outra nos momentos de crises e de rupturas sociais.

Como bem sustenta a doutrina lúcida de Paulo Bonavides, continuando tais condições, sem que se imponha um comportamento de repolitização da legitimidade, "o País está fadado a ser nesse regime uma organização de súditos e vassalos e não um povo de homens livres e cidadãos honrados".[66]

1.2 Garantias fundamentais do processo: aparência e realidade

Tradicionalmente, a teoria das garantias fundamentais do processo desenvolve-se a partir da concepção de que, considerando as condições de um Estado de Direito, seja a via jurisdicional o caminho mais legítimo e adequado para se efetivar o rol de direitos sociais e fundamentais do homem, e assim atingir um ideal de sociedade justa.

Um processo desenvolvido sem dilações indevidas, julgado com imparcialidade, com preservação do contraditório, do direito ao recurso e da ampla defesa, com provas lícitas e, sobretudo, o respeito ao devido processo legal, eis a fórmula do processo efetivo e justo.

De um modo ou de outro, as Constituições dos Estados entendidos por democráticos preveem tais garantias, colocando a sua efetividade como o grande objetivo a ser conquistado pelos cultores e executores do processo, com fins à obtenção de uma tutela jurisdicional justa.

Nesse sentido, sustenta a teoria garantista do processo que é dever do magistrado observar os limites constitucionais do mesmo, não tendo liberdade para a prática de atos decorrentes de um comportamento ativista, ou seja, de um protagonismo interpretativo subjetivista, como, por exemplo, produzir provas em busca de uma verdade imaginada.

Segundo a doutrina de Juan Carlos Guayacán Ortiz, a delimitação do conteúdo das garantias constitucionais do processo configura-se a partir da

> "(...) adoção de decisões com pleno respeito ao devido processo, da existência de um conjunto de amplos e suficientes mecanismos para a resolução de controvérsias, que se prevejam mecanismos para facilitar o acesso à justiça

66. *Teoria constitucional da democracia participativa: por um Direito constitucional de luta e resistência, por uma nova hermenêutica, por uma repolitização da legitimidade.* 3. ed. São Paulo: Malheiros, 2008, p. 50.

aos pobres e que a oferta da justiça permita o acesso a ela em todo o território nacional." (Tradução nossa.)[67]

Outro doutrinador garantista do processo, Gustavo Calvinho, ao chamar a atenção para a diferença entre direitos e garantias fundamentais, comenta que, quanto a estas últimas, elas devem ser entendidas como "(...) todas aquelas instituições que, de forma expressa ou implícita, estão previstas pela Lei Fundamental para a preservação dos direitos constitucionais e do sistema constitucional" (tradução nossa).[68]

Portanto, seguindo esse entendimento, é possível depreender que a grande função das chamadas garantias fundamentais do processo é exatamente ofertar condições de efetividade aos direitos fundamentais, estando, entre estes últimos, a própria efetividade da tutela jurisdicional.

Apesar de visualizarmos na teoria garantista um passo além em relação às teorias tradicionais já desenvolvidas pela ciência processual, que, presas à técnica e às bases positivistas e procedimentalistas do processo, mostram-se incapazes de observar a materialidade das razões manipuladoras das vias interpretativas do processo desde os seus primeiros passos, vemos no garantismo uma forma ainda insuficiente para resolver as questões mais profundas, como aquelas que envolvem as ideologias inseridas no sistema processual contemporâneo, bem como as reais razões de sua histórica ineficácia quanto ao dever de tutela dos direitos fundamentais.

Vale notar que a razão dessa insuficiência do garantismo está nas próprias condições reais da formação do Estado contemporâneo.

O Poder Judiciário e todo o sistema de normas e instituições que alimenta a sua atuação, como é o caso do direito processual, não constituem corpos soltos no espaço, mas, ao contrário, pertencem a uma estrutura racionalmente estabelecida, a que se convencionou denominar de Estado.

Fato já notório é a característica privatista, tecnicista e procedimentalista da atividade jurisdicional exercitada no *Ancien Régime*, prevalecendo o regime da

---

67. Las implicaciones de la oralidade en algunas de las garantias constitucionales del proceso civil. In: ORTIZ, Juan Carlos Guayacán. Proceso y Constitución. Lima: ARA Editores, 2011, p. 219. Texto original, em Espanhol: "(...) *adopción de decisions con pleno respeto al debido proceso, la existência de un conjunto amplio y suficiente de mecanismos para el arreglo de controversias, que se prevean mecanismos para facilitar el acesso a la justicia a los probres y que la oferta de justicia permita el acesso a ella en todo el território nacional.*"

68. *El proceso con derechos humanos*: método de debate y garantia frente al poder. Buenos Aires: Editorial Universidad del Rosário, 2012, p. 76. Texto original, em Espanhol: "(...) *todas aquellas instituciones que, en forma expresa o implícita, está establecidas por la Ley Fundamental para la salvaguarda de los derechos constitucionales y del sistema constitucional*".

autotutela, pelo qual as autoridades da época não intervinham, ficando a cargo dos próprios litigantes a solução de suas controvérsias.

No final do período das fórmulas e início do período da cognição extraordinária, a atuação jurisdicional passava gradativamente a ser pública, porque exercitada pelas mãos dos governantes, porém não menos violenta e arbitrária.

Mais adiante, com o fim do Império Romano e o início da Idade Média, o exercício concentrado das atividades jurídicas nas mãos dos senhores de feudos e do próprio rei gerava a principal característica que, posteriormente, já no início das atividades capitalistas, viria a ser combatida, qual seja a insegurança das decisões, as quais, exatamente por decorrerem de mãos autoritárias e controladas pelos detentores do poder absolutista, eram modificadas e adequadas às suas necessidades políticas e econômicas.[69]

Adiante, o fortalecimento do sistema de capital, gerando incompatibilidade com o sistema absolutista, cominou na adoção de uma forma social em que o poder econômico e o poder político[70] passaram a ser exercidos por mãos distintas.

O Estado, portanto, passou a receber contornos de aparência, de modo a ser visto como ente, personificado, autônomo, com fins à proteção e ao desenvolvimento das necessidades de seu povo.

Quanto ao Poder Judiciário, envolvido na mesma ideologia de dominação histórica, assumiu a função de ser aquele ente, igualmente autônomo, inclusive em relação ao próprio titular do poder político, com fins à atuação do Direito posto pelo ente político no seu exercício da função legislativa.

Como pondera Carré de Malberg, posição comum na doutrina é aquela que sustenta que o Estado possui personalidade própria, autônoma e exclusiva em relação aos sujeitos que o compõem, ou, como o faz a doutrina francesa, sustentando que Estado e nação não só são autônomos, como possuem personalidade autônoma.[71]

Ressalta Malberg que, em verdade, os sujeitos sociais que compõem um determinado Estado não podem ser vistos como terceiros estranhos a ele, não podem se excluir no exercício de suas respectivas soberanias, mas, ao contrário, constituem um só corpo.[72]

69. Sobre as características jurisdicionais do período, ver: CINTRA, Geraldo de Ulhoa. *Da jurisdição.* Rio de Janeiro: Lux, 1958. Outro doutrinador, Mário Guimarães, em obra específica sobre o juiz e a função jurisdicional, observa que, com o fortalecimento das monarquias no período do feudalismo, o exercício da justiça em última instância retornou às mãos do rei, deixando aos seus prepostos as decisões de primeira instância. Cf. *O juiz e a função jurisdicional.* Rio de Janeiro: Forense, 1958, p. 28.

70. Este último, dividido em duas funções, Legislativo e Executivo.

71. *Teoría general del Estado.* Tradução de José Lion Depetre. México: Facultad de Derecho Fondo de Cultura Económica, 2001, p. 29.

72. *Ibidem*, p. 31.

Por outro lado, o positivismo que caracteriza o pensamento de Malberg o leva também a concluir, de modo equivocado, quanto às características do Estado.

Sustenta esse autor que o Estado representa nada mais do que a nação devidamente organizada sob a égide de um conjunto de regras. Em suas palavras, "(...) o que personifica o Estado é a própria nação, estatalmente organizada" (tradução nossa).[73]

Visualizando elementos de maior profundidade na formação do Estado contemporâneo, e consubstanciado em um horizonte estabelecido sob bases de realismo e concretude, destaca Joachim Hirsch que:

> "O Estado não é uma coisa, um sujeito ou uma organização racional, mas um complexo de relações sociais. Ele é gerado e reproduzido pelos indivíduos ativos, mas sob condições que fogem à sua consciência imediata e ao seu controle."[74]

O Estado é, em verdade, resultado da forma social e política de uma época.[75] Assim também se dá com a forma jurídica. No sistema de capital e no sistema político,[76] as estruturas jurídicas são manipuladas de modo servir de via de legitimação de seus interesses e não se está aqui tratando de ser esse modelo bom ou ruim, mas apenas que é assim.

Nessa esteira, estabelecidas as bases ideológicas de sustentação do sistema de capital, mais tarde também encampadas pelo político, passa o próprio Direito a ser manipulado, a partir do regime de legalidade, restando ao Poder Judiciário e, consequentemente, ao processo, efetivar tais ideologias, acreditando, contudo, estar agindo no sentido de tutelar direitos constitucionalmente estabelecidos, exatamente em decorrência de uma realidade historicamente posta pela práxis, mas que esconde as suas razões concretas, consubstanciadas em uma fantasia profunda.

Não se nega, com essa afirmação, que, no estágio atual de desenvolvimento social e político, outros fatores de interferência possam existir, constituindo a sociedade atual em uma sociedade complexa, sobretudo em países periféricos como o Brasil. É possível, inclusive, que, vez ou outra, haja decisões tanto de ordem política quanto jurídica falando de modo contrário aos interesses do sistema de capital, ou mesmo do sistema político. Ao se sustentar que a estrutura

---

73. *Teoría general del Estado*, p. 32. Texto original, em Espanhol: "(...) *lo que personifica el Estado es la nación misma, estatalmente organizada*".

74. *Teoria materialista do Estado*. Tradução de Luciano Cavini Martorano. Rio de Janeiro: Revan, 2010, p. 19.

75. Sobre a real formação do Estado, ver, ainda: ALVES, Alaôr Caffé. *Estado e ideologia: aparência e realidade*. São Paulo: Brasiliense, 1987.

76. Ressaltando que o Sistema político ganha espaço como poder real de dominação exatamente em razão da opção feita pelo Sistema de capital e pelo regime democrático, positivista e de legalidade.

do Estado e, por consequência, do Poder Judiciário, foi historicamente encampada pelos reais detentores de Poder, não se faz de modo a afastar enfaticamente toda e qualquer possibilidade de fracasso do modelo econômico e político.

Como explica Alysson Leandro Mascaro, com a separação entre o Estado e os detentores do sistema de produção capitalista, aquele passou a atuar como garantidor dos resultados deste.[77]

Não se pode, portanto, imaginar que as instituições de um Estado, gerido por ideologias políticas e de capital, sendo essa a forma social e política da sociedade contemporânea, possam, em alguma medida, atuar no sentido de priorizar a efetivação de direitos sociais. Para isso seria necessária a transformação dos fatores reais de Poder, insistindo na terminologia de Lassalle.[78]

Criticando a posição doutrinária garantista, observa a doutrina de José Carlos Barbosa Moreira que o autoritarismo que eventualmente possa dominar as estruturas do Estado no sentido político não necessariamente provoca o surgimento de um ordenamento jurídico igualmente autoritário, arrolando vários exemplos de normas de características democráticas e que foram editadas durante regimes políticos autoritários não só no Brasil, como em outras tantas nações.[79]

De fato, tem razão em tal ponto esse que é certamente um dos grandes nomes do processo civil nacional, e digno do mais profundo respeito. No entanto, uma observação se faz necessária. Primeiro, que não se pode analisar o autoritarismo de um sistema jurídico nacional a partir de uma ou outra norma, mas sim a partir das estruturas ideológicas e materialistas desse Estado. Assim, é possível que um Estado oficialmente declarado como democrático, como é o caso do Brasil atual, não assuma de fato essa forma na sua essência. Segundo, que as normas formalmente estabelecidas pelo ordenamento jurídico de um país, sobretudo no âmbito constitucional, não refletem a sua realidade e condição política. Fosse assim, não teríamos o próprio autoritarismo e as desigualdades, tampouco os privilégios existiriam. Dessa maneira, são as ideologias previstas de modo mediato, arraigadas na sua forma política e social, e não atingíveis por uma análise de superfície e juspositivista, e, no caso específico do processo, procedimentalista e técnica, que determinam a real natureza e a forma tanto do próprio Estado quanto de seu sistema jurídico.

Por esse método materialista de entender as instituições sociais, o próprio Direito não passa de uma técnica, "um instrumento a serviço da economia ou da moral individual", como bem pondera Michel Villey.[80]

---

77. *Estado e forma política*. São Paulo: Boitempo, 2013, p. 18.

78. *A essência da Constituição*, *passim*.

79. O neoprivatismo no processo civil. *Revista de Processo*, São Paulo, v. 122, 2005, p. 10 *et seq*.

80. *A formação do pensamento jurídico moderno*. Tradução de Claudia Berliner. São Paulo: Martins Fontes, 2009, p. 427.

Nas palavras desse autor, em decorrência da educação nominalista[81] que recebemos hoje, somos induzidos a crer na existência de um rol limitado de valores pertencentes restritivamente aos indivíduos ou a grupos ficticiamente concebidos, chamados de pessoas morais, a quem se atribui, inclusive, uma individualidade própria perante o Direito. Na ideia de Villey, são valores que se destinam ao bem-estar econômico e moral desses indivíduos ou das ditas pessoas morais.[82]

Ainda na doutrina de Villey, compreende-se a distância dessa teoria nominalista da teoria realista, considerando esta última a existência de valores pertencentes aos conjuntos, ou seja, algo para além dos indivíduos, como o valor do justo, que, nas palavras do autor, deve ser analisado "numa relação entre as partes do conjunto de um grupo social", como "partilha harmoniosa dos bens entre os membros desse grupo". Assim considerado, entende Villey que teria o justo um fim diferente dos da moral ou da economia política.[83]

Se as garantias fundamentais se constituem em institutos constitucionais do processo, destinados a tutelar os direitos fundamentais, é preciso lembrar que já estes últimos são produtos daquelas mesmas ideologias.

Nesse sentido, esclarece Michel Villey, em outra obra de sua autoria, que os chamados direitos humanos são frutos da modernidade.[84] A ideia de Declarações de Direitos dos Homens é resultado do necessário contrabalanço da teoria de que o progresso assume a condição de um Deus[85] da razão contemporânea, configurando-se como a resposta aos sistemas de códigos e leis cada vez mais técnicos, autoritários e privatistas.

Segundo a doutrina de Villey, a ideia de direitos humanos forma-se como consequência dos exageros provocados pelo positivismo jurídico no processo de legitimação do sistema de capital. A liberdade, não como condição de liberdades, sendo estas meras consequências daquela, pilar central do sistema de dominação capitalista, porque permite o continuísmo do processo escravagista, mas agora legitimado pelo Direito, por meio de um contrato de trabalho e de um salário, para citar um exemplo.

Como assevera Cláudio Lembo, a própria Declaração dos Direitos do Homem, datada de 1789, que constituiu o preâmbulo da Constituição francesa pós- Revolução, em 1791, e foi retirada das Constituições posteriores, não foi

---

81. Para essa teoria, surgida aproximadamente no século XI, tudo o que existe é de natureza individual, portanto, o gênero, o universal, se reduz a nomes racionalmente atribuídos.

82. *Op. cit., loc. cit.*

83. *Ibidem*, p. 428.

84. *O Direito e os direitos humanos*. Tradução de Maria Ermantina de Almeida Prado Galvão. São Paulo: Martins Fontes, 2007, p. 3.

85. Inclusive como decorrência da pseudoautonomia entre a Filosofia classificada de moderna e a Teologia.

suficiente para evitar que tanto Luiz XVI quanto os seus familiares fossem guilhotinados dois anos depois.[86]

Importante nota se tem quando verificado que os direitos definidos pela Declaração como fundamentais são exatamente aqueles que serviriam de pilar de sustentação para o sistema de dominação capitalista, quais sejam a liberdade, a igualdade, a propriedade e a fraternidade, não tendo esta última jamais conquistado qualquer espaço no sistema jurídico dos Estados capitalistas. Em bancos acadêmicos, são o contrato e a propriedade, e não a fraternidade, que recebem atenção especial.

A própria teoria garantista, partindo da premissa de que a Constituição Federal estabelece os princípios fundamentais norteadores da obtenção da justiça almejada, acaba por incorrer no equívoco de ter a legalidade estrita, por exemplo, como capaz de identificar eventuais desvios na efetivação de direitos fundamentais.

Nesse diapasão, sustenta Luigi Ferrajoli que o princípio da legalidade surge como mecanismo legítimo de afastamento das apreciações arbitrárias que consideram não os fatos, mas a pessoa, configurando uma atuação discriminatória do Direito.[87].

A nosso ver, a legalidade estrita, quando construída a partir de vontades viciadas, não só não permite o afastamento das arbitrariedades, como é ela mesma uma das vias históricas do processo de dominação e opressão.[88] Basta observar a realidade dos fatos históricos que foram praticados sob o manto da legalidade, figurando ao longo do tempo como um mecanismo de imposição das estratégias política e econômica, servindo exatamente como mecanismo de legitimação dos privilégios. Nos ditos Estados democráticos, é por meio da legalidade, e não da força, que as atrocidades são legitimadas e as desigualdades se materializam.

Somando-se a legalidade aos princípios norteadores do sistema processual contemporâneo, em especial o dispositivo da imparcialidade e da segurança jurídica, pronto está o cenário de dominação, tornando-se o juiz um mero burocrata do Direito, impedido de avaliar e afastar qualquer grau de injustiça contido na norma. Foi exatamente o estabelecimento da via da legalidade como forma de dominação que deu à via política a condição de também se configurar como um dos fatores reais de poder, ao lado do até então único fator, o sistema de capital.

---

86. *A pessoa – seus direitos*. São Paulo: Manole, 2007, *passim*.

87. *Direito e razão*: teoria do garantismo penal. 3. ed. Tradução de Juarez Tavares. São Paulo: Revista dos Tribunais, 2010, p. 39.

88. Para uma visão satisfatória sobre o tema da legalidade, ver a seguinte doutrina específica: MASCARO, Alysson Leandro. *Crítica da legalidade e do Direito brasileiro*. 2. ed. São Paulo: Quartier Latin, 2008.

Esquecem os garantistas de que a própria Constituição, somada à fantasia da democracia, é fruto da comunhão de interesses, configurando-se, como já verificado durante toda a primeira subseção do presente capítulo, em instrumento sofisticado de legitimação das políticas de dominação, e, quando assim não for, rasga-se, constituindo-se outra nova, como já observou Lassalle.[89]

Resultou do estudo apresentado na subseção anterior que a Constituição Federal de 1988, assim como as que a antecederam, não se mostra como instrumento hábil, tampouco suficiente, para romper com o histórico processo de dominação política e econômica instalado na infraestrutura da sociedade contemporânea, configurando apenas uma nova etapa continuísta desse processo.

E é em decorrência dessa histórica função legitimadora imposta à Constituição Federal que se entende que as garantias fundamentais do processo não adquirem, nem poderia ser diferente, *status* de garantias reais, não passando de artifícios aparentes de dominação, que, por essa razão, amoldam-se às necessidades desse sistema, inclusive sendo utilizados historicamente para legitimar suas ações.

Enganam-se aqueles que, a exemplo de Norberto Bobbio,[90] idealizam que a Declaração Universal dos Direitos do Homem é fruto de um avanço no processo de entendimento dos Governos.

Igualmente, erram aqueles que, a exemplo de Robert Alexy,[91] analisam as questões relativas aos direitos fundamentais, estabelecendo uma análise a partir do direito positivo válido, exatamente porque este mesmo é fruto de um processo racionalmente posto com base em conceitos liberalistas e de opressão.

Em verdade, o processo de reconhecimento e a declaração de determinados direitos não passam de uma fase da estratégia de dominação, que se mostra contínua e progressiva, haja vista que a base de sustentação de tais direitos é constituída exatamente pela liberdade e pela igualdade, ou seja, as principais condições necessárias para a consolidação dos regimes de capital e político.

---

89. *A essência da Constituição*, *passim*.

90. *A era dos diretos*. Tradução de Carlos Nelson Coutinho. 14. tir. Rio de Janeiro: Campus, 1992, p. 15.

91. *Teoria dos direitos fundamentais*. Tradução de Virgílio Afonso da Silva. São Paulo: Malheiros, 2008, *passim*. A análise empírica proposta pelo autor se perde no exato momento em que parte de elementos e dados materialistas, mas do próprio Direito positivado. Este último já se mostrou historicamente distante da realidade social concreta e fruto de manipulações estabelecidas por aqueles que exercem e impõem os fatores reais de poder. Ainda que possa o magistrado ponderar entre um valor e outro, encontra-se limitado aos parâmetros fornecidos pelos fatos como narrados pelo autor, não podendo considerar situações fora desses limites, o que nos impede de entender esse mecanismo como justo.

Basta observar que a implementação de tais declarações surge em específicos momentos históricos de crise dos sistemas dominantes e como estratégias para a sua reestruturação.

Desse modo, se tais declarações de direitos não se harmonizam com as formas social e política[92] de respectiva época, permanecem na condição de promessa, ainda meramente formal. E mais, quando consideradas obstáculos à realização dos desígnios dos detentores reais do poder, simplesmente são abandonadas, quando não modificadas, inclusive por meio da legitimação do processo.

Como bem anota a doutrina de Celso Lafer, "no mundo contemporâneo continuam a persistir situações sociais, políticas e econômicas que contribuem para tornar os homens supérfluos e, portanto, sem lugar no mundo".[93]

Em um sistema de capital, a própria ideia de homem é substituída pela de sujeito de direito; este, e não aquele, é fundamental ao continuísmo.

É por essa razão que não se pode perder de vista que as grandes atrocidades praticadas ao longo da história contemporânea foram legitimadas perante a ordem jurídica exatamente sob a alegação de plena preservação das garantias do processo.

Foi assim, com a legitimação da propriedade sobre os escravos, com as milhares de mortes nos campos de concentração, no caso específico da América Latina, com as perseguições e mortes praticadas durante os sucessivos golpes, e como se dá ainda hoje, embora por outras vias.[94]

Frisa-se, que, se no período do *Ancien Régime* as atrocidades eram realizadas por meio da força física dos detentores do poder, devido à fusão entre as formas política, social e econômica, com o advento do Estado Liberal, a dominação se legitimava exatamente por meio do Direito e, sobretudo, pela via da atuação jurisdicional do Estado, realidade essa que não se modificou com o advento do chamado Estado Social, exatamente porque de social nada tem, senão, constituindo em continuísmo das formas liberais.

92. Para um adequado entendimento sobre a ideia de forma social e forma política, ver: MASCARO, Alysson Leandro. *Estado e forma política*. São Paulo: Boitempo, 2013. Explica o autor que as "(...) formas sociais são modos relacionais constituintes das interações sociais, objetificando-as" (p. 21). Nessa linha, seria inadequado, para dizer o mínimo, pensar em um Direito, inclusive o processual efetivo e justo, quando inserido em uma forma social estruturada pela ideologiacapitalista.

93. *A reconstrução dos direitos humanos*. São Paulo: Companhia das Letras; Schwarcz, 1988, p. 118.

94. Como já citado, segundo o Ministério do Desenvolvimento Social e Combate à Fome, em levantamento realizado entre 2007 e 2008, 31.922 adultos (maiores de 18 anos) vivem nas ruas, valendo ressaltar que a pesquisa não incluiu as capitais São Paulo, Belo Horizonte, Porto Alegre e Recife. Cf. Pesquisa nacional sobre a população em situação de rua, *passim*.

Estabelece-se uma propositai situação de aparência, como mecanismo de calmaria e manutenção de uma esperança necessária ao continuísmo. Aparência essa que recebe contornos de realidade por inserir-se no cotidiano das pessoas, por lhes apresentar elementos de sabores agradáveis, materializados pela beleza estética, a alegria (diferente da felicidade) e a liberdade de manifestação (mas não de influência, salvo nos casos de menor ou nenhuma relevância para as estruturas ideológicas desse sistema).

Especificamente no caso do processualista, preso ao fetichismo provocado pelo inócuo estudo de seus institutos, é ele incapaz de verificar o materialismo que os fundamenta. O estudo do processo se dá de modo alheio ao mundo em que inserido, e a abstração reducionista provocada pela técnica é, pois, o seu *habitat* natural.

Essa forma de pensar, longe de ser uma exclusividade daquele que se dedica ao estudo do processo, decorre de uma lógica positivista que dominou o cenário jurídico já a partir do século XVIII, tendo sido encampada pelos liberalistas por ser o caminho mais curto à tão desejada segurança jurídica.

O tradicional e falso cenário imposto pelo positivismo, de que a norma é capaz de moldar a forma social imposta ao longo desse tempo, recebendo raízes mais profundas em sociedades neocoloniais, como é o caso do Brasil, mantém viva a cultura da codificação e, no caso específico do processo, a falsa concepção de que, por sua via, seja possível atingir algum grau de justiça desde que observadas as garantias do processo estampadas na Constituição. Em verdade, assim não é.

Desde a sua origem contemporânea, com a imposição da ideologia liberal, o processo conserva como características o privatismo, o elitismo e o subjetivismo, exatamente porque pensado com esse fim. O processo definitivamente não possui em sua genética qualquer elemento de sociabilidade e de solidariedade, tendo ocorrido apenas quanto à forma, e não em ideais, a absorção do publicismo atribuído ao Código de Processo Civil austríaco de Klein. Por essa razão, o indivíduo, e não a sociedade, está no centro de seus institutos.

Por outro lado, aqueles que sustentam a teoria instrumentalista, colocando o processo como mero instrumento, que tem como seu principal escopo a efetiva tutela do direito material, não percebem, e preferimos acreditar que seja só uma falta de percepção, que essa teoria segue exatamente na linha desejada pelos detentores dos atuais fatores reais de poder. Ora, posto que o direito material é sustentado pelos pilares da propriedade privada, da igualdade formal e da liberdade de realizar contratos, sendo o processo mero instrumento de efetivação do direito material, é possível verificar, em suas entranhas, a mesma exata ideologia.

Primeira legislação processual surgida após o fim do *Ancien Régime*, o Código de Processo Civil francês assumiu flagrante função de instrumento protetivo do Código Civil napoleônico constituído dois anos antes, e que, por sua vez, era marcantemente elitista, colocando, no centro da tutela, a proteção do indivíduo e da propriedade privada, elementos estruturantes do sistema capitalista.

A imagem de um juiz que deva permanecer distante das partes, inerte e vinculado aos fatos e provas que lhe forem submetidos pelos litigantes é certamente a maior herança desse período, transformando o processo em um espaço de autotutela legitimada nos dias atuais.[95]

Como destaca Dierle José Coelho Nunes, valendo-se da doutrina de Vittorio Denti e Michele Taruffo, apesar de inserir na legislação processual a figura da paridade de armas, partiram os idealizadores do Código de Processo Civil napoleônico da premissa equivocada de uma sociedade constituída por iguais.[96]

Esse comportamento do legislador não foi sem propósito. Como já mencionado nos parágrafos acima, tanto as normas de organização judiciária quanto as legislações processuais possuem, em suas bases, concepções que nada têm de jurídico, menos ainda de social.

Nessa esteira, as chamadas garantias fundamentais do processo não constituem, por essa via, outra coisa, senão mecanismo de legitimação dos atos de poder.

Necessário, nessa quadra de ideias, analisar de modo mais detido como se dá o processo histórico de transformação da realidade das garantias fundamentais do processo em aparência e, simultaneamente, como as aparências são também assimiladas como realidades estabelecidas pela *praxis*.

A forma do processo, visto, sobretudo, por aqueles que o estudam como instrumento de efetivação, seja das suas garantias constitucionais, como acreditam os garantistas, ou ainda como instrumento de tutela do direito material, como querem os instrumentalistas, é, sem dúvida, uma realidade.

Contudo, essa realidade não se constitui sob seus elementos de essência, mas a partir de elementos de aparência, o que se dá pelo simples fato de que a coisa em si não se apresenta imediatamente ao homem, como explica Karel Kosik.[97]

É natural, segundo esse autor, que, diante da realidade que a práxis lhe apresenta, não pense o homem em profundidade, buscando compreendê-la a partir de seus elementos de formação mais profundos e concretos, ao contrário, se convence diante daquela realidade que se lhe apresenta quando no exercício de atividades destinadas ao atingimento de um fim. Nas palavras de Kosik:

---

95. Nesse sentido, acerta a já citada doutrina de Barbosa Moreira. Cf. neoprivatismo no processo civil, *passim*.

96. *Processo jurisdicional democrático*: uma análise crítica das reformas processuais. Curitiba: Juruá, 2009, p. 72.

97. *Dialética do concreto*. Tradução de Célia Neves e Alderico Toríbio. São Paulo: Paz e Terra, 2011, p. 13.

"A realidade não se apresenta aos homens, à primeira vista, sob o aspecto de um objeto que cumpre intuir, analisar e compreender teoricamente, cujo pólo oposto e complementar seja justamente o abstrato sujeito cognoscente que existe fora do mundo e apartado do mundo; apresenta-se como o campo em que se exercita a sua atividade prático-sensível, sob cujo fundamento surgirá a imediata intuição prática da realidade."[98]

Desse modo, o exercício da *praxis* tem por consequência natural a formação de uma realidade estabelecida por elementos de representação, de aparência, de fantasia, e que passam a constituir verdades mentais, impedindo que o sujeito se movimente no sentido de encontrar outras razões de explicação daquele fenômeno, mais profundas e concretas.

Assim acontece não só com os fatores de composição e determinantes de uma sociedade, mas também com as instituições sociopolíticas e responsáveis pela realização dessa *praxis*.

A corrupção, a divisão de classes, a liberdade, a igualdade, a ética do outro, o abandono como opção, a contaminação das estruturas por um modelo político e econômico envelhecido, exatamente porque inseridas nas condições estabelecidas, apresentam-se como realidade, e, logo, como aparentes consequências dos tempos.

Esse cenário produzido em nosso cotidiano e representado mentalmente como uma realidade dos tempos, segundo aponta Karel Kosik, penetra de tal modo na consciência dos indivíduos, que assume um aspecto natural, que, nas suas palavras, constitui uma "pseudoconcreticidade", provocando um "claro-escuro de verdade e de engano".[99]

A concretude, a essência, a realidade, nos termos empregados no título da presente subseção, como indicativos das razões profundas, da gene de uma realidade aparentemente estabelecida pela *praxis* histórica, não se apresenta de modo imediato, mas somente a partir de um despertar de sentimentos, do afastamento de uma camada de poeira que a história racionalmente estabelecida se encarregou de alojar sobre a mente dos sujeitos sociais.

É nesse sentido que Theodor Adorno, analisando essas questões mais profundas da realidade, busca na ideia de estética a sua correspondência, observando que "a transição do belo natural para o belo artístico é dialética enquanto transição para a dominação".[100]

A arte, destaca Adorno, gostaria de ser a voz do não humano, contudo, a necessidade de se aproximar do próprio humano lhe impôs a necessária mutação da arte em estética, transformando o imaginário em real. Como bem pondera esse

---

98. *Dialética do concreto*, p. 13-14.
99. *Ibidem*, p. 15.
100. *Teoria estética*. Tradução de Artur Morão. Lisboa: Edições 70, 2012, p. 123.

autor, um dos fundadores da Escola de Frankfurt, "as obras de arte indicam que algo existe em si, mas nada dizem a seu respeito".[101]

É por esse caminho que trilha a ideia posta por Adorno de que o Mais, quando fabricado pelo homem, não garante a concretude dos fatos. O Mais, nas palavras do autor, "(...) poderia ser um nada absoluto e, no entanto, as obras de arte poderiam pôr esse Mais como aparência".[102]

Essa aparente realidade que se estabelece e que historicamente se consolida em relação às instituições sociais e, no nosso caso específico, o Direito, e, mais precisamente, o processo, decorre de sua acientificidade.

O mesmo limite técnico que é imposto à prática jurídica recai sobre a sua pseudopesquisa, de modo que apenas formalmente o direito processual se constitui em ciência. Desde Wach, passando por Bülow e, posteriormente, Chiovenda, Carnelutti e Liebman, o direito processual não logrou se desvincular da técnica, certamente em razão da real-aparência estabelecida pela *praxis* racionalmente imposta a partir dos limites positivistas do processo.

A ânsia histórica de ofertar ao processo, e, com maior ênfase, ao direito processual, uma autonomia em relação ao direito material, e para além dos conceitos teológicos, apagou as luzes que poderiam iluminar as ideologias que o envolvem desde o final da Idade Média.

A própria doutrina de Direito, e, em especial, a processual, se convenceu daquela realidade aparente caraterizada pela história prática do processo, estabelecendo suas análises e conclusões a partir de conceitos e premissas falsas, responsáveis pela geração de verdadeiros mitos,[103] como a ideia de acesso à justiça, de efetividade do processo, de processo justo, de paz social. O resultado é que a única realidade existente para essa imaginária ciência é a técnica ou a necessidade de sua superação por meio do instrumentalismo. Quanto aos garantistas, ainda que em um estágio mais elevado do que a teoria instrumentalista, igualmente partem de uma realidade falsa, aparente, qual seja a da existência de direitos humanos fundamentais, constituindo as garantias fundamentais do processo o único meio capaz de tutelá-los, o que os impede de verificar a concretude, a essência desse fenômeno, indicando que as próprias garantias fundamentais do processo são

---

101. *Teoria estética*, p. 124.

102. *Ibidem*, p. 125.

103. Para uma maior compreensão da ideia de mito, sugerimos a leitura das seguintes obras: GARCIA- PELAYO, Manuel. *De mito y de la razon en el pensamiento político*. Madri: Revista de Occidente, 1968; e POLITZER, Georges. *A Filosofia e os mitos*. Tradução de Eduardo Francisco Alves. Rio de Janeiro: Civilização Brasileira, 1973. Como assevera Garcia-Pelayo, a ideia dos mitos é exatamente a de manter vivos os valores que sustentam as ideologias de dominação, produzindo utopias como as da democracia e do acesso à justiça, o que se dá a partir de realidades não concretas. Cf. *Los mitos políticos*. Madri: Alianza Editorial, 1981, p. 11-12.

utópicas, senão como realidade posta pela racionalidade pelos mecanismos de dominação.

Cabe observar que o direito processual tem se transformado ao longo do tempo em mero mecanismo de estudo das regras postas pelo legislador, por isso positivista. Nessa linha, não se constitui em uma Ciência Processual, mas em um estudo de mero procedimento, assim como no direito civil são estudados tão somente os institutos como postos pelo legislador, o que se repete em todas as subáreas do Direito.

Se alguma produção ideológica podemos encontrar sobre o Direito e, em especial, sobre o processo, tem ela origem não nas mãos de processualistas, mas na Filosofia, sobretudo a crítica, na Sociologia e nas Ciências Políticas, salvo raras exceções.[104]

Nesse sentido, observa Michel Miaille que "a ciência jurídica, tal qual ela é hoje concebida e apresentada, não é, senão, uma imagem do mundo do Direito, não uma explicação".[105] Continua o autor, afirmando que:

> "Na verdade, pensam que a ciência jurídica vai analisar as relações que mantêm o imaginário e o real e, a partir deste trabalho, explicar simultaneamente o funcionamento da imagem e o da vida social real? Nada disso, por mais aberrante que isso pareça, a ciência jurídica vai tomar como certa a imagem que lhe transmite a sociedade e tomá-la pela realidade."[106]

A realidade não concreta criada pelo cotidiano jurídico, de modo a envolver inclusive os pseudocientistas do Direito, principalmente da processualística, gera o efeito aludido por Guy Debord, em sua "A sociedade do espetáculo".[107]

Observa o autor o quão fundidas estão na sociedade contemporânea as características de um espetáculo, de tal sorte não ser mais possível definir onde termina e começa um e outro. Assim, afirma Debord que "o espetáculo é, ao mesmo tempo, o resultado e o projeto do modo de produção existente. Não é um

---

104. Poucas foram as exceções. No caso do processo civil, podemos citar José Joaquim Calmon de Passos, Ovídio Batista da Silva, Vittorio Denti e Piero Calamandrei. Processualistas que se propuseram a analisar as ideologias que se encontram nas raízes mais profundas do processo e, talvez por isso, não se tornaram doutrinadores de expressão nos bancos acadêmicos, por não serem palatáveis aos ideais postos pelo desejado ensino mecanicista do Direito que temos hoje. Nada obstante doutrinadores do mais profundo conhecimento, produtores da Ciência Processual na acepção pura do termo, são, ainda hoje, de pleno desconhecimento dos alunos, e, pior, de professores de direito processual, que reduzem o conhecimento às teorias manualescas.

105. *Introdução crítica ao Direito*, p. 51.

106. *Ibidem, loc. cit.*

107. *A sociedade do espetáculo*. Tradução de Estela dos Santos Abreu. Rio de Janeiro: Contraponto, 1997, p. 14.

suplemento do mundo real, uma decoração que lhe é acrescentada. É o âmago do irrealismo da sociedade real".[108]

Esse sentimento de transformação do aparente em real como resultado de uma *práxis*, no caso específico, forense, tem como resultado exato o processo materializado em seus procedimentos como um grande espetáculo.

Basta observar que o papel das provas no processo é tão somente o de convencer o magistrado em razão das alegações feitas pelas partes, não sendo possível ao juiz descobrir a verdade última dos fatos como se deram na realidade, por isso a teoria de verdade real se constitui em outro mito da Ciência Processual. Condena-se ou absolve-se em razão de uma história, racionalmente elaborada pelas partes. Nem mesmo o próprio advogado reúne condições para descobrir a imaginária verdade real dos fatos, não lhe restando outro caminho que não seja crer nas narrativas do seu cliente.

Nesse sentido, observa Debord que "a atitude que por princípio ele exige (referindo-se ao espetáculo) é a da aceitação passiva que, de fato, ele já obteve por seu modo de aparecer sem réplica, por seu monopólio da aparência".[109]

O surgimento de uma realidade não concreta, constituída sob bases de aparência, pesa invariavelmente sob todas as garantias fundamentais do processo.

O devido processo legal, certamente a mais influente das garantias fundamentais do processo, sob a qual todas as demais se estabelecem, jamais fora pensado como mecanismo de justiça. As características que hoje se busca atribuir ao devido processo legal não adquirem eficácia exatamente porque não pertencem à sua gene. A busca por um processo desenvolvido de modo equilibrado e justo é, por si só, vazia de significado histórico, como se verá.

A própria origem desse princípio mostra que a sua idealização jamais esteve relacionada à efetivação de um processo justo, e acreditar que a história depurou o seu significado, transformando-o em verdadeiro valor de tutela dos direitos fundamentais, é, no mínimo, fechar os olhos para a realidade desse instituto.

Tal princípio, concebido com o nome de *law of the land*, o que, por si, já denota as intenções que o envolviam, surgiu em meio à necessidade da nobreza inglesa do século XIII de impor limites aos atos abusivos praticados pela Coroa.

Como anota a doutrina de Carlos Roberto Siqueira Castro, a inclusão de tal princípio junto às regras jurídicas que regiam a sociedade medieval indica a limitação aos poderes do rei, estabelecendo claros benefícios à burguesia e ressaltando os privilégios feudais em continuidade ao processo já iniciado no século XI,

108. *A sociedade do espetáculo*, p. 14.
109. Ibidem, p. 17.

com o estabelecimento de bases de desenvolvimento econômico, bem como de vínculos de vassalagem.[110]

Ressalta o autor que o êxito obtido com o estabelecimento de tais limites ao poderio da Coroa transformou a Carta Magna de 1215 em verdadeiro "estatuto de convivência política e econômica entre as elites dominantes naquela quadra medieval (...)".[111]

A *law of the land* estabelecia, inicialmente, como ensina Siqueira Castro, aos homens livres, mais especialmente aos proprietários de terras, a sua liberdade e disposição sobre os seus bens, os quais somente por lei poderiam ser suprimidos de alguma forma.[112]

Essa interpretação perdurou durante todo o período da Idade Média, sofrendo alguma modificação após o encerramento do *Ancien Régime*. Mesmo com o advento da própria Revolução Francesa, em 1789, as características inicialmente estabelecidas para o devido processo não sofreram substancial modificação.

Como salienta Manuel Garcia-Pelayo, apenas em 1880, esse princípio passou a ser interpretado pelos tribunais americanos como uma garantia processual, dando início a um histórico e arraigado caráter subjetivista ao processo. Passa-se, segundo esse autor, a relacionar-se o agora devido processo legal à necessidade de tutela individual, e, a todos, à liberdade e à propriedade.[113] Nesse contexto, é possível verificar que, nada obstante a modificação sobre o destinatário primário de tal garantia, preserva-se a sua ideologia, qual seja a tutela não do sujeito, mas da liberdade e da propriedade, elementos indispensáveis para a implementação e o fomento do sistema de capital, que começa a ganhar a musculatura necessária para o implemento de suas ideologias.

Observa Garcia-Pelayo que "a cláusula será utilizada para anular as leis tendentes a regular os salários e a jornada de trabalho, a fixação de preços (...)" (tradução nossa).[114]

O fato de tal transformação ter ocorrido logo após o encerramento formal e oficial do regime escravista americano, em 1863, certamente não é fruto do acaso. O fim desse regime, como é notório, não se deu por razões humanitárias, mas sim por necessidade de implemento do regime de capital, que passou a necessitar de sujeitos livres e iguais para que pudessem assumir a sua nova condição, qual seja a de consumidor e de trabalhador, além da recomposição da força de trabalho

---

110. *O devido processo legal e os princípios da razoabilidade e da proporcionalidade*. 3. ed. Rio de Janeiro: Forense, 2005, p. 6.

111. *Ibidem, loc. cit.*

112. *Ibidem*, p. 7.

113. *Derecho constitucional comparado*, p. 447.

114. *Derecho constitucional comparado*, p. 447. Texto original, em Espanhol: "*la cláusula será utilizada para anular las leyes tendentes a regular los salários y la jornada de trabajo, la fijación de precios (...)*".

perdida em razão do elevado número de mortes provocadas pela guerra civil. Tanto assim, que tal regime estava em plena vigência nos estados americanos, nada obstante o princípio do devido processo legal já estivesse previsto, inclusive de modo constitucional, em alguns desses estados, como nos informa a doutrina de Nelson Nery Junior.[115]

A clara demonstração de que o princípio do devido processo legal jamais perdeu a sua essência de instrumento de legitimação das ideologias do sistema de capital e do sistema político pode ser facilmente verificada na análise de alguns poucos dados atuais.

Segundo recente relatório da Organização Internacional do Trabalho (OIT), o mundo tem, hoje, aproximadamente, 12,3 milhões de pessoas trabalhando em regime de escravidão, dos quais 1,3 milhão encontra-se em países da América Latina e do Caribe. Ainda segundo esse relatório, 75% dos trabalhadores forçados na América Latina são vítimas de coerção para a exploração do trabalho, enquanto o restante das vítimas está ou em trabalho forçado pelo próprio Estado, ou em exploração sexual. Cerca de 20% dos trabalhadores em regime de escravidão, o que equivale a aproximadamente 250.000 pessoas, foram alvo de tráfico internacional, representando um rendimento de US$ 1,3 bilhão.[116]

Na esfera penal, a realidade aparente que envolve a ideia de devido processo legal mostra-se ainda mais contundente. A Constituição Federal de 1967, por exemplo, previa, expressamente, em seu artigo 150, § 20, a possibilidade de se valer do *habeas corpus* como remédio destinado à preservação da liberdade em face de abuso de poder. Contudo, tal instrumento era expressamente vedado nos casos de transgressões disciplinares dos militares. Tal vedação continua intacta no artigo 142, § 2.º, da Constituição Federal de 1988, assim como já se verificava nas Constituições de 1934 e 1946, tudo sem falar nas arbitrariedades praticadas pelas leis complementares estaduais em relação aos militares.[117]

Paralelamente à arbitrariedade, além de flagrante inconstitucionalidade que assola o regramento do *habeas corpus* em relação aos militares, observa-se, com base na doutrina de Walter Cruz Swensson Junior, que, a partir de 1968, com o advento do Ato Institucional n. 5, restou proibida a concessão de *habeas corpus* aos acusados de crimes contra a segurança nacional. Ocorre, como anota

---

115. *Princípios do processo na Constituição Federal.* 11. ed. São Paulo: Revista dos Tribunais, 2012, *passim.*

116. *Declaração da OIT sobre os princípios e direitos fundamentais no trabalho e seu seguimento.* Adotada durante a Conferência Internacional do Trabalho na octogésima sexta reunião, em Genebra, em 18 de junho de 1998. Brasília: OIT, 2007. Disponível em: <http://www.oitbrasil.org.br/sites/default/files/topic/international_labour_standards/pub/declaracao_oit_293.pdf>. Acesso em: 20 mar. 2013, *passim.*

117. Para uma análise específica da Lei Complementar do Estado de São Paulo, sugerimos a leitura da seguinte obra específica: MARTINS, Eliezer Pereira. *Inconstitucionalidades e atecnias da lei disciplinar da Polícia Militar do Estado de São Paulo.* São Paulo: Leud, 2007.

o autor, que uma interpretação ampliativa aplicada à Lei de Segurança Nacional possibilitava aos militares tipificarem como crime dessa natureza todo e qualquer comportamento que entendessem inconveniente.[118]

Como pondera Swensson Junior, tendo em vista a abrangência que envolvia a ideia de segurança nacional, coube ao STF fazê-lo, de modo a excluir as relações contratuais privadas desse conceito e a fortalecer a tese de que tal conceito era de natureza jurídica e não política, de modo que não poderia ser feito pela Presidência da República.[119]

Ainda com base na doutrina desse autor, o que se vê no cenário do golpe de 1964, além de uma Constituição rasgada em razão das observações já feitas por Lassalle[120] e apresentadas por nós na subseção anterior, destinada ao estudo da das ideologias da Lei Maior, é, em um primeiro momento, um STF buscando preservar as garantias individuais daqueles considerados perseguidos políticos, mas que, a partir do Ato Institucional n. 2, fora colocado por terra, em razão das limitações impostas à Suprema Corte, como, por exemplo, a transferência da competência de julgamento dos crimes políticos para a Justiça Militar, além da suspensão das próprias garantias dos juízes.[121]

Ainda no ambiente penal, o completo abandono da Lei de Execuções Penais talvez seja a mais clara revelação dos reais propósitos do advento do devido processo legal.

Segundo dados do Conselho Nacional de Justiça (CNJ), o Brasil possui, atualmente, 42,97%, o que totaliza 191.494 de um total de 446 mil, de presos provisórios, ou seja, sem direito ao devido julgamento.[122]

Outro relatório, publicado pelo Ministério da Justiça, no ano de 2012, mostrou que o estado de Pernambuco possui 16.504 dos seus 27.193 presos na condição de presos provisórios, apurando ainda um *deficit* de 15.527 vagas no seu sistema carcerário; no estado do Pará, a situação não é muito diferente, tendo sido apurados 7.911 dos 11.736 presos na condição de presos provisórios.[123]

Outro, no entanto, deve ser o entendimento sobre o devido processo legal e o otimismo deve imperar sempre na busca dessa finalidade, qual seja, a tutela da

---

118. *Os limites da liberdade: a atuação do Supremo Tribunal Federal no julgamento de crimes políticos durante o regime militar de 1964*. 2006. Tese (Doutorado em Direito) – Universidade de São Paulo, São Paulo, 2006, p. 38.

119. *Ibidem*, p. 44.

120. *A essência da Constituição, passim.*

121. *Os limites da liberdade:* a atuação do Supremo Tribunal Federal no julgamento de crimes políticos durante o regime militar de 1964, p. 78.

122. Cf. Informações retiradas do *site* <www.cnj.jus.br/noticias>. Texto publicado em: 16 fev. 2009. Acesso em: 10 mar. 2013.

123. BRASIL. Ministério da Justiça. *Portal do Ministério da Justiça*. Brasília: Ministério da Justiça, 2013. Disponível em: <http://portal.mj.gov.br>. Acesso em: 2 jun. 2013.

igualdade, mas como adverte doutrina de Daniel Mitidiero,[124] uma igualdade que extrapole os limites do formal, concretizando as demais garantias do processo, a exemplo do contraditório.

É importante notar que o mesmo processo de transformação da aparência em realidade ocorre com o princípio do contraditório.

Tradicionalmente, a doutrina processual entende a garantia do contraditório como a exigência de que se atribua às partes uma possibilidade de participação efetiva no processo, no sentido de que possam, a partir de suas manifestações, influir na formação da convicção judicial. O contraditório possui, segundo ideia geral da doutrina processualista, íntima relação com a garantia da igualdade entre as partes do processo, devendo lhes franquiar a equilibrada participação na construção da decisão final.[125]

De acordo com anotação de Cândido Rangel Dinamarco, o respeito ao contraditório garante às partes do processo a possibilidade de atuarem influindo no seu desenvolvimento em três momentos, a saber: pedido, alegação e provas.[126] Nessa linha, se, de um lado, tem o autor a garantia de estabelecer os limites de seu pedido e de suas provas, tem o réu, de outro lado, a igual garantia de trazer suas alegações e respectivas provas, buscando desconstituir ou modificar o pedido do autor.

Nelson Nery Junior, em posição não diversa, observa que o contraditório, além de intimamente relacionado à concepção de Estado de Direito, aproxima-se, de modo sensível, da igualdade entre as partes do processo, figurando a ampla defesa como desdobramento seu.[127]

Em contrapartida, e em uma análise à luz da materialidade do sistema processual contemporâneo, Dierle José Coelho Nunes destaca que o contraditório se transformou em um mecânico procedimento de bilateralidade de manifestações entre as partes do processo, entendimento esse com o qual concordamos plenamente.[128]

---

124. *Processo e Constituição: As possíveis relações entre o Processo Civil e o Direito Constitucional no marco teórico do formalismo-valorativo*, p. 259.

125. É nesse sentido a clássica doutrina de CARNELUTTI, Francesco. *Sistema de direito processual civil*. Tradução de Hiltomar Martins Oliveira. São Paulo: ClassicBook, 2000. v. II, p. 91.

126. *Fundamentos do processo civil moderno*. 4. ed. São Paulo: Malheiros, 2001. v. I, p. 126.

127. *Princípios do processo na Constituição Federal*, p. 220-221. Ainda nesse sentido de relacionar o contraditório com as alegações e as defesas praticadas pelas partes do processo, ver: GRINOVER, Ada Pellegrini. O princípio da ampla defesa no processo civil, penal e administrativo. In: ____. *O processo em sua unidade*. Rio de Janeiro: Forense, 1984. v. II, p. 56.

128. *Processo jurisdicional democrático*: uma análise crítica das reformas processuais, p. 225.

Mais adiante, esse processualista mineiro observa que, a partir da Segunda Guerra, o contraditório, sob influência, sobretudo, da doutrina alemã, passou a ser visto como garantia de participação das partes do processo, não apenas como mera atuação formal, mas, em especial, de modo a influir na construção do processo e na formação de seus resultados.[129]

Concordamos apenas com a primeira colocação do autor.

Já tivemos a oportunidade de mencionar, nesta mesma subseção, parágrafos acima, que o fortalecimento dos direitos e garantias fundamentais ocorrido após a Segunda Guerra se deu de modo racional. Verificando que a tentativa de implemento e ampliação do sistema de capital por meio da guerra era mais custoso e prejudicial, inclusive em razão da não mais aceitação pela massa da população mundial, passou-se a adotar o caminho da democracia como forma de conquistar tais objetivos, o que inclui um sistema processual de aparência, mas que, no fundo, permanece com suas ideologias arraigadas nos pilares da proteção dos privilégios. O contraditório, apenas na forma aparente, se transformou. Em verdade, passou pelo mesmo processo que as demais garantias, assumindo uma condição de realidade apenas em razão da *praxis* e da sua mecanicidade.

A compreensão dos elementos mais profundos do contraditório e da sua capacidade de influir efetivamente na construção do raciocínio judicial diante do processo, impõe uma análise não de si mesmo, mas das características da própria decisão judicial, exatamente porque é aí que se verificam os efeitos do contraditório.

Cumpre dizer que o fato de a sentença se constituir em ato de inteligência não significa ter o juiz alguma liberdade para considerar elementos de ordem subjetiva, ao contrário, deve pautar-se pelos limites normativos já estabelecidos pelo legislador, ou seja, resta ao juiz o raciocínio lógico da subsunção do fato à norma. Nesse sentido, a própria ideia de livre convencimento é aparente[130] e vazia, tendo em vista que, de um lado, os fatos limitam a interpretação judicial, e, de outro, estão os próprios limites da norma.

Hans-Georg Gadamer observa que não se pode mais negar a influência que a linguagem exerce sobre o nosso pensamento. Ao pensar, comenta esse filósofo, o homem olha para dentro de si, dialoga consigo mesmo,[131] e, na visão de Martin Heidegger, é exatamente isso que nos distingue dos demais seres.[132]

---

129. *Ibidem, loc. cit.*

130. Surge a ideia de livre convencimento como real, exatamente em razão da *praxis* que permite ao juiz escolher entre uma norma e outra, um princípio e outro, uma prova e outra, esquecendo-se de que os limites já lhe foram dados pelos fatos.

131. *Verdade e método*. 6. ed. Tradução de Enio Paulo Giachini. Petrópolis: Vozes; Bragança Paulista: São Francisco, 2011. v. II, p. 234.

132. *A caminho da linguagem*. 6. ed. Tradução de Maria Sá Cavalcante Schuback. Petrópolis: Vozes; Bragança Paulista: São Francisco, 2012, *passim*.

Segundo a doutrina de Gadamer, "(...) a nossa experiência de linguagem, a nossa inserção crescente no diálogo interno conosco, essa experiência é onde o mundo se nos abre e ordena em todos os âmbitos de experiência".[133]

Continua Gadamer, afirmando, agora com respaldo em Aristóteles, que tais experiências são resultantes de muitas outras experiências vivenciadas lentamente pelo sujeito do diálogo e que formam uma espécie de consciência maior, universal. É possível asseverar que, no caso do juiz, ele não decide tomando por base as narrativas dos fatos pelas partes, como se a sua mente fosse uma folha em branco preenchida na medida em que elas lhe apresentam suas narrativas e provas. Ao contrário, a mente do juiz se assemelha mais a uma obra de história, talvez uma história pessoal, dele mesmo, com a somatória de todas as suas experiências de vida pessoal e profissional.

Por certo que as narrativas das partes lhe ajudam, mas tão somente a decifrar o assunto, não a ponto de serem consideradas nas características de cada caso. As decisões judiciais são, portanto, fruto de experiências que se encarregam de estabelecer pré-conceitos, sendo estes a base das convicções judiciais.

É bom que se esclareça que os pré-conceitos não resultam de comportamento proposital do magistrado, carregado de ódio, de alguma mágoa, de um sentimento de desprezo em relação à parte ou algo que o valha, mas de sua história, do processo de formação de suas bases como cidadão, de ser social, de sua incapacidade de se colocar no lugar do outro, características essas que pertencem ao homem contemporâneo, e não ao juiz.

Assim, ao receber uma petição e identificar o pedido central, o magistrado parte sempre de uma premissa, e até acredita, inconscientemente muitas vezes, que já restou estabelecida pela experiência que carrega.

Aquele caso brutal de homicídio que, por qualquer razão, tenha ganhado a mídia, ao ser levado ao Tribunal do Júri, sofrerá a influência da exposição, de modo que os argumentos trazidos pelos advogados de defesa caem absolutamente no vazio. A morte praticada por policiais contra indivíduo que tenha alguma ficha criminal tem um resultado construído, estatisticamente, não pelo contraditório, mas pelas características da vítima.

Assim também as sustentações orais em tribunais são, salvo raras exceções, falas ao vento.

Desse modo, tem razão a doutrina de Gadamer, quando observa que primeiro tomamos nossas decisões de vida, assim como o juiz faz diante do caso que lhe é posto, após, e, só após, buscamos encontrar uma justificativa.[134] As motivações empregadas nas decisões judiciais não guardam qualquer grau de imparcialidade

---

133. *Op. cit.*, p. 234.
134. *Verdade e método*, p. 234.

ou de neutralidade, como querem diferenciar alguns. Não é o juiz imparcial, em razão de suas próprias características de ser humano e social, e menos ainda neutro, tendo em vista os pré-conceitos que lhe são impressos pela própria experiência colhida ao longo da vida e do exercício da profissão, e, ainda, por ser essencialmente político.

No âmbito administrativo, a realidade envolvendo o contraditório se mostra ainda mais grave, não passando em todos os aspectos de mera formalidade, absolutamente desconhecida na sua concretude. Na grande maioria das vezes, o contraditório, no âmbito administrativo, fica reduzido ao preenchimento de formulários pré-impressos, exigidos tão somente como ato da prática burocrática.

Uma das flagrantes situações dessa aparência adquirida pelo princípio do contraditório no âmbito administrativo está na Súmula Vinculante n. 5, que dispensa a defesa técnica nas defesas administrativas disciplinares, ou ainda no caso da Súmula Vinculante n. 3, que exclui a necessidade de se observar as garantias do contraditório e da ampla defesa nos casos em que o Tribunal de Contas da União (TCU) resolve anular ato administrativo de concessão de aposentadoria ou pensão.

Nesse último caso, apesar da jurisprudência do STF entender que, se tal análise de legalidade ocorrer após cinco anos da pensão ou aposentadoria concedida, deverão ser preservadas as garantias tanto do contraditório quanto da ampla defesa, na situação inicial a inconstitucionalidade se mostra flagrante.

Contudo, não obstante a importância desse debate, ele possui viés técnico, o que não é objeto de qualquer análise no presente texto. A questão de relevo é que, mesmo nos casos em que o STF entende que o TCU deva observar o contraditório, é ele reduzido à mera formalidade. São colhidas as manifestações dos sujeitos interessados, mas decide-se por concepções já preestabelecidas pelos julgadores, os pré-conceitos anteriormente vistos. Decidido que determinado servidor público deverá ser exonerado, o contraditório passa a ser meramente pró-forma.

Quanto ao acesso à justiça, a situação imposta pela aparência histórica é ainda mais grave e sensível, sofrendo, nesse caso, direta interferência imposta pelos titulares dos fatores reais de poder de uma época.

O tema do acesso à justiça talvez seja aquele de maior incidência no mundo jurídico-processual nos últimos 20 ou 30 anos. Todavia, isso não nos autoriza a afirmar que estamos caminhando na direção correta, que tais debates estejam permitindo encontrar a trilha perdida que nos levará a uma sociedade mais justa e que, passos adiante, encontraremos uma justiça (aqui no sentido de tutela do Estado) mais humana.

Ao contrário, se algum debate mais profundo fora estabelecido durante todo esse tempo ao redor do acesso à justiça, certamente não o foi pelo processualista, o qual sequer consegue, passados tempos e tempos, desvencilhar a ideia de acesso à justiça de acesso ao Judiciário, senão no puro âmbito das palavras.

Não raras vezes, menciona a doutrina sobre a necessidade de se separar o acesso à justiça do acesso ao Judiciário, afirmando que aquela exige mais, demanda um processo efetivo com resguardo de suas garantias fundamentais. É nesse sentido que Roberto Rosas sustenta que a criação de Juizados, das ações sumárias, hoje afastadas pelo novo código de processo civil e do mandado de segurança contribuiu para o aperfeiçoamento do acesso à justiça.[135]

Cândido Rangel Dinamarco também se manifesta, sem, contudo, abandonar a vinculação do acesso à justiça à atuação jurisdicional, afirmando que "só tem acesso à ordem jurídica justa quem recebe justiça". E continua esse processualista, salientando que: "(...) receber justiça significa ser admitido em juízo, poder participar, contar com participação adequada do juiz e, ao fim, receber um provimento jurisdicional consentâneo com os valores da sociedade".[136]

Essa visão de acesso à justiça, vinculada sempre ao disposto no artigo 5.º, XXXV, da atual Constituição Federal, mostra-se, a nosso ver, inadequada, por indicar, em verdade, apenas a garantia da inafastabilidade da tutela do jurisdicional do Estado, ou, como alude Ada Pellegrini Grinover, direito ao processo,[137] certamente no sentido de tutela jurisdicional do Estado.

A partir do momento em que o Estado impede a resolução dos conflitos sociais pelas próprias mãos, resguardando apenas casos de exceção, lhe é imposta a obrigação de não mais fechar as portas àqueles que necessitarem da sua atuação para solucionar um conflito cuja pretensão se mostra resistida.

Não é, no entanto, essa visão processualista-tecnicista sobre o acesso à justiça que nos interessa no presente trabalho, o que não significa afirmar tratar-se de um debate sem razão, apenas que não se enquadra nas delimitações do que aqui se pretende. A ideia de acesso à justiça será aqui tratada, assim como as demais garantias o foram, visando descobrir a sua relação com linhas de dominação das estruturas jurídicas pelos fatores de poder, sobretudo aqueles que entendemos estar à frente de tais ideologias, o sistema político e, sobretudo, o econômico.

O clássico estudo sobre o tema, desenvolvido por Mauro Cappelletti e Bryant Garth, ficando conhecido como "Projeto florença",[138] apresentou sensível colaboração sobre a questão do acesso à justiça, contudo, de maneira restrita à necessidade de desenvolvimento de novas formas de ampliar tanto o próprio

---

135. *Direito processual constitucional.* 3. ed. São Paulo: Revista dos Tribunais, 1999, p. 192. Igualmente nesse sentido, segue a doutrina de Nelson Nery Junior. Cf. *Princípios do processo na Constituição*, p. 186.

136. *Instituições de direito processual civil.* São Paulo: Malheiros, 2001. v. I, p. 115.

137. *A garantia constitucional do direito de ação e sua relevância no processo civil.* 1972. Dissertação (Livre-docência em Direito) – Universidade de São Paulo, São Paulo, 1972, p. 157.

138. *Acesso à justiça.* Tradução de Ellen Gracie Northfleet. Porto Alegre: Sérgio Antonio Fabris Editor, 2002, p. 11.

acesso ao Judiciário pelas pessoas mais carentes quanto a demanda de adequado tratamento de seus conflitos, preso, portanto, ao campo da Sociologia.[139]

Em estudo no qual busca observar a relação entre acesso à justiça e desenvolvimento econômico, Júlia Pinto Ferreira Porto observa que as teorias econômicas visando a encontrar meios para superar as instabilidades institucionais mostravam-se insuficientes, de modo que o controle das próprias instituições, sobretudo do Judiciário, tornou-se um caminho viável, seja por via interna ou globalizada.[140] Nesse último caso, o Banco Mundial exerce papel preponderante nas relações entre financiamento externo e reforma das instituições, especialmente do Judiciário.

Como anota essa autora:

> "Assim, o debate concernente ao conjunto de ideias do movimento Law and Economics coloca os judiciários nacionais num papel importante na atuação quase que colaboradora do bom funcionamento dos negócios, das empresas, do mercado e, assim, torna-se contemporâneo ao indiretamente relacioná-los ao funcionamento das economias de mercado."[141]

Foi exatamente com o intuito de intervir no funcionamento das instituições, em específico o Judiciário, que o Banco Mundial, no ano de 1996, apresentou o Documento Técnico n. 319 S, redigido por Maria Dakolias e intitulado "O Setor Judiciário na América Latina e no Caribe", segundo doutrina de Júlia Pinto Ferreira Porto, no qual se elege o acesso à justiça como um dos valores necessários para a reforma do Judiciário.[142]

Como bem destaca a autora, a reforma proposta pelo Banco Mundial não se limita ao Judiciário, mas refere-se ao próprio Estado.[143]

Da leitura do Documento Técnico aqui tratado, de número 319 S, no seu item II, intitulado "Os objetivos da reforma do Judiciário", extrai-se, logo em primeiro plano, que:

> "A reforma econômica requer um bom funcionamento do judiciário o qual deve interpretar e aplicar as leis e normas de forma previsível e eficiente. Com a emergência da abertura dos mercados aumenta a necessidade de um sistema jurídico."[144]

---

139. E é por essa razão que, apesar de tratar-se de tema relevante e merecer profundos debates, não adentraremos no presente trabalho a deficiência estrutural do Judiciário como fator de negativa de acesso à justiça.

140. *Acesso à justiça*: o Projeto florença e o Banco Mundial. 2009. Dissertação (Mestrado em Direito) – Universidade Presbiteriana Mackenzie, São Paulo, 2009, *passim*.

141. *Ibidem*, p. 68.

142. *Op. cit.*, p. 91.

143. *Ibidem, loc. cit.*

144. BANCO MUNDIAL. *Documento técnico número 319*: o setor judiciário na América Latina e no Caribe – elementos para reforma, sem paginação.

Mais adiante, no mesmo item II, se lê que, "além disso, o crescimento da integração econômica entre países e região demanda um judiciário com padrões internacionais".[145]

Poderiam alguns ainda observar que a implementação dessas mudanças, adequando a atuação jurisdicional de um país às necessidades do mercado, refletiriam em melhor serviço jurisdicional a toda a população. Por certo que algum reflexo haverá, até porque a própria Constituição Federal estabelece, em seu artigo 5.º, XXXV, o livre acesso à tutela jurisdicional do Estado. Mas, o que importa lembrar é que o funcionamento da estrutura do Estado, e aí inserido o próprio Judiciário, não se dá em relação aos direitos ou garantias fundamentais, estes, quando cumpridos, o são em razão das necessidades desse mercado. Nos momentos de crise o Estado, bem como suas instituições, tendem a sustentar as ideologias do sistema de capital e do sistema político, e não os direitos sociais, fundamentais, dê-se o nome que se queira dar.

Como expressa o referido Documento Técnico n. 319 S, o "Judiciário ideal" deverá observar algumas diretrizes para tornar-se eficiente e ofertar condições para o desenvolvimento das economias, quais sejam:

> "(...) aplica e interpreta as leis de forma igualitária e eficiente o que significa que deve existir:
>
> a) previsibilidade nos resultados dos processos;
>
> b) acessibilidade as Cortes pela população em geral, independente de nível salarial;
>
> c) tempo razoável de julgamento;
>
> d) recursos processuais adequados."[146]

É possível perceber tratar-se exatamente dos pilares que nortearam a reforma do Judiciário, tão festejada pelos processualistas e tão discutida por eles em inúmeros congressos de direito processual civil, e que igualmente norteiam os debates sobre o novo Código de Processo Civil, vigente a partir de 2016, ao lado dos projetos do novo Código Penal e do novo Código de Defesa do Consumidor, no momento em que se prepara o presente trabalho.

Acerta, portanto, a doutrina de Armando Castelar Pinheiro, quando afirma que:

> "Independentemente da qualidade da legislação de um determinado país, essa legislação não se sustenta por si mesma. Para se mostrarem efetivas, as leis precisam estar lastreadas em instituições destinadas à sua aplicação e à resolução de disputas, instituições que precisam desempenhar essas funções

145. BANCO MUNDIAL. *Documento técnico número 319*: o setor judiciário na América Latina e no Caribe – elementos para reforma, sem paginação.

146. *Ibidem*, sem paginação.

de maneira eficiente. Nesse sentido, os tribunais desempenham um papel central nas economias de Mercado, garantindo que o império do Direito de fato vigore."[147]

Por fim, é preciso lembrar que o citado trabalho desenvolvido por Mauro Cappelletti e Bryant Garth, voltado a investigar os obstáculos do acesso à justiça, no sentido de acesso ao serviço jurisdicional do Estado, não caminha na contramão dessas ideologias, mas, ao contrário, segue de mãos dadas. Já que não se pode pensar em uma atuação jurisdicional do Estado deliberadamente voltada ao sistema de capital, o discurso deve ser sempre no sentido de acesso à justiça para todos, como efetivação de direitos sociais. Exatamente por isso transforma-se a aparência da garantia do acesso à justiça em realidade, mas que, visto de perto e com maior grau de profundidade, torna à condição de aparência, assim como se dá, e já se viu aqui, com todas as chamadas garantias fundamentais do processo.

1.3 Tutela jurisdicional efetiva: em busca de novos horizontes

A tutela jurisdicional, não obstante permitir algumas variantes conceituais na doutrina, encontra-se consubstanciada em ideologias tradicionais e reducionistas, as quais têm o direito material como grande objeto de tutela, figurando o processo, e também a própria jurisdição, como meios para o atingimento desse fim.

Essa arquitetura que se estabeleceu sobre a função do processo e, na mesma proporção, sobre a atuação jurisdicional do Estado, não decorre das condições naturalmente desenvolvidas pela sociedade, mas é fruto da razão, uma razão com todos os seus pilares estabelecidos por um liberalismo kantiano, concretizado, sobretudo, após a Revolução Francesa, que tem por base o individualismo.

Essa tomada em mãos de ferro do sistema jurídico material e processual pelos detentores do poder de cada época é claramente explicada por Diego Lamas, nos comentários realizados na tradução da obra clássica de Antonio Menger, intitulada *El derecho civil y los pobres.*[148] Observa Lamas que, para Menger, o Direito se constitui em uma relação de forças entre classes, as quais o autor divide entre pobres e ricos, mas que aqui preferimos falar em econômicos e políticos, de um lado, e sociais, de outro.[149]

---

147. Impacto sobre o crescimento: uma análise conceitual. In: CASTELAR, Armando *et alii* (Org.). *Judiciário e economia no Brasil.* São Paulo: Sumaré, 2000, p. 22.

148. *El derecho civil y los pobres.* Tradução para o espanhol de Adolfo G. Posada. Buenos Aires: Atalaya, 1947, p. 13.

149. Entendemos que a própria manipulação dos danos econômicos não permite à crítica doutrinária analisar o processo de cominação, considerando as classes divididas em pobres e ricos. Na sociedade contemporânea, face ao profundo processo de dominação em que se encontra, é plenamente possível o sujeito que, embora classificado como economicamente pobre, sustenta as ideologias pertencentes do poder exploratório.

Independentemente da composição das classes, tem razão Menger, nos parece, quando afirma que o Direito se constitui em um campo de eterno debate entre a classe dominante e a classe dominada, quase sempre com prevalência dos interesses daquela.

A razão que damos à doutrina de Menger tem por função, inclusive, demonstrar que não coadunamos com a radicalidade da posição marxista comunista, que vê na eliminação do Estado e, consequentemente, das suas instituições, a única forma de se estabelecer uma sociedade plenamente justa.

Para essa corrente, as ideologias do sistema de dominação encontram-se imanentes na estrutura do Estado, tendo este por função precípua a tutela dos interesses do capital, figurando o Direito como o mecanismo de de reprodução das desigualdades a partir do estabelecimento da liberdade e da igualdade.

Eugeny Pasukanis, observa que "(...) o Estado foi sempre criado pela classe dominante".[150] Mais adiante, afirma que "o Estado jurídico é uma miragem, mas uma miragem muito conveniente para a burguesia, pois ele substitui a ideologia religiosa em decomposição e esconde, dos olhos das massas, a realidade da dominação burguesa".[151]

Não cremos que seja a tese da eliminação do Estado e do Direito uma possibilidade factível diante das características da sociedade contemporânea, de profunda complexidade.

As raízes produzidas pelo sistema de capital mostram-se de tal ordem profundas e produzindo elementos de sonho sobre o sujeito[152] contemporâneo, que é preciso reconhecer os limites da transformação. É imperioso ressaltar que a própria frustração gerada pelas impossibilidades produz o risco do abandono e, por consequência, da renovação e da perpetuação das condições de continuidade.

Tampouco se pode afirmar tratar-se de uma desistência, de um abandono dos sonhos diurnos de que fala Ernest Bloch,[153] de transformar esse sonho em mero devaneio, mas tão somente a busca da utopia concreta a partir da realidade estabelecida.

Partimos da concepção de que, exatamente por ser o homem um ser histórico e absorver os fatores culturais de sua época e da sociedade em que inserido, como observado pelo próprio Marx, não possui esse mesmo homem, em sua realidade, sinais da essência do socialismo, não tendo condições de implantá-lo, porque essa realidade não lhe pertence historicamente, seja porque, como já dito,

---

150. *A teoria geral do Direito e o marxismo*, p. 114.

151. *Ibidem*, p. 122.

152. Aqui pensamos no sujeito como individualmente considerado, desconectado de sua própria realidade, por ser alvo do processo de dominação.

153. *O princípio esperança*. Tradução de Nélio Schneider. Rio de Janeiro: Ed. da Universidade do Estado do Rio de Janeiro, 2005. v. I, p. 79 *et seq.*

são suficientemente anestesiantes os benefícios injetados nas veias da sociedade contemporânea (com maior força sobre esta no segundo pós-guerra) pelo capitalismo, de modo que não saberia lidar com as questões e a própria forma exigida pelo socialismo pleno.

O Direito e, sobretudo, aqui, o processo e a jurisdição, como permeados por elementos sociológicos, não podem desprezar essa realidade. Na consciência do indivíduo contemporâneo, as questões que se lhe apresentam, como as desigualdades e a sobreposição de classes, são coerentes, são infelizes decorrências da sociedade que se projetou. Nesse sentido, observa a doutrina de Peter L. Berger e Thomas Luckmann que:

> "O mundo da vida cotidiana não somente é tomado como uma realidade certa pelos membros ordinários da sociedade na conduta subjetivamente dotada de sentido que imprimem a suas vidas, mas é o mundo que se origina no pensamento e na ação dos homens comuns, sendo afirmado como real por eles."[154]

Assim, apesar de termos plena consciência de que é a forma social de uma época que determina a forma jurídica, e não o contrário, como pregam os positivistas, preferimos crer que a transformação das condições de vida e de justiça da sociedade pode passar, ainda que não de modo exclusivo, pelo Direito, inclusive e sobretudo pelo processual.

Capitalista na sua base, a sociedade contemporânea dissolver-se-ia em absoluto caos sem um ordenamento jurídico mínimo e com uma estrutura de tratamento dos conflitos,[155] de modo que a transformação necessita ocorrer por outros e variados caminhos, tendo a sociedade as rédeas desse processo modificador, que deve ser, veremos, integrativo e de ordem social, e não individual.

É preciso reconhecer que a adoção de outro modelo de forma social, como o socialismo pleno, em sociedade como a nossa, marcada por ranhuras profundas do capital, igualmente apresentará novas formas de questões a serem resolvidas e demandaria outras formas de conflitos, as quais imporiam mecanismos de resolução.

No caso do processo como instrumento técnico e da jurisdição como atuação do Estado na eliminação das lides, impõe-se a construção de novas ideologias, sociais, nascidas na conscientização da própria coletividade, cominando a eliminação dos limites da lide e, por decorrência, do dispositivismo, permitindo ao juiz reconhecer as reais desigualdades político-econômico-sociais que recaem sobre

---

154. *A construção social da realidade: tratado de Sociologia do conhecimento.* Tradução de floriano de Souza Fernandes. Petrópolis: Vozes, 2012, p. 36.

155. É relevante salientar, neste momento, que não estamos aludindo à solução de lides, mas ao tratamento de conflitos, o que será compreendido a partir das considerações apontadas durante toda a presente tese.

os demandantes; a eliminação dos limites da legalidade, permitindo o julgamento pela equidade, como forma sensivelmente justa de ponderação e adequação dos mecanismos de solução e, sobretudo, de tratamento do conflito; a retirada do poder de decisão das mãos exclusivas do Estado, transportando-a para as mãos dos próprios sujeitos envolvidos na questão; enfim, a construção de um mecanismo de tutela que vai além do individualismo, do tecnicismo, do elitismo jurídico-institucional e dos limites factuais assumidos hoje pelo processo e pela jurisdição.

A grande questão, é que este cenário de sonho só será possível com a transformação utópica das bases de atuação dos atores jurisdicionais. Em outras palavras, mantidas as condições e caraterísticas que marcam tais atores, a atuação pelos limites objetivos e subjetivos do processo e da legalidade são medidas inafastáveis.

Pois bem, postas essas questões de início, é de relevância observar que, diante da dicotomia clássica entre direito material e direito processual, compete ao primeiro estabelecer as balizas das ideologias de uma sociedade, com absoluta ênfase para o direito civil, certamente por ser de função deste, e não de outra subárea do Direito, regular a relação entre pessoas e entre estas e os bens.

Apesar do extenso rol de temas pertencentes ao direito material, ele está consubstanciado, em verdade, sobre poucos e fortalecidos pilares: o contrato, a propriedade e as obrigações, além do subjetivismo nas relações. Todas as demais questões decorrem desses elementos.

A função delegada àquelas que entendemos serem subáreas do direito material civilista é de uma espécie de norma de regulamentação em situações específicas, como acontece com o direito ambiental, o trabalhista, o tributário e o próprio direito penal.

Na base de todo esse sistema de normas específicas de natureza material, está, sem dúvida, a ideologia já posta pelo Código Civil desde a sua origem, com o Código napoleônico.

Quanto ao processo, e mesmo quanto à atividade jurisdicional do Estado, se consideradas as tradicionais teorias, pouco resta senão servir a essas ideologias. Não é, portanto, sem propósito que, por tempos, foi atribuída ao direito processual a característica de direito adjetivo.

É nesse sentido que ainda imperam, na doutrina processual, conceitos como o de jurisdição, posto por Giuseppe Chiovenda, asseverando ser ela:

> "A função do Estado que tem por escopo a atuação da vontade concreta da lei por meio da substituição, pela atividade de órgãos públicos, da ativi-

dade de particulares ou de outros órgãos públicos, já no afirmar a existência da vontade da lei, já no torná-la praticamente, efetiva."[156]

A característica puramente mecanicista e legalista atribuída à função jurisdicional do Estado fica muito clara em concepções como aquela posta por Pedro Lessa, ao sustentar que "o poder judiciário é o que tem por missão applicar contenciosamente a lei aos casos concretos".[157]

Marca maior de que tal definição ainda hoje permeia a doutrina processual, com algumas raras exceções, é o fato de não se atribuir à denominada jurisdição voluntária a natureza jurisdicional, exatamente sob a alegação de que, nesses casos, não tem o Estado a função de adequar norma alguma ao caso concreto, tendo em vista o desfecho amistoso do conflito. Resumidamente, por esse entendimento, resta à função jurisdicional do Estado o papel de subsumir as determinações contidas na lei ao caso concreto, considerando quanto a este restritivamente os limites do que narrado pelo autor da demanda, o que é insuficiente para trazer ao processo as marcas das desigualdades sociais que pesam sobre os litigantes.

A legislação processual civil em vigência no Brasil a partir de março de 2016, faz constar, de modo expresso, em seu artigo 140, parágrafo único, que a jurisdição que vige é de legalidade, só podendo o magistrado atuar por equidade nos casos em que a própria lei permitir, deixando claro o quão nosso sistema processual está comprometido com a teoria positivista. Assim, entendendo o magistrado que, em determinado caso concreto, a lei existente no ordenamento não se mostra adequada à realização da justiça, nada pode fazer face aos limites previamente impostos.

Nesse cenário, a análise das condições de efetividade da tutela jurisdicional do Estado limita-se à verificação das condições estritamente técnicas relacionadas ao resultado mecanicista-formalista do processo. Em outras palavras, tomadas as premissas de que compete ao direito material estabelecer o cenário e os pilares de dominação, será a tutela do Estado considerada efetiva quando cumprir com as regras racionalmente postas para o seu desenvolvimento.

Por esse ângulo de análise, pouco ou nada importa se o processo observou o contraditório, a ampla defesa, o devido processo legal e a motivação das decisões, exatamente porque essas garantias, e todas as demais regras que se queira imaginar no sistema processual tradicional, não são capazes de transformar a realidade daquilo que fora estabelecido para além e fora dos domínios do processo.

É exatamente com vistas a contribuir com a transformação desse cenário que se pretende, apontar para outro horizonte, permitindo ao processo servir à

---

156. *Instituições de direito processual civil.* Tradução de J. Guimarães Menegale. 2. ed. São Paulo: Saraiva, 1965. v. II, p. 3.

157. *Do Poder Judiciário.* Rio de Janeiro: Livraria Francisco Alves, 1915, p. 1. Optamos por manter a grafia original utilizada pelo autor.

própria coletividade e aos anseios socialmente considerados, abandonando o individualismo que ainda racionalmente permeia as entranhas do sistema processual vigente.

Quanto à efetividade, o panorama não é diverso. Ainda que se pretenda negar, são marcantes e profundos os limites técnicos do debate sobre o tema, o que se explica, de algum modo, face à própria formação tecnocrata do processualista e, de maneira geral, do próprio jurista, com base em escolas positivistas, a exemplo da exegética, o que lhe dificulta considerar elementos que estão para além desses limites.

A própria tentativa de ponderação dos valores imposta ao intérprete das regras processuais, por teorias neoconstitucionalistas e neoprivatistas, igualmente se mostra insuficiente para retirar o debate do limbo tecnicista em que se encontra. Tal se dá, pelo fato de que a referida ponderação ocorre sempre entre dois princípios postos pela própria técnica, elevados ao nível de valores.

Assim, fala-se em celeridade e segurança como valores a serem ponderados na busca pela efetividade da tutela jurisdicional.

A superação desse debate da técnica pressupõe o estabelecimento de novos paradigmas interpretativos tanto para o processo quanto para a jurisdição, partindo de ideologias de fundo social, (não socialistas) e não mais subjetivistas e privatistas.

Tendo em mente que o compromisso do presente trabalho não é com o aprofundamento técnico, mas com o debate, em razão de novos rumos ideológicos sobre o tema da atuação jurisdicional efetiva, limitar-nos-emos, neste momento, a apresentar, em apertada síntese, as posições desenvolvidas pela doutrina sobre o tema, apenas como forma de facilitar o entendimento da tese e da crítica que se seguirá.[158]

São basicamente três as concepções existentes na doutrina processual contemporânea sobre tutela jurisdicional, mostrando-se uníssona quanto ao entendimento da efetividade.

Na primeira e mais corrente das definições, a tutela jurisdicional relaciona-se com o resultado da demanda, mais precisamente com o resultado de mérito favorável ao autor, ou seja, só haveria prestação da tutela jurisdicional pelo Estado quando da procedência do pedido do autor, tendo em vista ter partido deste a provocação da atividade jurisdicional daquele, pleiteando a tutela de um direito material que entende tenha sido violado ou que esteja na ameaça de sofrer alguma violação. Por essa concepção, faria o réu *jus* à tutela jurisdicional apenas

---

158. Para um estudo técnico sobre a questão da tutela jurisdicional, sugerimos a seguinte leitura: YARSHELL, Flávio Luiz. *Tutela jurisdicional*. São Paulo: DPJ, 2006, obra com farto rol doutrinário.

nas hipóteses excepcionais em que pudesse apresentar algum pedido em face do autor, o que se dá nos casos das chamadas ações dúplices.[159]

Desse modo, como esclarece a doutrina de José Roberto dos Santos Bedaque, a imagem da tutela jurisdicional encontra-se vinculada à necessidade de proteção de um direito substancial ou de uma situação jurídica, valendo-se da técnica processual e da atividade jurisdicional para tanto.[160]

Em outra vertente, segue doutrina no sentido de vincular a tutela jurisdicional não ao resultado da demanda, ou pelo menos não de modo exclusivo, mas aos meios procedimentais necessários à consecução do fim almejado para o processo, qual seja, a tutela do direito material por meio da subsunção da norma ao caso concreto. É nesse sentido que, às vistas da instrumentalidade das formas,[161] são flexibilizados os procedimentos diante das necessidades do direito material a ser tutelado. Assim vista, a tutela jurisdicional está relacionada ao resultado, mas também e, principalmente, ao mecanismo, ao conjunto de atos que conduzem a esse resultado.[162]

Consideradas essas duas primeiras teorias, a tutela jurisdicional, como observa Flávio Luiz Yarshell, encontra-se adstrita à própria concepção de instrumento de tutela do direito material, sendo esse o fim, e o processo, o meio, composto de regramentos e garantias, como do próprio direito de ação, necessários à obtenção do resultado, devendo sofrer a imperiosa flexibilização para o atingimento de seu fim.[163]

A exigida flexibilização dos meios procedimentais se impõe, segundo essa doutrina, na medida em que os próprios fatores de geração de conflitos se mostram dinâmicos, atribuindo características novas aos litígios, o que leva à insuficiência dos tradicionais mecanismos postos pelas leis de uma época, convencionando a doutrina em falar nas tutelas jurisdicionais diferenciadas.[164]

---

159. Nesse sentido, ver: BEDAQUE, José Roberto dos Santos. *Direito e processo*. 3. ed. São Paulo: Malheiros, 2003, p. 27 *et seq*. Na mesma linha de entendimento, ver: DINAMARCO, Cândido Rangel. *Fundamentos do processo civil moderno*. 4. ed. São Paulo: Malheiros, 2001. v. I, p.755.

160. *Op. cit.*, p. 29.

161. De acordo com a doutrina de Carlos Alberto Álvaro de Oliveira, a forma dos atos processuais mostra-se, de qualquer modo, indispensável, inclusive como mecanismo de limitação dos poderes, faculdades e deveres dos sujeitos do processo. Nas palavras do autor, "a forma em sentido amplo investe-se, assim, da tarefa de indicar as fronteiras para o começo e o fim do processo". Cf. *Do formalismo no processo civil*. 2. ed. São Paulo: Saraiva, 2003, p. 7.

162. O Código de Processo Civil de 1973 adota tal determinação, de modo claro, no seu artigo 244.

163. *Tutela jurisdicional*, p. 27.

164. Para uma leitura geral e mais profunda sobre o tema das tutelas jurisdicionais diferenciadas, sugerimos a seguinte leitura: SOARES, Rogério Aguiar Munhoz. *Tutela*

Em uma terceira via, a ideia de tutela jurisdicional aproxima-se mais do seu sentido constitucional, distanciando-se, por consequência, das concepções anteriores, presas à tutela do direito material.

Nessa linha, observa Luiz Guilherme Marinoni que a prestação da tutela jurisdicional independe do resultado da demanda proposta pelo autor, se procedente ou improcedente. Nas palavras desse doutrinador, "a tutela jurisdicional é a resposta da jurisdição ao direito de participação em juízo das partes".[165] Desse modo, Marinoni relaciona a tutela jurisdicional ao próprio direito de demandar constitucionalmente garantido e ao dever do Estado de ofertar a contrapartida, respondendo a essa provocação.

Coisa diversa, na concepção desse processualista, é a tutela do direito. Esta sim, vinculada à efetiva proteção do direito material e só prestada quando procedente o pedido do autor.

Assim, se julgada a demanda do autor procedente a ele, fora prestada a tutela jurisdicional, além da tutela do direito; no caso de improcedência dessa demanda, negada lhe será a tutela do direito, mas devidamente prestada a tutela jurisdicional, assim como ao próprio réu, que, apesar de não apresentar pedido algum de natureza material, atuou no exercício de uma garantia constitucional.[166]

Colocadas as teorias doutrinárias sobre o entendimento do que possa ser compreendido por tutela jurisdicional, é possível verificar o grau de comprometimento do processualista com os limites do juspositivismo e com a técnica, bastando observar que, passado mais de um século da tão festejada autonomia da relação processual, os parâmetros doutrinários, bem como os conceitos adotados, sobretudo no caso do Brasil, são ainda os mesmos. Vê-se que a idealizada ciência autônoma do processo nada ou pouco produziu de socialmente útil até os dias atuais, senão reproduzir a ideologia estabelecida de ver no processo um mecanismo técnico de subsunção do fato à norma, com vistas a tutelar o direito material.

Não se trata, no entanto, de uma opção consciente dos processualistas, sendo mais adequado entender esse cenário como o resultado de um processo histórico de formação, cuja opção por outro sentido não lhes foi dada. Como restará anotado em subseção específica sobre a formação jurídica, o jurista, em especial, o processualista, é envolvido desde os momentos iniciais de sua formação na ideia de que o Direito deve ser compreendido como um conjunto de regras destinado a disciplinar o convívio em sociedade, sendo o processo, por sua vez, apenas o

---

jurisdicional diferenciada: tutelas de urgência e medidas liminares em geral. São Paulo: Malheiros, 2000.

165. *Curso de processo civil*: teoria geral do processo. 3. ed. São Paulo: Revista dos Tribunais, 2008. v. I, p. 260-261.

166. Nunca é demais lembrar que a garantia constitucional da inafastabilidade da tutela jurisdicional do Estado, prevista no artigo 5º, XXXV, da Constituição Federal, é direcionada na mesma proporção ao autor e ao réu.

mecanismo, o instrumento de resolução dos conflitos aflorados no seio da sociedade.[167] A própria relação com a Constituição se dá ainda hoje de modo difícil, faltando ao jurista certa habilidade para manuseá-la. Os problemas de ordem social e estranhos à técnica processual são ainda vistos pelos processualistas como questões da Sociologia, da Antropologia e da Ciência Política, sendo eles incapazes de pensar sobre as necessidades do processo para além de sua técnica.

É exatamente com fins a contribuir para o redirecionamento da Ciência Processual que se afirma que essas concepções sobre tutela jurisdicional mostram-se insuficientes quando diante da necessidade de ofertar novas diretrizes interpretativas, de amplitude social ao processo.

A visão do processo como "um método de debate", constituído a partir de uma relação em contraditório e destinado a solucionar um conflito de interesses, ou ainda como mero instrumento de tutela do direito material, guarda vínculo sensível com os ideais liberalistas do século XIX, em que a figura do sujeito de direito é peça estruturante das relações jurídicas, como nos lembra Pasukanis.[168] Para o autor, que se mostrou como dos grandes pensadores do Direito à luz da teoria marxista, "o sujeito é elemento indecomponível" nessas condições.[169]

É a partir dele, do sujeito, que as relações do sistema de capital se estabelecem, pesando agora sobre uma ideia de liberdade e de igualdade, condições sem as quais as relações negociais e, consequentemente, jurídicas não se estabelecem de modo válido.

É preciso compreender que é nesse cenário que o processo judicial, considerado nas condições atuais, imposto e regrado por um Estado politicamente autônomo, surge. Nada tem com o sistema privatista do *Ancien Régime*, no qual os conflitos eram resolvidos pelos próprios titulares do poder, sem a interferência de um Estado autônomo.

Diante de um sujeito considerado igual e livre para estabelecer relações jurídicas (contratos), não podendo mais prevalecer a força privada na resolução dos conflitos, a necessidade de um processo capitaneado pelo Estado era, e é, uma condição indispensável.

Por isso, acerta a doutrina de Luiz Guilherme Marinoni quando observa que era sensível o comprometimento da jurisdição no início do século XIX com os ideais liberais, assim também com os pilares estabelecidos pelo positivismo.[170] É nesse cenário de profundas raízes patrimonialistas que surge a concepção de

167. Viva ainda está a ideia de Chiovenda, de que a função do processo é dar a cada um o que é seu.

168. *A teoria geral do Direito e o marxismo*, p. 81.

169. *Ibidem, loc. cit.*

170. *Curso de processo civil*, p. 33.

jurisdição como mecanismo de tutela dos direitos subjetivos privados, os quais, nada obstante tutelados por leis, eram violados.

Nas palavras de Marinoni:

> "A tendência de defesa da esfera de liberdade do particular aliada à tese de que apenas a supremacia da lei seria capaz de proteger esses direitos deram naturalmente à jurisdição a função de proteger os direitos subjetivos dos particulares mediante a aplicação da lei."

O próprio entendimento sobre "interesse", "conflito de interesses" e "pretensão resistida", elementos indispensáveis quando se pretende caracterizar a atuação do Estado como de natureza jurisdicional, traz consigo uma sensível carga de características vindas do liberalismo do fim do século XIX, quais sejam o subjetivismo da titularidade dos direitos e o privatismo nas relações.

Segundo Francesco Carnelutti, o "interesse" deve ser compreendido como a posição favorável do homem à satisfação de suas necessidades.[171] A subjetividade que marca a essência da ideia de interesse, na visão desse clássico doutrinador italiano, mostra-se de tal ordem que, mesmo quando aludindo ao interesse coletivo, parte-se da premissa de que coletivo deve ser entendido como a reunião de poucos ou muitos sujeitos.[172] Essa visão se deve talvez ao fato de que, para Carnelutti, a "necessidade" mostra-se como fator eminentemente individual, jamais de natureza social,[173] concepção essa que ainda prevalece nos dias atuais.[174]

Essa mesma carga de subjetividade, aqui sempre no sentido liberalista de individualidade das relações, igualmente é verificada na ideia de pretensão resistida, de modo que, para a doutrina carnelutiana, esta última só se verifica a partir de necessidades subjetivas, apresentadas de maneira contraposta entre os sujeitos interessados em determinado bem. Essa concepção traz consigo, além da subjetividade na titularidade do direito, outra característica de raiz liberal, a igualdade formal.

Ainda que se diga que o objeto da tutela jurisdicional é o direito material, e não o sujeito, a própria concepção de tutela jurisdicional como resposta a uma necessária provocação, bem como a sua vinculação à condição do sujeito no processo (se procedente o pedido do autor), ou na definição mais ampla de Marinoni, como resposta do Estado a uma garantia constitucional de prestação jurisdicional[175] (como resposta às partes), coloca o sujeito no centro exato da concepção.

---

171. *Sistema de direito processual civil.* Tradução de Hiltomar Martins Oliveira. São Paulo: ClassicBook, 2000. v. I, p. 55.

172. *Ibidem*, p. 57.

173. *Ibidem*, p. 56.

174. Importante frisar, neste ponto, que o próprio entendimento de interesse de agir impõe a demonstração da utilidade subjetiva da prestação jurisdicional.

175. *Curso de processo civil, passim.*

Cumpre notar que, nas duas primeiras teorias, a titularidade do direito violado mostra-se condição *sine qua non* para a definição de tutela jurisdicional. Tutela-se, nesse sentido, o direito material de alguém, especificamente definido. A ideia de que a tutela está também relacionada ao procedimento igualmente está a serviço não do direito material, mas do resultado favorável a quem pede, logo, ao autor. É possível verificar que tais concepções não guardam qualquer preocupação com a função supraprocessual da jurisdição. Os fatores sociais, políticos, culturais e econômicos envolvendo essas partes do processo não lhe interessam, portanto, até porque não era, e continua não sendo, essa a preocupação de ontem e de hoje.

Em outras palavras, em qualquer das três teorias, o que se verifica é que o entendimento de tutela jurisdicional está sempre direcionado aos sujeitos do processo, seja o autor que tenha o seu pedido procedente, como nas primeiras teorias, seja na condição de parte destinatária da resposta do Estado a uma garantia constitucional de ação.

Igualmente preocupado com os rumos do processo contemporâneo, Dierle José Coelho Nunes observa que é a partir dessas características liberais assumidas pelo processo que se desencadeia a elaboração de uma série de princípios informadores do processo civil atual, tal como o dispositivo, a congruência e a imparcialidade.[176]

Um primeiro efeito que decorre dessa visão individualista, privatista e, consequentemente, elitista das prerrogativas processuais é a dificuldade de se resolver os conflitos de megaestrutura, ou seja, de ordem social, de sujeitos difusos, denominados pelo modismo jurídico nominativo de políticas públicas. Outro efeito é a resistência quanto à necessidade de adoção de outros mecanismos de solução e, mais, de tratamento adequado desses mesmos conflitos.

Observada a *práxis* jurídica, ver-se-á que tais questões são resolvidas a partir de um histórico viés individualista, privatista e tecnicista, logo, insuficiente.

Vale considerar que uma característica marcantemente presente nas definições sobre tutela jurisdicional é o processo como instrumento, o que nos impõe a necessidade de algumas considerações.

Para não cairmos na regra comum apontada por Cândido Rangel Dinamarco, de fazer alusão à instrumentalidade do processo sem as devidas e específicas considerações, faz-se necessário entender, com esse autor, que a instrumentalidade não se relaciona apenas e tão somente com o processo visto como conjunto de formas, mas estabelece o que poderíamos relacionar ao que entendemos ser,

---

176. *Processo jurisdicional democrático*: uma análise crítica das reformas processuais, p. 73 *et seq.*

se adequadamente compreendermos a posição do autor, uma visão tridimensional do processo.[177]

Segundo a doutrina de Cândido Dinamarco, a instrumentalidade do processo deve ser vista sob três aspectos. Do processo como instituto do direito processual (ladeado por ação, jurisdição e defesa), do processo como conjunto de formas e, finalmente, do processo como sistema processual. Enquanto nos dois primeiros casos, o processo é entendido a partir de elementos internos, relacionando-se com as suas próprias disposições e formas, na última condição, do processo como sistema processual, o autor o vê relacionado com elementos externos, de natureza política, social e jurídica.[178]

Mas, como adverte Cândido Dinamarco, há em comum, entre todas essas concepções de processo, o caráter instrumental, no qual se vê "uma conquista metodológica da atualidade", a certeira ideia de que o processo (repita-se, nas três concepções) "não é fim em si mesmo e, portanto, suas regras não têm valor absoluto que sobrepuje as do direito substancial e as exigências sociais de pacificação de conflitos e conflitantes".[179]

Acerta Cândido Dinamarco, quando afirma que é chegada a hora do processo, visto como sistema processual, olhar para elementos externos, como os políticos, sociais, culturais e jurídicos, o que o autor denomina de escopos da jurisdição. Também assim entendemos.

Por outro lado, mostra-se equivocada, a nosso ver, a tentativa do autor em fazê-lo com resguardo das características históricas do processo tradicional, que, na sua visão, se apresenta como uma conquista, quando, em verdade, são exatamente essas características históricas do processo que o impedem de atingir a utópica efetividade social.

Desse modo, se, de um lado, acerta Cândido Dinamarco em entender por efetividade "a expressão resumida da ideia de que o processo deve ser apto a cumprir integralmente toda a sua função sócio-político-jurídica, atingindo em toda a plenitude todos os seus escopos institucionais",[180] erra, a nosso ver, o autor, quanto às premissas. Ao resguardar as ideologias do processo tradicional, em que figuram como base a liberdade, a igualdade formal, a subjetividade na titularidade dos direitos, a legalidade como parâmetro de atuação do processo e a atuação do processo como mecanismo de eliminação de insatisfações, impedido se está de falar em algum comprometimento social do processo.

Por essa linha, já é possível observar que a própria concepção sobre efetividade se mostra equivocada face às premissas já aqui postas.

---

177. *A instrumentalidade do processo*, p. 313.
178. *Ibidem, loc. cit.*
179. *Ibidem*, p. 314-315.
180. *A instrumentalidade do processo*, p. 319.

Também, aqui, a visão de efetividade se dá a partir da restritiva concepção de que a função do processo é de resolver os conflitos (lides) de interesse a partir da aplicação da lei ao caso concreto, com vistas à tutela do direito material. Com essas premissas, falar em escopos, sobretudo de ordem social do processo, é, no mínimo, indevido. Nessa linha de pensamento, o processo continua como instrumento sim, mas de perpetuação das ideologias postas pelos fatores determinantes de poder.

Efetividade, portanto, é entendida nessa tradicional posição doutrinária como a tutela, a proteção concreta do direito daquele que declarado como seu titular por meio de uma atividade desenvolvida pelo Estado, valendo-se de processo pautado em um sistema de legalidade.

Essa concepção de efetividade remonta à tese posta por Chiovenda, de que a atividade jurisdicional do Estado se caracteriza pela capacidade de substituir a vontade das partes litigantes pela vontade da lei,[181] ou seja, liga-se, ainda nos dias atuais, a concepção de efetividade à ideia de imposição, de afastamento da vontade dos litigantes e de legalidade, o que se mostra um equívoco.

No mesmo sentido, mostra-se equivocada, porque reducionista, a relação de efetividade e procedimento para os fins que aqui se propõe.

Como bem observa Miguel Lanzellotti Baldez:

> "Na medida em que o processo tem no fato jurídico a sua razão de ser, parece inevitável que no fato afirmado e no subseqüente fato suporte da sentença judicial repercutam, além da eficácia jurídica do fato, selecionada pelos limites formais da causa de pedir, as contradições econômicas, sociais, políticas e culturais da sociedade."[182]

Por essa via, passa a não importar se o processo se desenvolverá por este ou por aquele caminho, se é ordinário ou sumário, se execução ou conhecimento, se o prazo é de 10 ou de 15 dias, se o ato é sentença ou interlocutória, se o recurso é este ou aquele, se se concede tutela antecipada ou cautelar, se deve ouvir cinco ou oito testemunhas, se analisa ou não determinado documento, enfim. A própria eterna discussão sobre os poderes de investigação do juiz torna-se absolutamente vazia de qualquer significado, vez que os seus limites de convencimento já lhes foram dados pelos fatos narrados pelo autor.

Assim, inútil passa a ser falar em escopos sociais, políticos ou culturais do processo, ressalvada a hipótese de superação das ideologias liberais e que servem única e exclusivamente aos detentores dos fatores de dominação política e econômica.

---

181. *Instituições de direito processual civil*, p. 9.

182. Notas sobre a democratização do processo. In: MOREIRA, José Carlos Barbosa (Coord.). *Estudos de direito processual em memória de Luiz Machado Guimarães*. Rio de Janeiro: Forense, 1997, p. 251.

Feitas as considerações de base, o que de fato deve ser entendido por tutela jurisdicional socialmente efetiva?

José Carlos Barbosa Moreira, em trabalho especificamente destinado ao estudo dessa problemática, observa que não pertence ao processo, por si só, a função de tornar a sociedade mais justa, devendo esse objetivo ser perseguido e atingido a partir da integração de ações de base, de fundações, pelas instituições.[183]

E continua, afirmando que:

> "Não se há de entender, pois, a expressão "processo socialmente efetivo" como se designasse processo apto a conduzir *por força*, mediante uma sentença ou o respectivo cumprimento, a resultado socialmente desejável, senão – com maior modéstia – processo ato a abrir passagem mais desimpedida a interesses socialmente relevantes, quando necessitem transitar pela via judicial." (Grifo do autor.)[184]

Acerta Barbosa Moreira, a nosso ver, apenas em parte. Isso porque, ao mesmo tempo em que vislumbra um papel para o processo que ultrapassa os limites da lide e dos sujeitos dessa lide, preserva o que entendemos ser erro de base, já apontado nos parágrafos anteriores, a vinculação da atuação do processo à tutela do direito material.

Incorre o autor no erro da adoção da tese da instrumentalidade, seja do processo ou do próprio sistema, não importa. O fato é que, colocado o processo à disposição do direito material, afastada está a possibilidade de se aludir a alguma efetividade desse processo com a ordem social.

Frise-se que, por social, estamos entendendo as necessidades da sociedade, como ente difuso, e não de grupos ou de sujeitos definidos; o interesse e a necessidade daquele se sobrepõem sempre ao destes últimos.

As necessidades sociais devem ser entendidas como de macroestrutura, portanto, mostrando-se inadequada a sua resolução por meio das concepções tradicionais do processo, que têm na decisão impositiva, e não na integração, o seu grande mote.

Por isso, entendemos que a efetividade jurisdicional deve ser vista como resultado de uma atuação pautada na necessária integração das ações sociais, sendo a via jurisdicional apenas um dos seus componentes. A efetividade da atuação jurisdicional está no tratamento adequado dos conflitos, e não na decisão impositiva a partir de fatos narrados e dos limites da legalidade.

Acerta mais uma vez a doutrina de Barbosa Moreira, quando afirma que:

---

183. *Por um processo socialmente efetivo*. São Paulo: Saraiva, 2004. (Temas de direito processual, série 8), p. 15 *et seq*.

184. *Ibidem, loc. cit.*

> "Um dos grandes desafios do processo socialmente orientado é o desequilíbrio de forças que logo de início se exibe entre as partes litigantes, a compreender em regra a igualdade de oportunidades de êxito no pleito. Como bem se compreende, ressalta particularmente o aspecto econômico, que, todavia, está longe de ser o único. Antes dele, põe-se um problema de ordem cultural. O baixo nível de cultura constitui, aqui como em tudo, fator de marginalização. Para um analfabeto ou semi-analfabeto, são notórias as desvantagens nesta espécie de competição, a começar pelo déficit informativo, que tantas vezes lhe dificulta ou até veda a noção de seus direitos e da possibilidade de reclamar satisfação por via civilizada."[185]

É importante comentar que a questão da efetividade social da atuação jurisdicional passa ainda pelas instituições, constituídas para servir àqueles que não reúnem condições de assumir as despesas de um processo. Nesse sentido, se, de um lado, a Constituição Federal se mostra plena ao afirmar, em seu artigo 5.º, LXXIV, que o Estado prestará tutela jurídica a todos que comprovarem insuficiência de recursos, a realidade se apresenta absolutamente distante dessa narrativa. As Defensorias Públicas são ainda uma fantasia para a maioria da população que se encontra nessas condições.

Segundo relatório produzido pela Associação Nacional dos Defensores Públicos (ANADEP), como resultado de pesquisa realizada em parceria com o Instituto de Pesquisa Econômica Aplicada (IPEA), das 2.680 comarcas existentes no país, somente 754 possuem Defensorias Públicas. Ressalte-se, ainda, que, destas, a grande maioria encontra-se com seus quadros de defensores defasados, demonstrando o referido relatório que apenas 5.054 dos 8.489 cargos de defensores criados estão providos.[186]

Passo importante, mais ainda insuficiente, é dado exatamente no momento em que são escritas as presentes linhas, com a concessão de liminar pelo Conselho Federal da Ordem dos Advogados do Brasil (OAB), no sentido de permitir a advocacia *pro bono* àqueles que necessitam de atendimento jurídico e não reúnem condições de pagar as suas despesas.

Não se nega, portanto, que passos importantes no sentido da maior efetivação social da atuação jurisdicional já foram dados, quando da edição das tutelas coletivas, resultado dos movimentos democráticos sociais das décadas de 1960, 1970 e, sobretudo, 1980. Mas, como adverte Miguel Lanzellotti Baldez, se, por um lado, as demandas coletivas conseguem romper com o cerco sobre a tese da relação jurídica subjetiva, que, como já anotamos em parágrafos anteriores, prevalece ainda hoje como resultado do império das ideologias liberais sobre o processo, por outro lado, essa relação é reindividualizada na relação processual,

---

185. *Por um processo socialmente efetivo*, p. 19.

186. Cf. INSTITUTO DE PESQUISA ECONÔMICA APLICADA. *ANADEP e Ipea lançam Mapa da Defensoria Pública no Brasil*. Brasília: IPEA, 2013. Disponível em: <http://www.ipea.gov.br/sites/mapadefensoria>. Acesso em: 21 nov. 2014, *passim*.

em razão da adoção de teorias como a da legitimidade extraordinária, na qual se atribui, pela vontade do legislador, a órgãos de representação, a possibilidade de promover tais demandas, mas que a práxis tem demonstrado que, em regra, acaba por se resumir à atuação do Ministério Público (MP) e algumas poucas associações.[187]

A tentativa, e até certo ponto, o êxito, de manipulação desse mecanismo jurídico, sobretudo influenciado por aqueles que poderiam ser alvo desse tipo de demanda, acaba por esvaziar o fim inicialmente posto para essas ações.

Nós mesmos já tivemos a oportunidade de analisar criticamente a prevalência das demandas individuais sobre as demandas coletivas quando concomitantemente promovidas.[188] Esse entendimento é ainda resultado do individualismo que prevalece arraigado na cultura processual contemporânea e que impede racionalmente que o social prevaleça sobre o individual.

A própria tentativa de limitação dos efeitos da coisa julgada nas demandas coletivas ao território do órgão jurisdicional prolator da decisão, que agora começa a cair por terra perante o Superior Tribunal de Justiça (STJ), além da tentativa constante do artigo 2.º A da Lei n. 9.494/1996, de limitar os efeitos das referidas decisões coletivas aos indivíduos que possuam residência nos limites territoriais do órgão que proferiu a decisão. E, ainda, o impedimento previsto no artigo 1.º, parágrafo único, da Lei n. 7.347/1985, de se promover demandas coletivas para questões de natureza tributária, contribuições previdenciárias, FGTS e fundos de natureza institucional cujos beneficiários possam ser individualmente determinados.

Ora, importante considerar que esses são exatamente os temas que atingem número expressivo das demandas promovidas perante o Judiciário pelas pessoas de classe mais baixa. Some-se a esse fator a necessidade de propositura das demandas de competência da Justiça Federal na comarca mais próxima quando na comarca em que a parte reside não tiver unidade da Justiça Federal, inclusive com revogação de súmula em sentido contrário.[189] E mais, o fato de que, em todo o território nacional, apenas 622 defensores públicos federais atuam, restritivamente, nas capitais e em raras comarcas de interior.[190]

É de relevância imediata, portanto, que o processo deixe de ter como fundo motivador a resolução de conflitos, passando a atuar apenas como mais uma

---

187. *Notas sobre a democratização do processo*, p. 251-252.

188. CALDEIRA, Adriano. *Processo coletivo*: uma análise sistemática sobre a litispendência entre as demandas coletivas e entre estas e as individuais. São Paulo: LTR, 2012.

189. Ressalvadas as questões envolvendo previdência, que, nos termos do § 3º do artigo 109 da Constituição Federal, deverão ser julgadas pela Justiça Estadual, assim também a execução promovida pela União.

190. Cf. INSTITUTO DE PESQUISA ECONÔMICA APLICADA. *ANADEP e Ipea lançam Mapa da Defensoria Pública no Brasil, passim.*

possibilidade de tratamento dos mesmos e, principalmente, das necessidades sociais. O indivíduo deixa de ser o destinatário da atuação imediata da jurisdição, a norma deixa de ser o parâmetro de regulação das necessidades sociais, passando essas a serem tratadas, e não decididas, parametradas, pela equidade e pelo peso dos valores constitucionais.

É de se reforçar, contudo, que a transformação aqui pretendida exige mais do que um processo de modificação normativa, impondo a necessidade de mudança de paradigmas, com a adoção de novas ideologias, de natureza social, e o abandono das rédeas impostas pelos regimes de capital e político; por isso, vislumbramos como utópica.

Como lucidamente aponta a doutrina de Oscar G. Chase,[191] nenhuma sociedade está livre dos conflitos, são estes inerentes a própria condição e modelo social em que vivemos. Contudo, é preciso reavaliar as formas pelas quais estes conflitos serão resolvidos.

Fatores de uma cultura local, como a forma de viver de uma sociedade, seja na forma de estados complexos ou aldeias tribais, certamente influenciará na definição da forma de solução dos conflitos, segundo Chase.

O Brasil, a exemplo de experiências já vividas em tempos atuais em outros pontos do mundo, vive momento de lucidez coletiva, repetida em poucos outros períodos de nosso país.

Aqueles que, inebriados pela euforia causada por um sistema de capitalismo sufocante, como um viciado busca o deflagrador de seu vício como forma de renovar suas aparentes e momentâneas sensações, mostram-se, ao mesmo tempo, indignados e indisfarçadamente surpresos com o movimento social que se inicia, exatamente porque este fenômeno não fazia parte da cultura de nossa sociedade.

Por outro lado, para aqueles que, atentos à realidade vivida pela grande massa da sociedade, resistentes as análises postas por ideologias tecnicistas, elitistas e delineadas historicamente pela razão, os movimentos que se iniciam não são novidade.

Para estes, é chegada a hora de a sociedade atuar de modo consciente no direcionamento e nas ações das instituições.

No caso do sistema processual, o ciclo de movimentações e de transformações deve seguir o mesmo curso. É chegada a hora de se passar a entender a atuação jurisdicional a partir da sociedade, e não direcionada para ela.

O primeiro e fundamental passo é entender que o sistema jurídico processual faz parte e é peça estruturante do processo de dominação promovido a quatro mãos pelo sistema de capital e pelo sistema político. Enquanto não se aceitar essa

---

191. *Direito, cultura e ritual. Sistema de resolução de conflitos no contexto da cultura comparada*. Tradução de Sergio Arenhart e Gustavo Osna. Marcial Pons. 2014. p. 19.

premissa, todo o anseio do atingimento da utopia concreta de uma nova atuação jurisdicional não se realiza.

Importante ressaltar o fato de que, ao nos referirmos à utopia do processo não mais como instrumento do direito material, do subjetivismo, e sim dos anseios sociais, não se tem em mente aquela ideia negativista, de utopia, que, de tão distante, torna-se irreal, mas sim de uma utopia concreta, realizável a partir do reestabelecimento das premissas perdidas na história.

Visando esclarecer as possibilidades da utopia, observa a doutrina de Alysson Leandro Mascaro que, já na modernidade, a ideia de utopia adquiriu contornos variados, desde o sonho de Tomas Morus de constituir uma sociedade completamente livre das amarras impostas por regimes de exploração, a iniciar pelo fim da propriedade privada, passando pelo movimento socialista do século XIX, no qual, segundo o autor, se pretendia a criação de "fábricas, cidades e hábitos sociais diversos, carreados de uma inspiração de solidariedade e fraternidade".[192]

Segundo observa Mascaro, é exatamente a partir desse momento que a utopia passa a adquirir contornos negativistas, relacionados ao inatingível, a uma realidade possível apenas no imaginário, uma ilusão. Nas palavras desse filósofo do Direito, "o não lugar não seria apenas o lugar ao qual não se havia chegado: tratava- se de um lugar para todo sempre inexistente", o que, para o autor, conduz a um aprofundamento do descrédito sobre a ideia de utopia.[193]

A transformação das realidades a partir e também da atuação jurisdicional é algo que se insere na ideia do que Ernest Bloch denomina de "ainda-não-consciente", ou seja, o sonho que se sonha acordado. Segundo esse filósofo:

> "O ainda-não-consciente é assim unicamente o pré-consciente do vindouro, o local psíquico de nascimento do novo. E se mantém pré-consciente, sobretudo, porque nele se encontra um conteúdo da consciência que anda não se manifestou nela de forma clara, que ainda está alvorecendo que vai surgir objetivamente no mundo. É desta forma com todas as situações produtivas que estão na origem de coisas que nunca existiram antes. Este é o espírito do sonho para frente, este espírito repleto do ainda-não-consciente como forma de consciência de algo que se aproxima. O que o sujeito aqui fareja não é bafio de porão, mas o ar da manhã."[194]

Nesse passo, o papel das instituições responsáveis pelos mecanismos de solução dos conflitos sociais é fundamental, visto que também é capaz de provocar modificações manutenções culturais na sociedade.

---

192. Cf. INSTITUTO DE PESQUISA ECONÔMICA APLICADA. *ANADEP e Ipea lançam Mapa da Defensoria Pública no Brasil, passim.*

193. *Ibidem*, p. 13.

194. *O princípio esperança*, p. 117.

Valendo-se da doutrina de Judith Resnik, Oscar G. Chase observa que o sistema processual "é um mecanismo de expressão de relações políticas e sociais, dando-lhes forma e servindo para sua confirmação".[195]

195. *Direito, cultura e ritual*. p. 176.

2

JURISDIÇÃO: PODER OU FUNÇÃO? REDEFININDO OS LIMITES DA JURISDIÇÃO NO CENÁRIO POLÍTICO-INSTITUCIONAL BRASILEIRO

2.1 Liberalismo, exercício da função jurisdicional e suas consequências

Analisando as fases e ocorrências históricas, não há dúvida de que os ideais liberais implementados pelo processo revolucionário francês[1] foram aqueles que, de modo mais profundo, influenciaram a forma de interpretar e aplicar o Direito moderno.

Como se viu no capítulo anterior, as ideias de liberdade, igualdade e, sobretudo, o subjetivismo nas relações, que, em um primeiro momento, foram apresentados como razão para a própria Revolução Francesa, indicando a liberdade dos oprimidos e o fim dos privilégios, passaram a servir de elementos estruturantes na implementação dos ideais de desenvolvimento capitalista e político, o que restou denominado de liberalismo, exatamente por sua ideologia não intervencionista.

Como anota Norberto Bobbio, "o liberalismo é uma doutrina do Estado limitado tanto com respeito aos seus poderes quanto às suas funções".[2]

---

1. Por certo, as características do liberalismo não surgem somente com o advento da Revolução Francesa, mas é, seguramente, a partir desse momento, que ganham raízes mais profundas, passando as instituições a sofrerem um processo de dominação sistemático, de modo a permitir o desenvolvimento dos interesses econômicos e políticos.

2. *Liberalismo e democracia*. 6. ed. 10. imp. Tradução de Marco Aurélio Nogueira. São Paulo: Brasiliense, 2011, p. 17.

No entendimento de Bobbio, enquanto os limites dos poderes do Estado são determinados por sua submissão às leis, o que se convencionou denominar de Estado de Direito, os limites de suas funções são impostos pela necessária preservação do Estado mínimo, nada obstante, segundo o autor, seja possível ter realidades liberais com exigências de um Estado máximo, exatamente como se busca impor no modelo atual de um Estado Social.[3]

É nesse sentido, a nosso ver, que as características de um "Estado Social" não são naturalmente compatíveis com as concepções e os limites postos pelo modelo liberal, por ser este estruturado com esteio no pilar central do individualismo, ou seja, do sujeito em sua plenitude, além da liberdade e da igualdade vistas apenas como fundamentos das relações contratuais e da tutela da propriedade privada. Desse modo, qualquer menção ao social vinda de teorias liberais, o que por si já nos é paradoxal, só permite ser interpretada, com algum esforço, como um conjunto de indivíduos autonomamente considerados, ainda que postos em um ambiente social.

No Estado Liberal, portanto, não se concebe o social como resultante do todo, da concepção de democracia direta, mas em sujeitos fragmentados, individualizados, de tal sorte que os direitos desses indivíduos só encontram limites nos direitos de outros indivíduos, sendo qualquer outra forma de limite injusta e abusiva.

Para Immanuel Kant, a possibilidade de convivência das liberdades individuais é o parâmetro para a concepção do justo, de modo que o Direito deve ser regido pelo que se chama de "lei universal", pela qual o comportamento individual de cada sujeito deve respeitar os limites da individualidade do outro.[4] Afirma o filósofo que:

> "Se, então, minha ação ou minha condição pode geralmente coexistir com a liberdade de todos de acordo com uma lei universal, todo aquele que obstaculizar minha condição me produz injustiça, pois este obstáculo (resistência) não pode coexistir com a liberdade de acordo com uma lei universal."[5]

Exatamente por essas razões, como anota a doutrina de Norberto Bobbio, a um Estado Liberal só interessa a concepção de democracia formalmente considerada, na qual apenas uma parcela restrita da sociedade formada pela classe possuidora tem reais condições de participação na administração do Governo.[6]

---

3. *Ibidem, loc. cit.*
4. *Introdução ao estudo do Direito*. 2. ed. Tradução de Edson Bini. Bauru: Edipro, 2007, p. 47.
5. *Ibidem, loc. cit.*
6. *Ibidem*, p. 7.

Ainda de acordo com Bobbio, o próprio liberalismo clássico fora colocado em crise em decorrência do crescente processo de democratização efetivada pelo sufrágio universal.[7]

Benjamin Constant, citado por esse clássico pensador italiano, observa que, na medida em que cresce a participação direta nas decisões coletivas, o indivíduo se submete ao todo, tornando-se não livre, o que, na visão liberal, é fundamento de injustiça.[8]

Herbert Marcuse ressalta que, estabelecidas as premissas ideológicas que levaram à Revolução Francesa, o que permitiu a esse movimento encontrar suporte nas necessidades sentidas de permitir o pleno desenvolvimento do capitalismo industrial, o mundo passaria a tornar-se uma ordem de razão.[9]

O homem, livre, passaria a determinar as suas próprias necessidades, passando a gerir as ações sociais e institucionais a partir delas. Observa Marcuse que, em decorrência do desenvolvimento desse modo de pensar, passa-se a ver, no processo de industrialização, por exemplo, o caminho para o atendimento das necessidades do homem.[10]

É fruto, portanto, dessa razão, e não de outra, pautada no sujeito, com autonomia e vontade que deva prevalecer sobre o todo, a crença de que a Revolução Francesa se apresenta como meio capaz de impor limites ao absolutismo, estabelecendo novos rumos à sociedade, composta por sujeitos livres, de modo a permitir o surgimento de um Estado politicamente autônomo e destinado a guardar o exercício pleno dessa liberdade, o que é sintetizado na teoria do Estado como bem comum.

É outra, no entanto, a visão que decorre da análise materialista do Estado que surge a partir desse evento histórico.

A liberdade e a igualdade que aí se estabelece não se mostra de modo algum real, mas formal, destinada à realização de contrato, pilar central do processo de desenvolvimento pretendido pelos burgueses.

Como bem destaca Joachim Hirsch, o complexo processo histórico de desenvolvimento social daquela época implicou o recíproco condicionamento entre Estado e capital, de tal sorte que o desenvolvimento de um pressupõe as condições estabelecidas pelo outro. Sustenta o autor que, apesar de falsa a tese de que Estado e capital tenham uma única razão de surgimento, as precondições

---

7. *Ibidem, loc. cit.*

8. *De La liberté dês Anciens Comparée à celle dês modernes.* Paris: Béchet Libraire, 1820. *(Collection Complete dês Ouvrages, 4, parte 7)*, p. 253 *apud* BOBBIO, Norberto. *Liberalismo e democracia*, p. 8.

9. *Razão e revolução*: Hegel e o advento da teoria social. 5. ed. Tradução de Marília Barroso. São Paulo: Paz e Terra, 2004, p. 15-16.

10. *Ibidem*, p. 16.

políticas, econômicas e culturais ensejaram a aproximação e o processo de interdependência.[11]

De qualquer maneira, é possível anotar que o processo de superação dos absolutistas pelos ideais burgueses, também assim a concepção de liberdade e de igualdade, jamais se deram com fins ao estabelecimento de uma sociedade mais justa, senão como base de desenvolvimento de uma sociedade de indivíduos, isolados e soberanamente considerados, de modo que a desgraça alheia não seja de minha responsabilidade.

Os movimentos históricos que se sucederam não tiveram o condão de estabelecer novos paradigmas, mas, ao contrário, apenas reforçaram os contornos ideológicos já estabelecidos naquele movimento histórico de razões muito precisas.

Pois bem, a partir da tomada do poder das mãos dos absolutistas pelos burgueses, foi dado início a um processo de estruturação das instituições, iniciando-se por uma tentativa, até certo ponto efetivada, de separação das funções, ficando reservada à função jurisdicional, apesar de vista como fundamental, a atuação restritiva de eliminar os conflitos que viessem a atravancar o desenvolvimento econômico e político que se pretendia impor.

Institui-se o Estado de Direito, afastando-se as influências religiosas e a vontade suprema do monarca, ao menos em tese, passando o Estado a gerir a aplicação das normas jurídicas, ao mesmo tempo em que submetido também a elas.

Assume o Estado a função de resolver as *lides*,[12] consideradas nos limites do pedido do autor.

Em razão das opções circulatórias de bens e pessoas da época,[13] a centralização da resolução dos conflitos nas mãos do Estado, de algum modo, foi inevitável, assim como, a nosso ver, considerando as circunstâncias em que a sociedade atual se moldou, é inevitável a presença do Estado como o centro da gestão pública, o que não afasta a necessária pluralização das decisões.

Frisa-se, contudo, o fato de que, apesar de trilhado todo um caminho no sentido da publicização da gestão da sociedade e da pacificação de suas relações, geneticamente continua a prevalecer o privatismo.

Nesse sentido, observa José Rogério Cruz e Tucci que é notória e histórica a prevalência do caráter privatístico do processo sobre o seu caráter público. Segundo o autor, essa característica ocorre pelo fato de ter o processo assumido função que competia restritivamente ao próprio sujeito da sociedade, que, em tempos outros, tinha plena permissão para tutelar os seus próprios interesses.[14]

---

11. *Teoria materialista do Estado*, p. 61.
12. Algo completamente diverso de resolução de conflitos.
13. Sabe-se que os embriões do capitalismo são postos antes mesmo do período revolucionário, servindo este como o momento de aperfeiçoamento de suas necessidades.
14. *Jurisdição e poder*. São Paulo: Saraiva, 1987, p. 5-6.

Centralizado o poder de emissão das normas que a todos vincularia, e igualmente centralizado o poder de declarar o que de acordo ou não com tais normas, inclusive com o uso da força que lhe é legitimada, estabelecida está a rota a ser observada pelo processo de dominação.

A atuação jurisdicional, como função integrante da estrutura do Estado, passa a ser então permeada pelos fatores determinantes das ideologias implementadas por liberalismo, que hoje se mostra envelhecido e que necessitavam de estruturação para se desenvolver. E de que modo esse processo se dá? Por meio da vinculação da atuação jurisdicional à legalidade estrita, o que nos permite afirmar que o envolvimento do sistema jurisdicional do Estado não se estabelece de modo direto, mas, indireto, vinculando-o àquilo que estabelecido pelo conjunto de normas.

Como bem salienta a doutrina de Calmon de Passos, a função jurisdicional de uma época será organizada de modo a se ajustar ao modelo estabelecido para a atuação do Estado. Falando do que denomina "servidão política do processo e incerteza de seu amanhã", o autor observa que:

> "A interação entre aquele objetivo do centro de poder e o operar da organização responsável pela função jurisdicional ditará o perfil do procedimento a ser adotado, para a efetivação do que o direito se propõe concretizar na convivência social, bem como definirá o papel dos agentes sociais institucionalmente envolvidos nessa tarefa."[15]

Conclui esse processualista, afirmando que:

> "(...) o relevante, no jurídico, não é o que foi dito como valendo direito, posto por quem investido do poder de fazê-lo, sim quem são os sujeitos legitimados para esse 'dizer', as razões que legitimam sua escolha, o processo mediante o qual ela se efetiva e os procedimentos institucionalizados para a consumação desse 'dizer', isto é o perfil político da função jurisdicional e suas implicações de natureza econômica e em que termos se viabilizou o controle social sobre esse conjunto de atividades."[16]

Por essas razões é que se sustenta a incompletude da doutrina, para dizer o menos, ao pregar que o sistema processual contemporâneo teria as suas raízes no período romano. Em verdade, os parâmetros da técnica constituem tudo o que se absorve dessa fonte. Quanto aos caminhos ideológicos a serem perpassados pelo sistema processual, bem como os parâmetros de atuação da função jurisdicional do Estado contemporâneo, inegavelmente foram postos já com os preparativos para a implantação dos ideais revolucionários que, em termos de justiça, igualdade e liberdade, vistas como garantias de natureza social, nada tinham.

---

15. *Revisitando o Direito, o poder, a justiça e o processo: reflexões de um jurista que trafega na contramão*. Salvador: Juspodivm, 2013, p. 60.
16. *Ibidem*, p. 213.

Como destaca Nicola Picardi,

> "Até a Idade Moderna, aos tribunais era reconhecido o poder de determinar os seus próprios modos de operar. No *ordo iudiciarius*, o processo era considerado manifestação de uma racionalidade prática e social, que se realizava no tempo através das praxes criadas pelos juízes, advogados e seus auxiliares, com a colaboração da doutrina."[17]

Continua esse doutrinador italiano, observando que, já durante o caminho de formação do Estado Moderno, sobre o processo recai a tendência de reivindicar maior estabilidade. O primeiro passo, segundo o autor, é dado pelo próprio Luís XIV, que avoca às suas mãos o poder de legislar sobre matéria de processo.

A imposição de limites à atuação jurisdicional do Estado apresentava-se como condição *sine qua non* para a consolidação do exercício da liberdade individual em sua plenitude, com especial atenção à liberdade nas relações contratuais e no exercício do pleno gozo da propriedade, bases que pertencem ao processo de dominação econômica.[18]

Em outras palavras, à função jurisdicional reservavam-se claramente dois papéis no Estado de Direito contemporâneo: a) eliminar os conflitos que possam provocar insatisfações sociais e, por consequência, atravancar o desenvolvimento das relações, o que deve ser feito por meio de decisões cada vez mais estáveis e previsíveis; e b) impor limites à atuação do próprio Estado em eventual processo de intervenção e limitação no exercício pleno das liberdades, o que se faz mediante inserções no bojo constitucional de garantias individualistas como forma de perpetuação de privilégios, como o direito adquirido, a coisa julgada[19] (segurança jurídica) e, em especial, a inafastabilidade da tutela jurisdicional.

---

17. *Jurisdição e processo*. Organização e revisão técnica da tradução de Carlos Alberto Álvaro de Oliveira. Rio de Janeiro: Forense, 2008, p. 70-71.

18. As determinações acerca dos limites legalmente estabelecidos tanto ao direito de propriedade, por meio da exigência do cumprimento de sua função social, quanto em relação ao contrato, com a mesma exigência de obediência de sua função social, acabam por ser igualmente encampados pelos ideais que aqui se observam, o que se dá, inclusive, pelas vias tradicionais de dominação da atividade jurisdicional, qual seja a regulamentação de garantias constitucionais, ou ainda pela via da própria interpretação jurisprudencial.

19. Especificamente em relação à coisa julgada, mesmo com o advento das tutelas coletivas, buscou- se a consolidação da tese individualista de seus efeitos, bastando verificar as redações dos artigos: 104 do Código de Defesa do Consumidor (Lei n. 8.078/1990), que permite o trâmite concomitante das demandas individuais e das coletivas; e 2-A, da Lei n. 9.494/1997, que estabelece que a coisa julgada nas demandas coletivas promovidas por associações em defesa de interesses coletivos só produzirá efeitos para aqueles indivíduos que tinham domicílio ao tempo da propositura da demanda nos limites da competência do juízo. É verdade que, passados alguns anos, a jurisprudência dos tribunais superiores vem derrubando tais entendimentos restritivos, contudo, isso não retira a indelével intenção reducionista/individualista que se impõe sobre as normas jurídicas. Verifica-se, em simples exemplos como esses, a constante intenção de se garantir as premissas do processo de dominação via ordenamento jurídico.

Tais limites são ainda reforçados por meio de regras infraconstitucionais, constantemente aprimoradas, ganhando raízes cada vez mais profundas, a começar por conceitos como o de lide e os limites, objetivo e subjetivos da coisa julgada, do dispositivo, além da exigência da correlação entre pedido e decisão.

A própria internacionalização das relações de comércio impôs uma necessária interferência na atuação jurisdicional e do próprio Estado, visando ao atingimento de uma maior previsibilidade dos entendimentos judiciais e administrativos sobre determinados temas, sobretudo os relacionados à resolução de conflitos contratuais e à garantia da propriedade.

Não foi outro o sentido da emissão do já citado Relatório n. 319 S do Banco Mundial, no ano de 1996, intitulado "O Setor Judiciário na América Latina e no Caribe",[20] seguido do Relatório n. 32.789-BR, "Fazendo com que a justiça Conte", em 2004,[21] ambos apresentando medidas a serem adotadas pelo Brasil e pelos demais países da América Latina e Caribe, buscando um Judiciário mais efetivo, no sentido de preservar as garantias do setor econômico.

A insegurança gerada por uma atuação jurisdicional lenta, burocrática, custosa, oscilante em seus entendimentos, é, sem dúvida, o mal a ser combatido.

Para tanto, propõem tais relatórios iniciativa semelhante ao que já havia sido realizado por Mauro Cappelletti e Bryant Garth, nas décadas de 1960 e 1970, quando realizaram, sob o patrocínio da Ford Foundation, relatório sobre os entraves do acesso à justiça, com uma série de medidas a serem adotadas no sentido de permitir que um maior número de pessoas pudessem acessar os serviços jurídicos e judiciários do Estado.

Em um primeiro momento, mecanismos como esses de definição e superação dos entraves do acesso ao serviço jurídico e jurisdicional do Estado são lidos como de grande valia para a efetivação dos direitos fundamentais da pessoa. Contudo, se analisados de maneira mais detalhada e, principalmente, com olhos de realidade, vê-se que o interesse é a tutela de mecanismos de fomento de investimentos.

Os referidos relatórios emitidos pelo Banco Mundial são expressos em afirmar sobre a necessidade de modernização dos serviços jurisdicionais do Estado, nos países da América Latina e do Caribe, no sentido de garantir maior segurança ao investidor externo.[22]

---

20. *Documento técnico número 319*: o setor judiciário na América Latina e no Caribe – elementos para reforma, *passim*.

21. *Relatório n. 32.789-BR*: fazendo com que a justiça conte – medindo e aprimorando o desempenho do Judiciário no Brasil, Washington, D.C.: Banco Mundial, 2004. Disponível em: <https://www.amb.com.br/docs/bancomundial.pdf>. Acesso em: 20 mar. 2013, *passim*.

22. *Documento técnico número 319*: o setor judiciário na América Latina e no Caribe – elementos para reforma; *Relatório n. 32.789-BR*: fazendo com que a justiça conte – medindo e aprimorando o desempenho do Judiciário no Brasil, *passim*.

Não é preciso grande dose de esforço para concluir que um país que não garante aos seus cidadãos um conjunto mínimo de serviços públicos, sobretudo jurídicos, contribui para o surgimento de movimentos sociais de reivindicação, o que implica organização de manifestações e paralisações, gerando insegurança e resultando no afastamento de investimento externo e em desequilíbrio econômico.

Por essa razão, o objetivo maior desse modelo de administração estatal é assegurar o acesso ao serviço jurisdicional do Estado, o que se mostra absolutamente diferente de garantir acesso a direitos, no sentido de permitir relações sociais equilibradas.

É provável que surja aqui a seguinte dúvida: o fim pretendido, de garantir a um número cada vez maior de pessoas o acesso ao serviço jurisdicional do Estado não se apresenta como algo positivo? Não equivale a uma maior proteção aos seus direitos, em especial aqueles definidos como fundamentais, vez que é o Estado quem atuará por eles?

A resposta é positiva e negativa ao mesmo tempo. Positiva, porque, em um Estado Democrático, ainda que formal como o nosso, a defesa dos direitos violados se dá pela via jurisdicional, visto que a adoção de outros meios[23] de solução de conflitos mostra-se embrionária, logo, a ampliação dos serviços jurídicos e jurisdicionais ofertados pelo Estado é, seguramente, fator de relevo, e não pode ser desprezada.

Ao mesmo tempo, a resposta é negativa, pelo simples fato de que, sendo a atuação desse Judiciário limitada pelo pedido do autor, pautada em um sistema positivista, envolvido por um conjunto de normas protetivas de interesses privados, gerido por instituições burocráticas, preconceituosas e dominadas por fatores reais de poder, para continuar com expressão de Lassalle,[24] o resultado dessa prestação jurisdicional ampliada só pode ser um, a reprodução das desigualdades e dos preconceitos gerados por esse sistema.

Exemplo claro do que se diz são as demandas coletivas. Nada obstante o avanço na sua instituição normativa, trazendo à luz a possibilidade de uma coletivização dos interesses a serem tutelados e, por consequência, um maior equilíbrio nas relações jurídicas, restou individualizado, a partir da regulamentação da sua legitimidade ativa, restrita a poucos entes, cuja representação se mostra adequada por opção do legislador.

A concentração da legitimação ativa das demandas coletivas, somada ao contexto em que inseridos o instituto da representatividade adequada e os limites territoriais da coisa julgada coletiva, este último de certo modo combatido por parte da jurisprudência e da doutrina, apesar de insistentemente aplicado pelos

---

23. Chamados pela doutrina de meios adequados de solução de conflitos.

24. *A essência da Constituição, passim.*

tribunais nacionais, e, por fim, a tentativa, hoje já consolidada, de privatização do serviço jurisdicional por meio da arbitragem cada vez mais ampla e elitizada, fulminam qualquer possibilidade de concretização daqueles ideais materialmente democráticos que iluminaram nas demandas coletivas, fazendo com que o individualismo prevaleça sobre o coletivo.

Reafirmando esse entendimento, manifesta-se a doutrina de Paulo Bonavides, dizendo que:

> "Com a construção do Estado jurídico, cuidavam os pensadores do direito natural, principalmente os de sua variante racionalista, haver encontrado formulação teórica capaz de salvar, em parte, a liberdade ilimitada de que o homem desfrutava na sociedade pré-estatal, ou dar a essa liberdade função preponderante fazendo do Estado o acanhado servo do indivíduo."[25]

Como se vê, a função do Estado, considerada em seu contexto a atuação jurisdicional, não é, nem jamais fora, de intervenção nas relações sociais, de modo a garantir um maior e justo equilíbrio, mas de garantia do pleno exercício das liberdades individuais, da tutela da propriedade e da liberdade de contratar.

É falsa, portanto, a concepção de um Judiciário preocupado em algum grau com a realização de uma justiça socialmente considerada, macro, como o aperfeiçoamento do equilíbrio entre os litigantes partindo da consideração das suas desigualdades concretas.

O individualismo é, assim, um dos pontos fortes de influência das premissas liberalistas no modelo de interpretação das regras de Direito.

Vale notar que esse caráter não intervencionista da atuação jurisdicional do Estado, em relações jurídicas cada vez mais preservadas no seu individualismo, já restava consignado por Pasukanis, quando dizia que toda relação jurídica é uma relação entre sujeitos, sendo este considerado pelo autor "o átomo da teoria jurídica".[26]

A construção das balizas normativas que deveriam nortear a atuação jurídica e jurisdicional do Estado é constantemente constituída com um peso cada vez maior, sempre no sentido de garantir, com maior grau de profundidade, as individualidades. Assim, a Declaração Universal dos Direitos do Homem de 1948. Praticamente todas as suas determinações são direcionadas ao indivíduo, em especial a redação do artigo X, garantindo especificamente ao sujeito de direito a prerrogativa da tutela jurisdicional do Estado.

O mesmo se verifica com relação ao Pacto de San José da Costa Rica, de 1969, que, apesar de mencionar em seu preâmbulo a "liberdade pessoal e justiça social", por certo visava à prevalência daquela sobre esta, podendo ser vistas como

---

25. *Do Estado Liberal ao Estado Social.* 7. ed. São Paulo: Malheiros, 2001, p. 40.
26. *Teoria geral do Direito e o marxismo*, p. 81.

fundamentos antagônicos, se consideradas as premissas ideológicas estabelecidas por Kant, como posto acima.

O caráter individualista se revela, ainda, quando da análise dos artigos da Convenção dos Estados Americanos, do qual o Brasil é signatário desde 1992, que a todo instante se manifesta diretamente em relação aos direitos da "pessoa", especialmente no seu artigo 8, quando, dispensando tratamento as garantias judiciais, diz que "toda pessoa terá direito de ser ouvida, em tempo razoável perante tribunal ou juiz competente".

No caso do ordenamento jurídico interno, a Constituição de 1946 passou a tratar da garantia do direito de ação, fazendo-o de modo expresso em relação ao indivíduo,[27] considerado aqui sujeito de direito, o que restou inalterado no artigo 150, § 4.º, da Constituição de 1967, posteriormente emendada em 1969, que nominava seu capítulo IV como "Direitos e Garantias Individuais".

Nessa linha, seguiram em nosso país as legislações processuais nacionais, tanto de 1939 quanto de 1973 e agora 2015.

Quanto à Constituição Federal de 1988, avanços reconhecidamente ocorreram, ainda que de modo tímido e formal. O capítulo I passa a aludir, de maneira expressa, a "Direitos e Garantias Individuais e Coletivas", excluindo-se da redação relativa à inafastabilidade da tutela jurisdicional, artigo 5.º, XXXV, a restrição individual.

Outra inovação trazida à luz pela atual Constituição brasileira é o fato de ter destinado capítulo específico aos direitos sociais, ainda que de modo programático, o que, por certo, não satisfaz as necessidades de seus destinatários,[28] mas, ao contrário, cria um cenário de perturbação, tanto das instituições, que, comprometidas com a tutela dos interesses dos detentores reais de poder, se veem em alguns pontuais momentos pressionados a efetivar tais direitos imaginados, inicialmente, como mero adorno legislativo, quanto em relação à própria sociedade, que, diante da resistência do Legislativo e do Executivo em realizar tais direitos, se vê na necessidade de bater às portas do Judiciário para garanti-los.

O tratamento dispensado ao princípio da inafastabilidade da tutela jurisdicional do Estado como garantia de natureza coletiva, no seu artigo 5.º, XXXV, assim como a disciplina sobre os direitos de natureza social, são fruto certamente dos movimentos populares e de organizações representativas verificadas nas décadas de 1970 e 1980. Contudo, como adverte a doutrina de Miguel Lanzellotti Baldez, não obstante o processo positivo de desindividualização da relação jurí-

27. Artigo 141, § 4.º. "A lei não poderá excluir da apreciação do Poder Judiciário qualquer lesão de direito individual".

28. Não obstante as Constituições anteriores dispensarem tratamento a alguns dos direitos sociais, em regra o faziam de modo a legitimar a atuação econômica, como as questões relativas às condições de trabalho.

dica material por meio do reconhecimento dos direitos coletivos, difuso, coletivo e individual homogêneo, há uma reversão, ou seja, um processo de reindividualização a partir da relação jurídica processual, especialmente com relação à legitimação para demandar tais direitos.[29]

Ainda com relação à individualização das tutelas coletivas, é preciso considerar o parâmetro legal utilizado na resolução dos conflitos dessa natureza, que, por ser inadequado, nada sistemático, conduz a um processo de ordinarização do procedimento, com fundamento no Código de Processo Civil, que, constituído para regular conflitos puramente individuais, mostra-se plenamente insuficiente para tutelar as questões de natureza coletiva.

Percebe-se, no entanto, que o indivíduo, considerado no seu eu, visto ontem como a base do desenvolvimento da razão, é, hoje, alvo de um processo de degradação e alienação a partir da técnica que lhe é imposta pelas consequências decorrentes da própria razão por ele criada.

Como pondera Max Horkheimer, "a crise da razão se manifesta na própria crise do indivíduo, por meio do qual se desenvolveu". Observa esse autor, que foi um dos cofundadores da Escola Crítica de Frankfurt, que, na medida em que é o poder sobre as coisas que determina o poder social, é imposta ao indivíduo cada vez mais a necessidade de ter, o que o conduz naturalmente a um distanciamento da razão.[30] Diferentemente do que se via nos períodos que antecederam a manifestação revolucionária francesa, quando o poder se transferia hereditária e independentemente das posses, nos dias atuais, o exercício do poder não se apresenta mais relacionado aos títulos pessoais, ao sobrenome da família, mas em razão da capacidade de influência nas esferas de dominação, o que, a nosso ver, se concentra na capacidade de influência política e econômica[31]. Em outras palavras, a razão, fruto do imaginário individualista, que se resolve na técnica, se volta contra o próprio indivíduo, que apenas consegue agir na preservação do seu eu.

O cenário que hoje se tem de estruturas do Estado condicionadas pelas ideologias de dominação tanto política quanto econômica, transformando-o em aparato de garantia das plenitudes individualistas, justifica, de algum modo, as dificuldades que se percebem, em todas as esferas do Estado, em especial na atuação jurisdicional, de realizar algum tipo de direito ou de política de lavra social.

29. *Notas sobre a democratização do processo*, p. 252.

30. *Eclipse da razão*. Tradução de Sebastião Uchoa Leite. São Paulo: Centauro, 2002, p. 133.

31. Um sujeito que, mesmo sem trazer consigo herança familiar de qualquer ordem, por alguma surpresa da vida venha a ser o sujeito mais votado em uma eleição majoritária, passa imediatamente a exercer certo poder no processo eleitoral. Contudo, é frágil e momentânea a sua substituição do sujeito titular desse poder até com certa dose de rapidez, é condição estruturante para a conservação do sistema de dominação.

Aqui está a raiz da problemática sobre as decisões judiciais arbitrárias, inadequadas, além de finalisticamente equivocadas sobre temas de direitos sociais e políticas públicas.

Diversamente do que se afirma, os problemas da atuação jurisdicional com relação à efetivação de direitos e garantias ditas fundamentais não é de estrutura, seja legal ou administrativa, mas de ideologia.

A magistratura, por exemplo, possui em sua gene uma mentalidade elitizada, que a impede, ainda que de modo inconsciente, de reconhecer seus limites, valendo-se da imposição de suas decisões como forma de reafirmar um poder não mais compatível com as necessidades de realização dos direitos de natureza social, que pressupõe um processo de deliberação.

Ressalte-se que a característica elitizada da magistratura, assim como também do Ministério Público, da advocacia, enfim, não decorre necessariamente da classe social à qual, em regra, pertencem os integrantes de um e outro, mas sim de um histórico de comportamento de um tradicionalismo que não se justifica, conjugado às características de sua formação e reafirmação ao longo do tempo, de que o magistrado e/ou o membro do Ministério Público e/ou de qualquer daqueles que atuam na esfera jurisdicional, é detentor de algum poder.

Entre tantos tradicionalismos apontados pela doutrina sempre lúcida de Dalmo de Abreu Dallari, que vão desde a linguagem rebuscada, às vestes seculares, especialmente da magistratura, chama a atenção o autor para a mentalidade do Judiciário, que se mostra inalterada, com algumas pontuais tentativas de mudanças que se apresentam insuficientes. Segundo Dallari:

> "Um aspecto importante da velha mentalidade é a convicção de que o judiciário não deve reconhecer que tem deficiências nem pode ser submetido a críticas, pois tamanha é a magnitude de sua missão que seus integrantes pairam acima do comum dos mortais."[32]

Já se viu, nas subseções do primeiro capítulo, que a dominação das funções do Estado, sobretudo quanto à jurisdicional, não se dá de modo direto, mas pela via indireta, qual seja da legislação à qual está vinculado em razão do sistema de legalidade imposto ao magistrado, bem como pelos limites dos fatos narrados pelas partes do processo e do pedido apresentado pelo autor.

Portanto, em um cenário como esse, de dominação, a magistratura nada pode, figurando apenas como o executor, quase que em um processo mecanicista de subsunção da norma ao fato, justificando o velho brocardo "*dá-me os fatos que lhe dou o Direito*".

A chamada Ciência do Direito Processual igualmente sofre com a imposição dos limites individualistas dados pelos teóricos liberalistas. O direito processual,

---

32. *O poder dos juízes*. 3. ed. São Paulo: Saraiva, 2008, p. 7.

incubadora de grande parte dos projetos legislativos sobre o tema, é também, por essa razão, fonte de dominação da atuação jurisdicional.

Dessa forma, são construídas teorias processuais que, à margem do cenário político-econômico-social em que inseridas, impõem ao aplicador do Direito a mera função de executor.

É assim, com a concepção equivocada de lide posta por Liebman, pela qual se consideram os limites de atuação do magistrado a partir do pedido do autor, partindo-se da falsa premissa de que este é senhor de seus direitos.

À lide, como conceituada por esse processualista italiano, considerada como indicativo do pedido, nos exatos limites narrados pelo autor em sua inicial, soma-se a exigência de provocação da jurisdição, decorrente da imposta característica da sua inércia, a expressão máxima do êxito atingido pelos liberalistas de inserir limites à atuação jurisdicional do Estado. A partir desse conceito, atua a jurisdição nos estritos limites daquilo que pleiteado pelo autor, ou seja, preserva-se a liberdade de se permitir a atuação da jurisdição quando e nos limites estabelecidos pelo autor.

A partir desse conceito de lide, de correlação entre pedido e sentença, afastam-se todas as mínimas possibilidades de se considerar as desigualdades concretas existentes entre as partes do processo.

Miguel Lanzellotti Baldez, trazendo à luz as observações de Vittorio Denti, anota que o processo se constitui em instrumento apenas aparentemente neutro.[33] E continua, afirmando que:

> "Na verdade, na medida em que o processo tem no fato jurídico a sua razão de ser, parece inevitável que no fato afirmado e no subseqüente fato suporte da sentença judicial repercutam, além da eficácia jurídica do fato, selecionada pelos limites formais da causa de pedir, as contradições econômicas, sociais, políticas e culturais da sociedade."[34]

Vazio, portanto, de qualquer razão ideológica combativa dessas características privatistas do processo contemporâneo, o debate constantemente travado pela doutrina sobre os poderes de instrução do juiz, tendo em vista que os limites de atuação já lhe foram dados pelos próprios contornos estabelecidos pelos fatos narrados na petição inicial do autor, bem por seu pedido.

Não nos convence a tese de que dar maiores poderes de instrução ao juiz é o caminho para ofertar ao processo uma maior carga de publicismo, ou que, ao contrário, como afirmam os garantistas, que tais poderes permitiriam arbitrariedades no desenvolvimento do processo.

---

33. *Notas sobre a democratização do processo*, p. 252.
34. *Ibidem, loc. cit.*

Em verdade, mostram-se insuficientes, a nosso sentir, tanto a tese que prega uma maior necessidade de ampliação dos poderes instrutórios do juiz quanto a tese garantista, defendendo, opostamente, uma maior restrição, vez que um e outro ignoram que, em verdade, os limites da desigualdade processual não estão nas provas, mas nos fatos que lhe são dados pelas partes e pelo pedido do autor. Posta essa premissa, pouco importam os limites instrutórios do juiz.

As provas apenas reproduzem o cenário de desigualdade estabelecido pela realidade de vida das partes, enquanto sujeitos sociais.

Luiz Guilherme Marinoni, valendo-se dos ensinamentos de Adolfo di Majo, observa que a opção pela tutela ressarcitória como forma de recompor o valor econômico da lesão sofrida com o ato ilícito é resultado também dos ideais liberais impostos ao sistema jurisdicional contemporâneo. Partindo da igualdade formal, destaca o autor, é razoável que a reparação se mostre como o caminho da recomposição do prejuízo. Desse modo, não pode haver interferência do Judiciário visando a estabelecer tratamento diferenciado a quem quer que seja. Toma-se, nessa forma de pensamento processual liberal, o inadimplemento, e não o ilícito, como ato contrário ao Direito, segundo Marinoni.[35]

2.2 Política jurisdicional e processo de politização da jurisdição

A politização da jurisdição é uma forma de individualizar as necessidades de ordem social. Aquilo que competiria ao Estado realizar, face à sua coaptação pelas estruturas de interesses, passa às mãos do Judiciário. Essa fragmentação das necessidades sociais é uma forma de diluir o impacto na esfera econômica dos responsáveis pelos chamados serviços essenciais.

Adverte Carl Schmitt que "o conceito de Estado pressupõe o conceito de político".[36] Não se nega, portanto, que o Estado seja um "*status* político", para usar expressão do autor,[37] mas é preciso ter em vista que a natureza política não pode ser restringida ao que pertence ao Estado, considerado aqui no sentido restrito, como indicativo de alguma atividade pública.

Como observa Schmitt, essa tendência nos traz um resultado pouco satisfatório.[38]

Por essa via, entendemos por político,[39] no presente trabalho, o próprio ambiente de desenvolvimento da sociedade, aí inseridos os sujeitos, as institui-

---

35. *Tutela específica*. 2. ed. São Paulo: Revista dos Tribunais, 2001, p. 18.

36. *O conceito de político: teoria do partisan*. Tradução de Geraldo de Carvalho. Belo Horizonte: Del Rey, 2009, p. 19.

37. *Ibidem, loc. cit.*

38. *Ibidem*, p. 21.

39. Que não se confunda a natureza política, que é da essência dos elementos que compõem uma sociedade, com a dominação política, articulações visando a fazer

ções, os sentimentos, os comportamentos necessários ao processo de colaboração e de integração do coletivo, o que Schmitt denomina de "Estado total", ou seja, o resultado da fusão entre o Estado e a própria sociedade.[40]

Não se pode, contudo, deixar de considerar o fato de que igualmente estão inseridos nessa ideia de Estado total, atuando como contraponto da integração colaborativa, os mecanismos de dominação já interiorizados pela sociedade contemporânea e que tendem ao aprofundamento do isolamento subjetivo.

Portanto, a própria concepção de justo, de solidário, de democrático é de essência política, o próprio sujeito social é político, como já dizia Aristóteles em sua "A Política", e, por certo, a atuação jurisdicional igualmente o é. Resta saber qual a intensidade e as características ideológicas desse elemento político, tudo a restabelecer os limites de sua interferência no exercício da função jurisdicional.

Apesar de aludirmos no título à função jurisdicional, o Supremo Tribunal Federal será o grande norte da reflexão, isso por uma questão de ordem lógica e natural, tendo em vista a função de guardião constitucional que lhe fora atribuída, modelo semelhante aos demais países onde impera a separação de poderes, a autonomia formal das instituições jurisdicionais e sua forma piramidal decorrente da superada tese do juspositivismo, além das medidas de segurança jurídica tão fundamentais às ideologias liberalistas ainda marcantemente presentes em todo o sistema jurídico.

Nesse sentido, os conflitos ocorridos no seio da sociedade, desde que envolvendo temas preservados pela Constituição Federal, tendem a desaguar na Suprema Corte. Ocorre que, em países como o Brasil, onde se adota um modelo proposital de ampla constitucionalização das relações sociais, provocando um processo de ordinarização de suas normas, somado à insuficiência funcional dos demais poderes, a busca pelas manifestações da Suprema Corte mostra-se intensificada, gerando outra série de problemas, tais como a quebra dos limites fronteiriços entre os Poderes Judiciário, Executivo e Legislativo, bem como as tentativas quase que inesgotáveis de seu envolvimento por aqueles que, a depender das relações políticas ou de capital, buscam estabelecer, o que se dá, já vimos, não por vias escusas, mas pelo próprio sistema de legalidade estabelecido.

Tal afirmação, ressalte-se, não significa que eventualmente nossa análise não resvale nos demais níveis da estrutura jurisdicional brasileira.[41]

prevalecer as desigualdades sociais e o fortalecimento de privilégios.

40. *O conceito de político: teoria do partisan*, p. 21.

41. No caso específico do STJ, o processo de dominação é contínuo e adota outras vias, que vão desde a constante modificação das normas jurídicas, em paralelo ao fortalecimento da legalidade, até a criação de mecanismos de vinculação das decisões, precedentes, súmulas, repercussão geral.

Como visto na subseção 2.1, a implantação dos ideais liberais, em especial a ideia de um Estado dividido em funções autônomas, trazidas ao grande público pelas mãos de Montesquieu, em seu *O Espírito das leis*, deu aos órgãos responsáveis pelo exercício da jurisdição a tarefa de, analisando o caso concreto, sempre nos limites da lide posta em juízo pelo autor, observar a norma que a ele mais se amolda, visando eliminar aquele fator de tensão social.

Essa característica da função jurisdicional de aplicação da norma ao caso concreto, buscando eliminar os conflitos de interesses, potencializou a relevância do positivismo jurídico e, consequentemente, do sistema de legalidade estrita, o que facilitou sensivelmente o processo de dominação da função jurisdicional, tanto pelo poder econômico quanto pelo poder político.

Em verdade, a análise dos elementos históricos, partindo do período pré-Revolução Francesa, revela com suficiente dose de clareza que o desenho institucional que já começava a ser rascunhado reservava à função jurisdicional nada mais do que a tarefa de subsumir as determinações contidas na norma ao caso concreto, com fins a eliminar os impasses verificados na sociedade, regulando o exercício das liberdades, em especial aquela de natureza individual.

Não é sem propósito que o Código de Processo Civil de 1973 determina, em seus artigos 126 e 127, que o juiz deverá atuar nos limites da legalidade estrita, podendo decidir por meio da equidade somente nos casos em que a própria lei o permitir.

Na forma social capitalista, o devido controle da atividade jurisdicional é medida que se impõe, o que justifica a ideologia que fundamenta o controle de constitucionalidade, a segurança jurídica, a inércia da jurisdição, os limites do dispositivo, a legalidade estrita.

Mantidas essas características liberais, a atividade jurisdicional não deveria se constituir na preocupação maior dos detentores do poder, servindo essa rota apenas como via residual e devidamente controlada pela adoção dos mecanismos acima anotados na eliminação das lides. Nesse sentido, seriam o contrato e a propriedade, no direito material, e o procedimentalismo técnico, no processual, suas grandes e suficientes necessidades, devendo sofrer apenas ajustes de tempos em tempos, a depender das necessidades políticas ou econômicas de cada época.[42]

Esse cenário começa a se transformar, pelo menos de modo mais intenso, a partir da formal implementação do denominado Estado Social e Democrático, sobretudo após o segundo pós-guerra, e, no caso específico do Brasil, intensifi-

---

42. Assim, durante todo o século XX e início do século XXI, o que se viu foi apenas um processo de adaptação das normas processuais (leis processuais estaduais, Códigos de Processo Civil de 1939 e 1973, e as leis reformistas que se seguiram até os dias de hoje) às necessidades políticas e econômicas, mantendo-se praticamente intactas as suas ideologias.

cado pelo modelo político adotado na Constituição Federal de 1988, de reforço dos poderes do Judiciário.

Outro fator de relevo, e que precisa ser levado em conta, é que a dominação por meio da força passou a ser vista, em especial na segunda metade do século XX, como inadequada até mesmo sob o viés econômico, surgindo a democratização formal, principalmente de países periféricos, como a alternativa mais adequada em razão do seu ar de passividade e acessibilidade, bem como do discurso da liberdade e da igualdade. A crença na democracia conduz a sociedade a uma passividade necessária à continuidade do processo de exploração.

O aperfeiçoamento dos mecanismos e dos caminhos de mercantilização, como a globalização, e, em particular, aqueles destinados à alienação social, como as mídias, igualmente contribui para a necessidade de se politizar a atuação jurisdicional, por duas razões: a) primeiro, porque impuseram um sensível crescimento na necessidade de atuação do Legislativo, tanto em relação aos chamados novos direitos quanto na regulamentação dos direitos já postos na Constituição como cláusulas programáticas, e, na medida da sua inércia, se impõe ao Judiciário, nominalmente, ao STF, a necessidade de fazê-lo; e b) segundo, porque permitiu desnudar a ineficiência da atuação do Legislativo e do Executivo, expondo os mapas do processo de encampamento das estruturas públicas em benefícios particulares, impondo-lhes a necessidade de adoção de instrumentos tipicamente jurídicos, como forma de evitar a atuação do Judiciário em questões de prejuízo interno, provocando uma invasão dos limites dos poderes, na visão de Patrícia Carvalho Ribeiro.[43]

Segundo pondera essa autora, com fundamento na doutrina de Tate e Vallinder, duas são, portanto, as vias de judicialização da política: a) o Judiciário, que, se imaginando no dever de fazer atuar os direitos constitucionalmente previstos e não realizados pelo poder político, o faz por meio de sentenças impositivas e individuais; e b) o Legislativo e o Executivo, que, se valendo de mecanismos estritamente jurídicos, resolvem ou tentam resolver nos limites dos seus respectivos territórios matérias que essencialmente fogem de sua alçada.[44]

---

43. *Judicialização da política: estudos de caso*. 2008. Monografia (Curso de Especialização em Instituições e Processos Políticos do Legislativo) – Centro de Formação, Treinamento e Aperfeiçoamento da Câmara dos Deputados (Cefor), Brasília, 2008. Disponível em: <http://www2.camara.leg.br/responsabilidade-social/edulegislativa/educacao-legislativa-1/posgraduacao/arquivos/publicacoes/banco-de-monografias/ip-2a-edicao/PatrciaCarvalhoRibeiro.pdf>.Acesso em: 10 mar. 2013, *passim*. Exemplo claro dessa realidade se tem no momento em que preparamos o presente trabalho, no caso em que um determinado deputado federal, nada obstante condenado à pena de regime fechado em instância final por crimes contra o patrimônio público, teve recusada a sua cassação no Legislativo.

44. *Ibidem*, p. 17. Além do caso das Comissões Parlamentares de Inquérito (CPIs) e das Comissões de Ética elencadas pela autora, podemos incluir nesse rol o próprio Conselho Nacional de Justiça, que, com o discurso de regular a atuação administrativa do Poder Judiciário, tem tomado decisões no mínimo discutíveis de natureza legislativa e jurisdicional.

Os direitos sociais, observa a doutrina de Mauro Cappelletti,[45] impõem a necessidade de outro modelo de Estado, além de nova postura da atuação jurisdicional.

Favorável a uma postura mais intervencionista do Judiciário, entende esse autor italiano que, postas as premissas constitucionais para o implemento contínuo dos direitos sociais, é fundamental que os juízes participem desse processo, exigindo do Estado a efetivação desses direitos.

Tal afirmação de Cappelletti só faz algum sentido, podendo ser aceita como correta, em se imaginando outro modelo de atuação jurisdicional, que se distancia dos métodos tradicionais de decisões impositivas, normativistas e individualistas, especialmente no processo de implementação das chamadas políticas públicas.

A atuação jurisdicional deve ocorrer em um fluxo de interação e integração com a sociedade, e não com as estruturas já comprometidas do Estado, mais próximo do que Habermas denomina de ação comunicativa, ou seja, o estabelecimento de condições sociais de deliberação.

Necessário considerar, ainda, a própria condição do Estado de ente de fomento dos mecanismos de capital e político, e não de direitos sociais. Chamado a atuar nesses casos, o Estado, além de visivelmente não saber como fazê-lo, não possui recursos[46] para tanto, tendo em vista o seu comprometimento com o sistema de capital e o sistema político.

Outro fator de relevo no processo de politização da atuação jurisdicional apontado por Cappelletti diz respeito ao redirecionamento das atividades legislativas. Conforme observa o autor, valendo-se das palavras de Sir Kenneth, ao mesmo tempo em que se impõe uma maior atuação legislativa em face do maior movimento e necessidade social, acentua-se o crescimento de tarefas de natureza político-partidária assumidas pelos legisladores, obrigando-os a transferir a outrem a função de regular o exercício dos direitos sociais, ou seja, verifica-se, nesse passo, um processo de abdicação legislativa, nas palavras de Kenneth.[47]

É possível que, diante de afirmações dessa natureza, apresente-se um questionamento comum, qual seja: como se justificam, frente a essas afirmações, as recentes decisões do STF sobre direitos fundamentais?

---

45. *Juízes legisladores*? Tradução de Carlos Alberto Álvaro de Oliveira. Porto Alegre: Sérgio Antonio Fabris Editor, 1999, p. 42.

46. Importante ressaltar que não se está aqui afirmando sobre a inexistência de recursos nos caixas do Governo, o que sabidamente não é verdadeiro. O que se prega é que, nas situações em que há necessidade de se decidir onde e como aplicar tais recursos, a prioridade não é dos direitos sociais, mas sim de sustentação das políticas econômicas, em especial as de natureza privada.

47. *Juízes legisladores*?, p. 43.

Em um cenário como esse, de dominação das estruturas do Estado por sistemas de política e de capital, a tutela realizada pelo STF de direitos sociais, ditos de dignidade da pessoa humana (violência contra a mulher e contra os homossexuais, aborto de anencéfalos, a condenação de um ou outro corrupto, casamento de pessoas do mesmo sexo etc.), ou seja, decisões sobre questões que não interfiram, ou que pelo menos não desestruturem o sistema de capital ou o sistema político, são bem-vindas, pois provocam na sociedade uma imagem, uma sensação de imparcialidade, de credibilidade.

Contudo, questões como soberania, segurança jurídica, isonomia, imparcialidade, direitos sociais (estes quando em conflito com o sistema de capital ou o sistema político), separação de poderes e as próprias garantias do processo são abandonadas, ou observadas apenas de modo aparente, e ainda com mais ênfase nos momentos de crise do Estado, sendo históricos, e não isolados, os exemplos, situação essa legitimada pelo exercício da função jurisdicional, permitindo uma falsa percepção de legalidade e legitimidade desse processo.

É relevante frisar que o processo de judicialização da política se dá por caminhos e fatores múltiplos, não se restringindo à relação horizontal entre os poderes.

A atuação do Ministério Público e da própria Defensoria Pública, bem como dos partidos políticos, em especial, mas não de modo exclusivo, na atuação das ações coletivas, em particular da ação civil pública, tem contribuído para o aperfeiçoamento desse cenário.

É igualmente importante reforçar que o processo de judicialização da política não necessariamente decorre de distorções ou de manobras institucionais com fins a impedir a adequada atuação dos órgãos jurisdicionais.

No caso específico do Ministério Público e das Defensorias Públicas, a tentativa de politização de sua atuação visa exatamente a criar obstáculos e condições de controle de suas ações face ao sensível crescimento da atuação dessas instituições, sobretudo em relação às demandas coletivas envolvendo a defesa de direitos de natureza social e coletiva.

Como bem assevera Rogério Bastos Arantes, a normatização dos direitos coletivamente tutelados, como meio ambiente, consumidor, patrimônio cultural, erário público, saúde, educação, moradia e probidade administrativa, somada à criação de mecanismos processuais de tutela desses direitos, em especial a ação civil pública, e ladeada ainda pelo considerável crescimento da atuação do Ministério Público na tutela desses direitos, é certamente um fator positivo desse processo de politização.[48] Assim também o crescimento, ainda que em menor escala, das ações populares.

---

48. Direito e política: o Ministério Público e a defesa dos direitos coletivos. *Revista Brasileira de Ciências Sociais*, São Paulo, v. 14, n. 39, fev. 1999, *passim*.

É preciso levar em conta o fato de que grande parte das atividades de exploração do poder do capital e do poder político está, de algum modo, inserida nos direitos coletivos, sendo o Ministério Público peça importante nesse cenário.

A criação das Defensorias Públicas, apesar de ainda encontrar-se em condição bastante deficitária, embrionária, segue no mesmo sentido. A conquista de sua legitimidade para a propositura de demandas coletivas, o que se deu com o advento da Lei n. 11.448/2007, e, mais recentemente, com a obtenção da autonomia orçamentária, fortalece a atuação dessa instituição, de modo a trazer como consequência um crescimento das questões políticas em juízo, restando ainda o debate quanto à legitimidade para a instauração de inquérito civil.

Por outro lado, como aponta Rogério Arantes, a conquista da autonomia do Ministério Público, iniciada antes mesmo do advento da atual Constituição, impôs à instituição a necessidade de uma atuação mais sensível no cenário político, o que, segundo o autor, se deu por meio de "*lobbies* eficientes dos integrantes da instituição junto aos poderes Executivo e Legislativo".[49]

Ainda segundo o mesmo doutrinador, o próprio Código de Processo Civil de 1973 serviu de base para a manutenção da atuação do Ministério Público nas demandas civis, o que, de certo modo, se repete no CPC/2015, estabelecendo que o processo será considerado nulo caso não se verifique a manifestação do Ministério Público nas situações consideradas de interesse público, tendo sido o próprio conceito de interesse público modificado na doutrina por influência da instituição, permitindo, de acordo com o autor, a transformação do MP de representante do Estado em representante da sociedade,[50] partindo-se, agora a nosso ver, da equivocada premissa de que a sociedade se mostra incapaz de tutelar os seus próprios interesses, caminho político esse que vem sendo repisado pela Defensoria Pública na conquista das mesmas garantias já atribuídas ao MP.

A atuação mais contundente do Ministério Público, exatamente nos casos envolvendo limitações aos poderes político e econômico, levou o Congresso Nacional, a tentar impor limite ao poder de investigação do MP, não se concretizando tal intenção em razão das pressões populares ocorridas na ocasião.

Igualmente no caso da Proposta de Emenda Constitucional (PEC) 2001, que visa a modificar a Constituição do Estado de São Paulo, para centralizar na pessoa do procurador-geral do Estado a legitimidade para investigar casos de improbidade administrativa relativos a prefeitos.

No ano de 2007, a Associação Nacional dos Membros do Ministério Público propôs, junto ao STF, a Ação Direta de Inconstitucionalidade (ADIn) n. 3.943,

---

49. *Ministério Público e política no Brasil*. São Paulo: Sumaré/Educ, 2002 *apud* MACIEL, Débora Alves; KOERNER, Andrei. Sentido da judicialização da política: duas análises. *Revista Lua Nova*, São Paulo, n. 57, p. 113-133, 2002, p. 118.

50. *Ibidem*, p. 119.

contestando a constitucionalidade da Lei n. 11.448/2007, que incluiu, no artigo 5.º da Lei de Ação Civil Pública, Lei n. 7.347/1985, a Defensoria Pública como legitimada a propor tal espécie de ação, julgada improcedente.

Por outro lado, a Defensoria Pública não só sustenta a adequação de sua legitimidade para a propositura de ação civil pública, como ainda entende que tal permissão traz a reboque a autorização implícita para a condução de inquérito civil.

Esse tema é um claro exemplo da atuação das instituições jurídicas aprofundando o processo de judicialização de questões políticas, nesse caso, institucionais, e que deve ser resolvido pelo Supremo Tribunal Federal.

Tal comportamento não é, por certo, exclusivo do Ministério Público ou da Defensoria Pública, mas sim das instituições representativas. A própria OAB se valeu do novo Código de Processo Civil para configurar os honorários como de natureza alimentícia, pleito antigo da instituição junto às instâncias jurisdicionais. Na mesma linha, os advogados da carreira pública conquistaram o direito aos honorários de sucumbência no novo Código de Processo Civil.

Quanto às demandas coletivas, apesar do inegável avanço obtido com o seu advento, bem como de sua capacidade de tutela de direitos da sociedade, possuem elas marcas profundas deixadas pelas claras tentativas de seu controle.

A questão da legitimidade ativa dessa demanda expressa bem o que se diz, assim como os limites impostos aos efeitos da coisa julgada que pesa sobre suas decisões, a impossibilidade de sua utilização para veicular questões relacionadas a tributos, contribuições previdenciárias, FGTS, em clara legislação em causa própria.

A opção feita pelo legislador de elencar os legitimados, de modo a excluir a sociedade, e impondo condições de formalidade para a sua representatividade por meio de associações, tais como a necessidade de pré-constituição, ainda que, nesse último caso, com expressa possibilidade de flexibilização pelas mãos dos magistrados, impede que a luta pelos direitos constitucionalmente postos se dê diretamente pelas mãos de seus próprios titulares, como se a sociedade fosse incapaz de gerir suas próprias necessidades.

Como bem pondera Rogério Arantes:

> "O paradoxo da criação da ACP [Ação Civil Pública] é que ela se deu no contexto da redemocratização do país, num momento de forte crítica às instituições estatais e de reivindicação da abertura do ordenamento jurídico à representação de direitos por organizações da sociedade civil, mas a legitimação do MP estava assentada na ideia e no princípio da hipossuficiência dessa mesma sociedade civil."[51]

---

51. Ações coletivas. In: AVRITZER, Leonardo *et alii* (Org.). *Dimensões políticas da justiça.* Rio de Janeiro: Civilização Brasileira, 2013, p. 502.

Adiante, conclui o autor, observando, acertadamente, a nosso ver, que:

> "Todavia, não se deve concluir dessa experiência que a sociedade brasileira estaria condenada à hipossuficiência em matéria de direitos coletivos. Do contrário, causa e consequência acabam se reforçando num círculo impenetrável: a sociedade civil incapaz requer um MP forte e o MP deve ser forte porque a sociedade civil e incapaz."[52]

Ainda quanto à legitimidade ativa das demandas coletivas, a opção pelo sistema *ope legis*, ou seja, o elenco preestabelecido dos legitimados pelas mãos do próprio legislador, impede que o magistrado observe adequada representatividade quanto aos interesses dos tutelados.

É possível, nessa última situação, que uma determinada associação promova demanda em completo desfavor dos associados, ou ainda sem que haja qualquer interesse dos mesmos no objeto da demanda. Verifica-se que a opção por tal sistema visa, claramente, a permitir um maior controle político sobre a atuação dos legitimados ativos das demandas coletivas, bem como impossibilitar que a sociedade assuma o controle da postulação judicializada.

É preciso ainda levar em conta, o que já tivemos a oportunidade de fazer durante o presente texto, que, independentemente da via processual adotada, a dominação mais profunda não se dá por essa última propriamente, mas pelo direito material. Fincadas as vigas de sustentação do processo de envolvimento do judiciário no campo do direito material, inclusive pela via constitucional, o processo se reduz a mero procedimento formal a ser cumprido.

Outro fator que merece considerações quando se trata da judicialização da política, e, sem dúvida, um dos mais relevantes, é a crescente interferência dos organismos internacionais, em especial de natureza econômica, no funcionamento, e até na forma procedimental de julgamento do nosso Judiciário, de modo a interferir sensivelmente na própria autonomia institucional, que, em nosso entender, não existe há tempos.

A função jurisdicional está, assim, envolta em uma série de dogmas jurídicos, sobretudo de natureza processual e política, que, se analisados a partir de uma realidade histórica, foram criados ou convertidos em instrumentos de manipulação ainda que indireta do sistema de decisões. O apego desmedido, quase inconsciente a esses institutos, torna a função jurisdicional uma aliada aos titulares do processo de opressão, transformando a atuação da jurisdição em um "bom negócio".

O que não é novidade. Como nos lembra a doutrina de José Rogério Cruz e Tucci, já no período da promulgação da *Lex Julia Privatorum*, em 17 a.C., buscou Augusto, por meio de um processo de manipulação das estruturas jurídicas, impor

52. *Ibidem*, p. 502.

limites à atuação jurisdicional, retirando poderes das mãos do pretor, que, até então, atuava com discricionariedade, resolvendo as questões que lhe eram postas de acordo com as suas peculiaridades, passando a regulá-las por leis específicas, o que transformou o pretor em mero aplicador de leis positivadas.[53]

Verifica-se que, mesmo antes da autonomia da forma política do Estado, as instituições sofrem um processo de manipulação, com o intuito de implementação de vontades subjetivas nem sempre destinadas à administração e à resolução de questões de interesse da sociedade.

Essa necessidade de dominação das estruturas judiciárias como lógica de implemento de mecanismos políticos e econômicos, de modo algum surge com a tripartição das funções do Estado. Em verdade, o desejo de dominação é inerente ao ser humano titular de algum poder, ainda que não político, econômico, mas sexual, moral, físico, como muito bem observa Foucault, em sua clássica "Microfísica do poder".

O que se dá com o advento da Revolução Francesa e a necessidade de implementação de seus ideais liberalistas é que o poder político e o poder econômico passam a atuar como as grandes matrizes da gestão social e institucional, de modo a servir um ao outro no processo de implementação dos seus ideais, o que resulta na necessária encampação das estruturas do Estado.

Seria estrategicamente sem sentido um processo de interdependência institucional que envolvesse isoladamente o Executivo e o Legislativo, se, ao final, pudesse o Judiciário, se verdadeiramente autônomo e imparcial, entender tal mecanismo contrário aos interesses da sociedade e, portanto, sem eficácia jurídica.

Não nos convence, desse modo, a alegação de que a necessidade de politização da atuação jurisdicional se dá restritivamente nos casos de democracia estabelecida, ou, no caso específico do Brasil, com o advento da Constituição Federal de 1988. O próprio silêncio do Poder Judiciário, em especial do Supremo

Tribunal Federal, diante das flagrantes violações de direitos humanos durante os momentos de crise do Estado, em particular na década de 1930, durante o golpe militar da década de 1960, e nas décadas de 1970 e 1980, é, para nós, marca indelével e inegável da interferência de interesses na atuação jurisdicional.

Igualmente não nos soa adequada a visão restritiva sobre a configuração da politização da jurisdição, considerando apenas o controle de constitucionalidade como parte desse processo, apesar de ser essa uma rota estabelecida inegavelmente com esse propósito.

Como anotam Luiz Werneck Vianna, Maria Alice Resende de Carvalho, Manuel Palácios Cunha Melo e Marcelo Baumann Burgos, a própria vitória dos liberais nas eleições de 1989, o que acabou por não significar a formação de um

53. *Jurisdição e poder*, p. 29.

consenso, exigiu a utilização pelo Poder Executivo de instrumentos, como as medidas provisórias, no sentido de forçar a abertura de novas rotas de desenvolvimento e atendimento das necessidades sentidas pelos liberais.[54]

Ainda com esses doutrinadores, é possível observar que as dificuldades enfrentadas pela economia nacional no final da década de 1980 e início da década de 1990, com reiterados insucessos de planos econômicos, exigiram medidas estruturadas e sistematizadas por parte dos neoliberais. Entre tais medidas, destacam os autores, a necessária promoção do Executivo "a um ator capaz de agir de modo oportuno e eficaz sobre a economia", o que lhe impunha uma maior autonomia, inclusive com a necessidade de deslocamento de barreiras de natureza constitucional.[55]

Ainda com olhos na doutrina desses autores, tem-se que "a ideia de público devia dar lugar à de privado; a de nação, à de indivíduo; a do primado do direito, à de eficiência econômica". É nesse contexto que a medida provisória deixa de lado o seu fim originário, de regulação de situações emergenciais, passando a exercer papel de lei, contudo, nascendo das mãos ilegítimas do Executivo.[56]

Por certo que a utilização das medidas provisórias não era o único caminho para a implementação das necessidades desenvolvimentistas assumidas pelos Governos da época. As leis brotadas das mãos do Congresso Nacional caminhavam em sentido não diverso, mas que, pelas exigências procedimentais legislativas, se impunha como rota mais sinuosa.

O resultado de tal comportamento do Executivo, de assumir o papel de agente de fomento do sistema econômico, valendo-se das medidas provisórias para burlar o mecanismo legiferante estabelecido com a repartição das funções, não correndo com isso os riscos naturalmente existentes em um processo de maioria, como ocorre com o Legislativo, é a imposição ao Judiciário do controle sobre a constitucionalidade de tais medidas.

Como anota Leonardo Avritzer, a inovação trazida pela Constituição Federal de 1988 no sentido de ampliação dos legitimados à propositura das ADIns, incluindo no rol a OAB, bem como as entidades representativas, permitiu um

---

54. *A judicialização da política e das relações sociais no Brasil.* Rio de Janeiro: Revan, 1999, p. 49.

55. *Ibidem, loc. cit.*

56. *Ibidem, loc. cit.* Os autores ofertam alguns dados que indicam bem a função assumida pelas medidas provisórias no início da década de 1990. Anotam que, no Governo Sarney, 50,3% dessas medidas, ou seja, 74 do total de 147, tiveram natureza econômica; já no Governo de Itamar Franco, 275 das 508, ou seja, 54,1%; no Governo Collor, 85 das 157, correspondendo a 54,1%; e no primeiro Governo Fernando Henrique Cardoso, 1.096 do total de 1.971, indicando 55,6%. Cf. *Ibidem*, p. 49-50.

maior controle sobre os atos normativos do Executivo e do Legislativo, o que, para o autor, resultou em um natural fortalecimento do Poder Judiciário.[57]

Não obstante concordarmos com a observação desse autor, é preciso ponderar que, na medida em que se dá poderes a determinados organismos, a exemplo da OAB, no caso das ADIns, de exercer certo controle sobre a atuação do Executivo no processo ilegítimo de legislar por meio de medidas provisórias, alimenta-se o processo de politização da atuação jurisdicional, visto que a não atuação daquele que detém algum grau de poder passa a ter um custo, sem falar no uso ideológico das ADIns.

Armando Castelar Pinheiro e Fabio Giambiagi comentam que, no caso específico da privatização da Companhia Vale do Rio Doce, o Governo teve de responder a 217 ações judiciais que visavam a impedir a privatização.[58]

Como ressalta Veridiana Alimonti, no período de 1989 a 2002, foram promovidas 28 ADIns apenas pelos partidos políticos, e, dessas, 14 só pelo Partido dos Trabalhadores (PT), seguido do Partido Democrático Trabalhista (PDT), do Partido Comunista Brasileiro (PCB) e do Partido Socialista Brasileiro (PSB), o que oferta às ADIns um claro caráter ideológico.

Nesse período, como aponta Alimonti, o processo de desestatização representava a necessidade de afastar a atuação intervencionista do Estado como forma de liberar a atuação econômica das amarras impostas por um Estado que buscava regular o sistema de capital, com fins a uma maior igualdade social.[59]

Valendo-se da doutrina de Peter B. Evans, observa a autora que os neoutilitaristas, incomodados com a atuação do Estado intervencionista, passam a enxergá-lo como mais uma possibilidade de maximizar seus interesses, "parecendo ilógico que as autoridades responsáveis se comportassem de forma consistente com o bem comum".[60]

É nesse cenário que surge, no ano de 1993, por meio da Emenda Constitucional n. 3, a Ação Declaratória de Constitucionalidade (ADECon), com o claro

---

57. Judicialização da política e equilíbrio de poderes no Brasil. In: AVRITZER, Leonardo *et alii* (Coord.). *Dimensões políticas da justiça*. Rio de Janeiro: Civilização Brasileira, 2013, p.215.

58. Os antecedentes macroeconômicos e a estrutura institucional da privatização no Brasil. In: PINHEIRO, Armando Castelar; FUKASAKU, Kiichiro. *A privatização no Brasil*: o caso dos serviços de utilidade pública. Rio de Janeiro: BNDS/OCDE, 1999, p. 32 *apud* ALIMONTI, Veridiana. *O controle de constitucionalidade das privatizações*: o contexto político e o tempo nos votos do Supremo Tribunal Federal. 2006. Monografia (Curso da Escola de Formação) – Sociedade Brasileira de Direito Público, São Paulo, 2006. Disponível em: <www.sbdp.org.br/arquivos/material/406_veridiana%20alimonti.pdf> Acesso em: 19 ago. 2014, p. 4-5.

59. O controle de constitucionalidade das privatizações: o contexto político e o tempo nos votos do Supremo Tribunal Federal, *passim*.

60. *Ibidem*, p. 9.

intuito de inibir os efeitos provocados pelos julgamentos não só da ADIn, que teve o rol de seus legitimados ampliados, mas também das demais ações que, com o advento da Constituição de 1988, tiveram a sua aplicação majorada em algum aspecto, a exemplo do mandado de segurança, que passou a ser admitido em âmbito coletivo, bem como da ampliação das hipóteses de cabimento da ação popular.

Passa então a prever a Constituição, em seu artigo 102, I, *a*, e § 2.º, a possibilidade de interposição da ADECon, ação de natureza objetiva, vez que não assume as características tradicionais do processo civil, não tendo, por exemplo, a figura de um réu nos moldes em que visto até então, tampouco permite a realização do contraditório (ao menos no sentido tradicional), tendo ainda caráter vinculante, de modo a impedir qualquer outro debate sobre a eventual declaração de que tal ou qual lei esteja em consonância com a Constituição, evitando apontamentos sobre eventuais vícios normativos verificados nas leis ou em atos normativos surgidos das mãos do Executivo ou do Legislativo.

Em paralelo a essa questão, caminha o debate sobre a composição do STF. Como regra, as tentativas de se estabelecer freios ao constante processo de transformação da Suprema Corte em órgão de chancela das vontades políticas e econômicas conduzem a um raciocínio equivocado, porque pautadas em premissas igualmente equivocadas.

Erro que se verifica com frequência nesse debate, por exemplo, é o da afirmação sobre a necessidade de se estabelecer outro modelo de nomeação dos ministros, ganhando também força a tese de mandato com tempo mais curto, como se fosse o tempo de permanência dos seus integrantes fator de relevo no processo de dominação. Definitivamente não o é, pelo menos não de modo isolado.

Mais uma vez, é de se ressaltar que o caminho da dominação passa com maior força pela legalidade, de modo que, estabelecidas as normas, sobretudo as de natureza constitucional, de acordo com os interesses de quem determina os rumos das instituições, aquele que nelas se insere invariavelmente será absorvido pelas características da estrutura. Por isso a importância da vinculação do juiz à lei e dos domínios dos mecanismos de imposição das normas. Por essa razão, sustentamos, aqui, que o poder político é tão dominante quanto o poder do capital. Aquele, sem este, não alcança as vias de dominação, ao passo que o capital, sem o poder político, é estéril.

Eis as razões pelas quais entendemos equivocada a modificação da composição e do tempo de permanência dos componentes dos tribunais superiores.

É vazio de significado, nos parece, retirar das mãos do Executivo e do Legislativo o poder de indicação e nomeação dos ministros dos superiores tribunais, se, por outro lado, reforçamos, com teses jurídicas acríticas e manualescas, a ideia de um Judiciário cada vez mais vinculado a parâmetros legais e jurisprudenciais.

Não foi outro o intuito, como bem apontam Gilberto Bercovici e Luís Fernando Massonetto, quando da articulação do direito financeiro com o direito econômico. Segundo afirmam os autores, essa opção "teve como ponto de convergência a organização jurídica do espaço político-econômico da acumulação, modulada de acordo com o regime econômico e com o papel atribuído ao Estado na estruturação do domínio econômico".[61]

Nessa linha, como bem pondera a doutrina de José Luis Bolzan de Morais, o fato de ser a Constituição Federal um instrumento eminentemente político não autoriza a sua transformação em programa de Governo, mas lhe impõe uma postura de projeto de Estado.[62] Mantido esse cenário, nas palavras de Bercovici, "as leis constitucionais só servem, então, para garantir o *status quo*".[63]

É ingênuo, a nosso ver, imaginar que, nesse cenário de conquista política e econômica, de uma visão propositalmente posta de legalidade, de confusão entre as funções institucionais, a atuação jurisdicional do Estado realizar-se-á de modo diverso, senão como mero órgão de afastamento de lides e de legitimação das opressões sociais, assim como se verificou durante todo o processo de industrialização do país, durante toda a duração do Regime Militar e no processo de privatização, só para citar três exemplos brasileiros.

Esse cenário não é resultado de simples acaso, mas de uma atuação sutilmente posta em decorrência de uma opção que fizemos quando da adoção do sistema de capital e do sistema político que aí estão.

Ressalte-se por mais uma vez, que se trata de opção política e econômica, válida, mas que nos impõe a consciência das consequências dessa escolha.

São externas, como se vê, as amarras que impedem o Estado e, consequentemente, o exercício da sua função jurisdicional, de convergir a sua atuação para a construção de uma sociedade mais equânime, mostrando-se absolutamente vazia de qualquer significado a tentativa de transformação dessa realidade a partir de reformas legislativas procedimentais, como rotineiramente se faz a partir da década de 1990.

A lógica de capital e a lógica política, aquela de acúmulo, esta de "poder", são incompatíveis com a efetivação de direitos sociais, como vimos, e, como não é novidade, sobretudo após as profundas ponderações da escola marxista e das escolas críticas que se seguiram.

---

61. *A Constituição dirigente invertida: a blindagem da Constituição financeira e a agonia da Constituição econômica*, p. 5.

62. *As crises do Estado e da Constituição e a transformação espacial dos direitos humanos*. Porto Alegre: Livraria do Advogado, 2002, p. 47. Ver, nesse mesmo sentido: BERCOVICI, Gilberto. Constituição e política: uma relação difícil. *Revista Luanova*, São Paulo, n. 61, 2004, p. 10.

63. *A Constituição dirigente invertida: a blindagem da Constituição financeira e a agonia da Constituição econômica*, p. 5.

Exatamente por essa razão, o próprio Estado tem visto as suas estruturas dominadas, de modo a impedir a sua ação, desarticulando os seus sentidos. O Estado, como vimos, não é um ser, mas uma reunião de microssistemas, inclusive e, sobretudo, o econômico e o político, de tal sorte que, a depender do momento histórico e do microssistema em que se consegue impor seus mecanismos e métodos, direciona-se a atuação do Estado. É necessário que o Estado se mova de acordo e sob as rédeas da sociedade, em um puro movimento de integração e deliberação, de modo, inexoravelmente, a incluir a atuação jurisdicional.

3

OS ESCOPOS DA JURISDIÇÃO E OS DESAFIOS DE SUA SUPERAÇÃO

3.1 A função educacional *da* jurisdição e *para* a jurisdição: a contribuição de uma nova racionalidade jurídica na transformação do exercício da função jurisdicional

O que é o Direito? Direito e justiça se equivalem? E a lei, é justa? Por que a justiça não é justa? Por que o simples fato de termos nossas ações julgadas por juízes diferentes implicam decisões diferentes, se a situação jurídica apresentada é a mesma? Existem casos juridicamente iguais? Por que os direitos fundamentais não são observados? Existem direitos que não são fundamentais? Por que o próprio sujeito que institui os direitos fundamentais (o Estado) não os cumpre? A quem interessa um processo célere: aos bancos, às empresas, ao Governo, que são os grandes demandantes no Judiciário brasileiro, ou à sociedade? Por que o fiscal da lei não fiscaliza a lei? Enfim, são inúmeros os dilemas ofertados por aquele que, de modo mais atento e com capacidade de olhar pela janela da história, consegue ir além das razões técnicas estabelecidas pelo e para o Direito, bem assim para o próprio exercício daquilo que se convencionou chamar de função jurisdicional.

Salvo raras exceções, tais questionamentos não são postos por aqueles que se propuseram a realizar o chamado Direito. Não são, portanto, fruto de reflexões jurídicas, mas sim postas por pessoas que estão fora desse mundo, a massa, os destinatários do resultado dessas ponderações.

Ao contrário, segue o jurista, em especial o processualista, na contramão do caminho capaz de nos conduzir ao entendimento e ao estreitamento do hiato entre a atuação jurisdicional e as necessidades difusas, de uma justiça integrativa, nascida da *deliberação*, e não da fantasiosa e formal concepção de *participação*[1] e ordinarização dos ritos, garantida pelas igualmente ilusórias garantias processuais guardadas pela Constituição Federal.

Com sensível intensidade, o século XX, marcado por acontecimentos históricos, políticos e econômicos não mais regionalizados, mas, ao inverso, globalizados, apresenta-se como o grande período de desenvolvimento da técnica, revelando-se esta como a grande pilastra de sustentação das teses rasas do Direito, sobretudo se colocadas diante dos dilemas sociais agravados nesse mesmo período.

Especificamente no caso do estudo da atuação jurisdicional, a técnica é tudo o que resta do contínuo processo de estreitamento e empobrecimento das pesquisas processuais,[2] dando azo ao surgimento de uma série de mitos, alguns muito bem observados pela doutrina de José Carlos Barbosa Moreira.[3]

Como anota esse lúcido processualista, os mitos construídos pela moderna ciência processual "turvam a nossa visão e nos induzem a caminhos pelos quais, em vez de avançar, corremos o risco de cair no mais profundo despenhadeiro".[4] Por isso, sustenta-se, no presente escrito, que a processualística jamais conquistou efetivamente a categoria de ciência, menos ainda a condição de ciência autônoma, visto estar estabelecida em velhas premissas.

É falsa, sob esse aspecto, a tese de que o direito processual teria conquistado tal condição já quando Adolf Wach e, mais adiante, Bülow observaram diferentes elementos de composição das relações jurídicas materiais e processuais.

Como já destacado durante o primeiro capítulo, essa autonomia corresponde apenas ao seu aspecto técnico, jamais de fundo, pautada em elementos substanciais da vida real.

A teoria de que o processo deve ser visto como instrumento de realização do direito material, ao contrário do que se possa imaginar, contribui para o aprofundamento dessa crise de identidade do sistema processual, reforçando, na mente dos personagens do sistema jurídico, a falsa, mas útil, concepção de que é o direito material que importa ser manejado, de que compete ao magistrado perseguir a entrega efetiva desse direito material, de que o processo deve ser flexibilizado objetivando esse escopo.

---

1. Remetemos o leitor para a próxima subseção, 3.2, na qual será tratada a questão da democracia deliberativa e participativa, buscando demonstrar as razões da adequação da primeira em detrimento da insuficiência da segunda para os desígnios que se pretende imprimir à presente tese.
2. Por certo que devemos guardar em outro escaninho, raras exceções a essa afirmação.
3. *O futuro da justiça*: alguns mitos. São Paulo: Saraiva, 2004. (Temas de direito processual, série 8), p. 1.
4. *Ibidem*, p. 12.

E ainda que se diga que a concepção mais adequada é a da instrumentalidade do processo como mecanismo de tutela de direitos fundamentais do homem, mostra-se ela igualmente imprópria, por continuar atuando com esteio em pilares tradicionais postos por um liberalismo hostil, como, por exemplo, o individualismo.

Tal autonomia e dependência do sistema jurídico processual em relação ao direito material parecem, mas estão longe de ser, paradoxais.

A dependência do processo em relação ao direito material, e deste ao sistema de legalidade, e deste, ainda, às necessidades de servir a grupos de interesses, nominalmente político e econômico, faz com que o aplicador do Direito não consiga, ou ainda pior, não possa olhar e atender às necessidades que estão para além desses limites, e, quando o faz, é para tutelar necessidades individuais. A consequência é a redução do sistema processual e da atuação jurisdicional a meros coadjuvantes no processo de se fazer prevalente interesses desalinhados com as necessidades sociais.

Essa vinculação do sistema processual ao direito material, legalista, elitizado e, principalmente, individualizado, como reiteradamente já se viu no presente trabalho, torna esvaziada qualquer tentativa, a exemplo daquela implementada por Franz Klein, em 1895, de efetivar a concepção de uma legislação processual (por meio do Código de Processo Civil austríaco) de contornos sociais, menos oligárquica.

Esse cenário não apresenta qualquer motivo para indignação, pois é fruto do afastamento que se fez sentir entre o estudo do Direito e a história, não a história de anedotas e cronologia apontada e criticada por Thomas Kuhn,[5] mas a História Nova, de que falam Jacques Le Goff, Lucien Febvre e Marc Bloc, capaz de contribuir com as transformações, uma história total.

Como observa Le Goff, não é possível a construção de uma História Nova sob premissas documentais velhas, sendo necessário desestruturar as bases informativas postas no passado. Anota, ainda, que "é preciso delimitar, explicar as lacunas, os silêncios da história (...)".[6]

É certo que o histórico de vida, modelado pelo ambiente em que inserido e pela linguagem que nos medeia, como bem ressalta Hans-Georg Gadamer,[7] estabelece os moldes para o comportamento do homem, contaminando, inclusive,

---

5. *A estrutura das revoluções científicas*. Tradução de Beatriz Vianna Boeira e Nelson Boeira. São Paulo: Perspectiva, 2009, p. 19. Observa esse autor que será vazio de significado, se, mesmo partindo da história, "continuarmos a procurar e perscrutar os dados históricos, sobretudo, para responder a questões postas pelo estereótipo a-histórico extraído dos textos científicos" (p. 19).

6. *A História Nova*. Tradução de Eduardo Brandão. São Paulo: Martins Fontes, 2005, p. 76.

7. *Verdade e método*, p. 234.

o seu pensamento científico, o que seria razão suficiente para colocar por terra a imagem de outra sociedade.

Indaga Gadamer se tudo estaria predeterminado. Questiona esse pensador se teria havido um "lance" dado antes mesmo da história do mundo, de modo a vincular o nosso pensamento à linguagem, criando uma rotina com parâmetros predefinidos.[8]

Observa, ainda, o autor que "o fato de nos movermos no mundo de linguagem, de estarmos inseridos em nosso mundo através da experiência pré-formada pela linguagem, não restringe nossa possibilidade crítica".[9]

Parece-nos ter razão Gadamer.

Assim, não se acredita que seja o sujeito quem define o ambiente à sua volta, mas o exato contrário. Nascendo em um meio que tem por idioma o português, invariavelmente será essa a sua língua; assim, terá por religião o catolicismo ao nascer em família que prega essa crença religiosa. A opção por modificar essa sua realidade igualmente se dá pelo histórico de vida e, em especial, pelo ambiente que está à sua volta; o preconceituoso não nasce preconceituoso, é isso.

Portanto, se assim é, pode-se crer na transformação da atuação jurisdicional a partir de outra realidade social, de outro ambiente de vida.

Por isso, deve-se preferir o abandono desse ambiente de escuridão, seguindo nos passos de Ernest Bloch, quando observa que "o desejo de ver as coisas melhorarem não adormece".[10] É contrário a qualquer pretensão revolucionária[11] acreditar que essa história não possa ser reescrita, concretizando a utopia, transformando os sonhos noturnos, da fantasia e da opressão de que fala Bloch, em sonhos diurnos, da realidade, conduzidos e realizados com olhos abertos.[12]

Diferentemente dos sonhos noturnos, realizados apenas na fantasia e no silêncio da noite, explica Bloch que:

> "O portador dos sonhos diurnos está pleno da vontade consciente que permanece consciente para uma vida melhor, ainda que em graus diferenciados, e o herói dos sonhos diurnos é sempre a própria pessoa adulta."[13]

É assim, como resultante de um sonho que se deva sonhar acordado, que surge o desejo de uma jurisdição integrativa, oriunda de processo deliberativo, desenvolvido a partir de um novo modelo de sociedade e de uma nova jurisdição atuando *para* a educação, e resultante também *de* um processo educativo.

---

8. *Idem*, p. 238.
9. *Ibidem*, p. 239.
10. *O princípio esperança*, p. 79.
11. E não se fala aqui em revolução de armas, mas de ideias, de método.
12. *Op. cit., loc. cit.*
13. *O princípio esperança*, p. 92.

É de mão dupla, portanto, o caminho exigido para a realização de uma nova atuação jurisdicional. É certo que o repensar de uma nova atuação jurisdicional, voltada não mais à solução simplista dos conflitos por meio de decisões impositivas, mas, sobretudo, envolvida no processo de tratamento dos conflitos, parte da reestruturação do ensino jurídico como base de uma nova formação jurídica, desindividualizada, menos egoísta, tecnicista, capaz de transformar a visão do ator jurídico, de modo a lhe incutir, desde os primeiros momentos de sua formação, o papel educacional *da* atuação jurisdicional. Esse modelo de ensino jurídico não deve, por certo, atuar isoladamente, vez que esse indivíduo carrega consigo um histórico, ainda mais influente, formado para além dos muros universitários.

Vale notar que o entendimento da sua volta, passando o seu Eu a integrar o todo, deixando de ser o fim, não resulta da formação jurídica, mas social do sujeito. É essa formação social, com bases na família, na convivência comunitária, onde se aprende a pensar a partir do outro, que permitirá, juntamente com uma nova formação jurídica, a reconfiguração do papel interno da atuação jurisdicional, superando os tradicionais limites da resolução da lide e assumindo a função de mediar um processo de integração social.

No primeiro sentido, no qual se tem a educação *para* uma nova concepção de atuação jurisdicional, é necessário responder a quem interessa esse tipo de educação. Essa educação que ensina a pensar, questionar, debater, enfim, participar ativamente do processo de reconstrução das bases estruturais da sociedade, que oferece mais do que regras decoradas, que entrega, ao final, mais do que um diploma impresso, mas, principalmente, uma verdadeira carta de alforria intelectual, deixando de lado o Eu, passando este a integrar o todo. A quem compete tal mister de educar *para* a jurisdição, sendo que esta é pressuposto para o desenvolvimento de uma função educacional *da* jurisdição?

Não há dúvidas de que a educação *para* a jurisdição não se limita ao ensino jurídico. Mas é certo que é deste o papel principal, constituindo uma nova conscientização sobre os caminhos que se pretende para uma nova atuação jurisdicional, ou seja, é uma questão de opção que implicará a desconstrução de dogmas social e juridicamente construídos, bem como a reedificação das estruturas jurídicas totais.

Pensar o Eu como condição de sobrevivência é inerente à condição de vida que nos é imposta pelo modelo sócio-político-econômico que criamos, o que não nos permite afirmar ser característica essencial do sujeito, ao contrário, a solidariedade é da sua natureza.

Philippe Ariès propõe o estudo da história das mentalidades como caminho possível para a descoberta do que chama de "oralidades reprimidas", ou seja, do sentimento coletivo que permanece camuflado em razão da cultura moderna, na qual triunfa, na visão desse historiador, a "racionalidade escrita".[14]

---

14. A história das mentalidades. In: LE GOFF, Jacques (Org.). *A História Nova*. Tradução de Eduardo Brandão. São Paulo: Martins Fontes, 2005, p. 234-235.

Contudo, pondera-se que as instituições de ensino jurídico, em qualquer de suas formas, pública ou privada, têm se mostrado, ao contrário do sonhado, cada vez mais reféns de um sistema individualista e egoísta, resultando em um ensino tecnicista voltado a outros interesses, em especial, institucional e econômico.

Como bem nos lembra José Eduardo Faria, a *formação*, objeto precípuo e fundamental das instituições de ensino, cede espaço, nesse contexto, para a simples *informação*.[15]

Considera-se apto ao exercício da atividade jurídica e jurisdicional não aquele que desenvolve capacidade de raciocinar, pensar sobre os problemas da inefetividade dos direitos, a condição real de criação desses direitos, do papel desenvolvido pelo Estado, e sobre que caminhos devemos seguir para a transformação, mas aquele que consegue assimilar algumas regras que lhe são apresentadas por professores, os quais, igualmente, não conseguem desenvolver aquelas mesmas habilidades, exatamente porque resultam desse processo de perpetuação de privilégios.

Os professores, quando surpreendidos por questionamentos daquela natureza, logo se apressam a apresentar conceitos formais, prontos, além de preconceituosos, exatamente como lhes foi apresentado por outros docentes igualmente formais e acríticos. Nesse cenário, o professor passa de educador à condição de autoridade, no sentido mais pejorativo que se possa imaginar, prega uma rigidez de forma e não de conteúdo, transformando o seu próprio processo avaliativo em um quase instrumento de vingança, cenário esse reproduzido nas bancas examinadoras dos concursos públicos para preenchimento dos quadros do serviço público jurisdicional.

Tal modelo de formação jurídica é, seguramente, causa, histórica, e não a única, por certo, de inefetividade ideologicamente considerada, do individualismo e do elitismo que marcam a atuação jurisdicional de nossos dias.

O subjetivismo nas relações, tanto processual quanto substancial, o egoísmo, a ideia hegemônica de dominação a partir de um sistema de ensino histórica e orquestradamente enfraquecido, são fatores que remontam ao período da Revolução Francesa, se pensarmos nas condições de Estado atuais,[16] alimentadas ao longo do tempo pelos núcleos oligárquicos que permeiam as instituições, em particular em países periféricos como o Brasil.

A própria tentativa constante de separação do Direito das demais áreas das Ciências Sociais é fruto desse comportamento. Essa falsa separação entre o Direito

---

15. Positivismo x jusnaturalismo: um falso dilema. In: FARIA, José Eduardo Campos de Oliveira. *O Direito achado na rua*. Brasília: Ed. da Universidade de Brasília, 1988, p. 23.

16. Para uma visão sobre o processo de empobrecimento da cultura jurídica nos períodos anteriores à Revolução Francesa, ver: MOTTA, Benedito. *Filosofia e história do Direito*. São Paulo: José Bushatsky Editor, 1976.

e as demais formas de Ciências Sociais é fruto do empobrecimento provocado pela doutrina positivista do Direito, sobretudo a partir de Hans Kelsen.[17]

O grande problema, em verdade, não está isoladamente e a partir do positivismo, que prega que o Direito se concretiza em um conjunto de normas postas e impostas pelo Estado com o intuito de regular o convívio social, mas com a doutrina positivista, que, a partir de Kelsen, quase santificado nos bancos acadêmicos, isolou o Direito dos demais elementos de composição de uma sociedade, permitindo o seu encampamento pelas ideias liberalistas impostas pelos burgueses revolucionários.

Como anota o próprio Kelsen, "a justiça é, antes de tudo, uma característica possível, porém não necessária, de uma ordem social". Continua o mesmo autor, afirmando que "(...) um homem é justo quando seu comportamento corresponde a uma ordem dada como justa".[18]

Vê-se que, para a doutrina positivista, a concepção de justo está sempre relacionada à existência de uma norma que se pressupõe ser justa. O que se sabe não ser verdade.

O justo não se confunde com a norma, ao contrário, está para além dela. O justo deveria compor o próprio fim do Direito, não esse que se tem, vindo do Estado, de mãos impositivas, unilateral, por meios legalistas, mas aquele Direito que decorre do equitativo, como resultado de consenso deliberativo. Contrariamente ao que afirmou Kelsen, é absolutamente indispensável, e não apenas possível, perseguir a justiça e, sobretudo, acreditar que ela existe fora dos limites da norma, de modo a superar o modelo de atuação jurisdicional que se tem.

Como bem nos lembra a doutrina de Niklas Luhmann, "o direito não é primariamente um ordenamento coativo, mas sim um alívio para as expectativas".[19]

Não é isso, contudo, o que se tem. A fala sobre a possibilidade de uma paz social permitida por esse Direito, normativo, se mostra falsa, portanto, salvo se reduzida ao afastamento das lides meramente processuais. O Direito, e o processo, de modo mais específico, são incapazes, nos moldes atuais, de cumprir qualquer papel pacificador, senão exclusivamente das lides. Nessa linha, o profissional do Direito se reduz a alguém que tem por profissão resolver problemas jurídicos alheios, muito aquém da possibilidade de cumprir o papel de agente de transformação.

---

17. Ressalte-se o fato de que, apesar de o sistema positivista preexistir a esse doutrinador, o que não se nega ter contribuído em vários aspectos para a interpretação do Direito, foi, sem dúvida, com advento da obra "Teoria Pura do Direito", que o cenário aqui posto se apresentou.

18. *O que é justiça?* p. 2.

19. *Sociologia do Direito*, v. I, p. 115.

A tão falada paz social como fim do Direito e da própria atuação jurisdicional se reduz à pacificação das lides postas em juízo, ou seja, uma paz no sentido técnico, por isso insuficiente para os anseios da sociedade, não aquela de sujeitos individualmente considerados, mas do todo, do difuso.

As características da atuação jurisdicional que se tem nos dias atuais e que são perpetuadas a partir desse modelo de ensino jurídico são fruto das mãos do próprio Estado. É dele a função de manutenção dessa lógica posta.

Manuel Garcia-Pelayo, comparando o Estado a uma empresa, observa que:

> "(...) um Estado construído por homens com plena consciência de seus atos e com uma educação racional sobre os meios para atingi-los, um Estado que não se cria naturalmente, nem de modo espontâneo pela sociedade, e que, por isso, é preciso ser criado artificialmente, considerando as possibilidades reais que oferecem a situação, ou, como dizia Frederico II, de acordo com as necessidades das coisas." (Tradução nossa.)[20]

Esse modelo de Estado nasce e se desenvolve em razão da própria sociedade, e guarda, em sua gene, elementos históricos e culturais, característicos dessa sociedade. Se hoje temos um Direito com uma carga excessivamente capitalista, isso é reflexo do sistema descontrolado de lucro que racionalmente resolvemos adotar e dos próprios sujeitos sociais, que, sensíveis ao hipnotismo provocado pelas luzes brilhantes que esse modelo gera, se sentem impotentes e, muitas vezes, não desejam mesmo a realização das necessárias mudanças.

Portanto, se temos hoje um Direito modelado pelo sistema de capital e politicamente contaminado, reduzido a uma interpretação que favoreça tais características, isso é fruto das escolhas realizadas pelos próprios membros dessa sociedade, não no seu todo, por certo, mas dos grupos que exercem reais fatores de poder, porque sem uma mínima organização da sociedade de modo a deliberar as necessidades a serem observadas, só estes possuem alguma condição de influência.

Nessa linha, o único sistema que se permite, com facilidade, uma dominação dos métodos interpretativos das regras jurídicas, de modo a favorecer tais interesses, é, sem dúvida, o sistema positivista, de legalidade, apresentado à sociedade por meio de sentenças impositivas, exercitadas por um Judiciário repressor.

É assim que se diz que o sujeito deve se comportar de acordo com a norma e que tal norma é a expressão do justo.

---

20. *De mito y de la razon en el pensamiento político*, p. 154. Texto original, em Espanhol: "(...) *un estado construído por el hombre con plena conciencia de sus objetivos y con una adecuación racional de medios para lograrlos, un Estado que no se encuentra dado ni en la naturaleza ni en el orden espontáneo de la sociedad y que, por conseguinte, es preciso crearlo artificialmente, aunque dentro de las possibilidades reales que ofrece la situación, o, como decía Frederico II, de acuerdo con la necesidad de las cosas*".

Eis as razões que justificam a opção pelo modelo de ensino jurídico que se tem.

A universidade deve deixar de ser dominada pelas ideias unilaterais impostas, passando a ser centro de desenvolvimento de histórias novas apresentadas por professores igualmente desvinculados de uma posição de poder e de legitimação de interesses.

Um dos ideais desse novo modelo de ensino universitário é acompanhar e implementar os debates sobre as questões políticas, econômicas e sociais de cada época.

Especificamente no caso do ensino jurídico brasileiro, essa característica se repete. Como bem observa Sérgio Rodrigues Martinez, o processo desenvolvido pelo ensino jurídico no Brasil percorre o mesmo caminho trilhado pela sociedade política, qual seja o Estado Liberal, Social e Neoliberal, obviamente passando pelas interfases.[21]

Ocorre que, após a Revolução Francesa, que, diga-se, já é fruto do processo de fortalecimento social permitido pela implantação dos centros universitários europeus, o liberalismo, implementado pela burguesia revolucionária, traz a reboque uma falsa ideia de igualdade, que, em verdade, permanece restrita ao âmbito formal. O surgimento das classes é inevitável.

Desse modo, aquela concepção de universidade estabelecida no início do século XIII não chega a ser implementada de fato, menos ainda no Brasil, país de características oligárquicas e de essência colonial e elitizada desde as suas bases portuguesas.

O que se vê, no processo de implantação das universidades jurídicas no Brasil é outro cenário. A elite brasileira, buscando uma autonomia maior em relação às ideias impostas pela Igreja, que, como informa Aurélio Wander Bastos, dominava a infraestrutura de funcionamento cartorial e eleitoral, "buscou nos cursos jurídicos a solução possível para a formação de quadros políticos e administrativos que viabilizassem a independência nacional".[22] Assim sendo, como bem observa esse autor, não pode ser outra a conclusão. Os cursos jurídicos no Brasil visaram à criação e ao desenvolvimento de uma elite política e administrativa, e isso não constitui nenhum fato novo.

Ao longo do tempo, o que se observou foi apenas uma tentativa de fortalecimento desse processo por meio das universidades.

---

21. A evolução do ensino jurídico no Brasil. *Jus Navigandi*, Teresina, ano 10, n. 969, 26 fev. 2006. Disponível em: <http://jus2.uol.com.br/doutrina/texto.asp?id=8020>. Acesso em: 10 mar. 2013, *passim*.

22. *O ensino jurídico no Brasil*. 2. ed. Rio de Janeiro: Lúmen Júris, 2000, p. 1.

O advento da ideia positivista kelseniana, em meados do século passado, serviu como uma luva para o fortalecimento desse mister.

Como narra Aurélio Wander Bastos:

> "No Brasil, a ausência de uma sociedade civil juridicamente organizada deve-se entre outros fatores, ao processo de formação acadêmica dos advogados, dominantemente voltado para atender a objetivos e interesses do Estado e determinado por uma percepção acentuadamente dogmática da aplicação do Direito."[23]

Afirmar que os problemas sociais, culturais, políticos e econômicos não pertenciam ao Direito, é, sem dúvida, um confortável caminho para aqueles que necessitam do aval do Judiciário para implementar as suas distorcidas necessidades.

Somado à ideia limitada imposta pelos positivistas, tem-se o sistema mercadológico em que se transformou a advocacia nos últimos tempos.

Os escritórios jurídicos passaram a ser administrados como verdadeiras empresas, nas quais o lucro é buscado incansavelmente e os advogados possuem metas de produção e de capitação de clientes.[24]

Por outro lado, a magistratura, afogada em processos intermináveis e transformada, em primeiro grau, em despachante de luxo, e, em segundo grau, em um não menos burocrata do Direito, que, ainda que queira, não consegue raciocinar sobre as possibilidades do Direito, porque o sistema de legalidade lhe impõe um raciocínio já pronto, assim segue agradecendo ao modelo de jurisprudência artificial, vinculativa, bastando aplicar as normas preestabelecidas aos fatos narrados nas formais peças jurídicas.

Em outras palavras, o Direito, tanto quanto a história, foram construídos, assim como continuam a ser meramente repassados como uma grande falácia, sem bases de realidade. Tanto um quanto o outro surgem como um produto da racionalidade negativa.

Daí a indisfarçável distância entre o Direito que se estuda nas instituições que se propõem ao ensino jurídico e o Direito que encontramos na rua.

Essa "descontextualização", nas palavras de Patrícia Tuma Martins Bertolin e Hélcio Ribeiro, "se deve à ideia de negação do pluralismo jurídico".[25] Ou seja,

---

23. *O ensino jurídico no Brasil*, p. 260.

24. O artigo 34, III, do Estatuto da OAB vem se tornando letra morta ao considerar infração a utilização de agenciador de causas. Lembrando que esse fato ocorre nas barbas da OAB, diuturnamente, não configurando o que é dito aqui nenhuma novidade no meio jurídico.

25. Reflexões sobre o ensino jurídico no Brasil: perpetuação ou ruptura? In: MESSA, Ana flávia; THEOPHILO JÚNIOR, Roque. *Estado e economia*: estudos em homenagem a Ademar Pereira. São Paulo: Saraiva, 2011, p. 5.

uma tendência de se negar uma diversidade de núcleos jurídicos que são natural e historicamente constituídos em razão da própria complexidade da sociedade.

É exatamente esse choque entre duas realidades, e que, naturalmente, não deveria existir, que leva aqueles que não estão inseridos diretamente no estudo do Direito a se indignarem.

Àqueles que estão diretamente envolvidos nesse processo de massificação do jurídico, advogados, juízes, promotores etc., tal choque de realidades, muitas vezes, não causa estranheza, exatamente porque partem da premissa juspositivista de que os problemas sociais de falta de moradia, educação e saúde, e mesmo políticos e econômicos, são, em verdade, problemas de administração pública, ou de outra ordem qualquer, ou seja, pertencem aos Poderes Executivo e Legislativo, e jamais ao Judiciário, além do que são também incentivadores e diretamente beneficiários dessa estrutura. O Judiciário tem o compromisso restrito de aplicar as leis que o Estado lhe estabelece.[26]

Essa realidade é resultado da pura técnica em que, há tempos, o Direito vem se transformando. Os alunos dos cursos jurídicos têm sido preparados para pensar exclusivamente na técnica, na litigiosidade.

Mas será que o profissional do Direito deve mesmo se importar com os problemas sociais?

Há quem pense, como Ives Gandra da Silva Martins, que o advogado "é um defensor que faz da lei o instrumento de defesa ou de ataque de seu constituinte, tirando da legislação suas melhores potencialidades a favor de seus clientes". Afirma esse doutrinador que o advogado é um "aplicador do direito, mas não seu criador, é o conhecedor da lei, mas não seu inspirador (...)". Diferencia o autor a atuação do advogado e do jurista. Este sim, tem por função a pesquisa, sendo um "produtor da ciência".[27]

---

26. A implementação dos cursos de mestrado e doutorado na carreira jurídica tem permitido, ao longo do tempo, uma mudança de mentalidade. O grande problema ainda é que exatamente aqueles envolvidos na atuação direta do Direito enxergam a exigência da pós-graduação *stricto sensu* como uma formalidade a mais para que possam se dedicar à vida docente, buscando simplesmente cumprir com os trabalhos de modo burocrático, como forma de obtenção do título. Os próprios cursos de mestrado e doutorado em Direito no Brasil, salvo algumas poucas exceções, ofertam matérias eminentemente técnicas, que não permitem abrir as possibilidades de intercâmbio entre o Direito e as questões reais da sociedade, ficando estas restritas a outras áreas, como a Filosofia e Sociologia. Tanto é assim, que uma simples pesquisa bibliográfica revela que grande parte dos cientistas que se propuseram a questionar o verdadeiro papel do Direito na sociedade e, nos referimos aqueles que introduziram tal pensamento, é constituída por sociólogos, antropólogos e filósofos, muitos até com formação jurídica, mas com atuação diversa do jurídico técnico.

27. A cultura do jurista. In: NALINI, José Renato (Coord.). *Formação jurídica*. São Paulo: Revista dos Tribunais, 1994, p. 115 *et seq.*

Buscando provocar um debate sobre a atuação do profissional do Direito, surge a doutrina de José Eduardo Faria. Indaga o autor:

> "Os futuros profissionais devem ser orientados apenas numa dimensão prático-forense? Ou também devem ser preparados para se tornarem capazes de assumir uma postura crítica frente ao direito positivo e adequá-lo à realidade socioeconômica emergente? Quais as novas responsabilidades e funções do jurista numa sociedade em transformação?"[28]

Não temos dúvida de que a resposta deve ser pela cientificidade do ensino jurídico.

O Direito, como elemento integrante de uma sociedade altamente complexa, não pode jamais ser distanciado dos demais elementos de composição dessa sociedade: a política, a economia e os elementos reais da sociedade, como a miséria, a discriminação, a desigualdade.

Valendo-se da obra de Thomas Herbert, Willis Santiago Guerra Filho fala em abandono da tradição de uma educação de mera "reprodução metódica", passando a uma necessária "transformação produtora".[29]

Não se pode continuar permitindo que o estudante das Ciências Jurídicas conviva com tamanho distanciamento entre a realidade dos bancos acadêmicos, um mundo puramente dogmático, e a realidade das ruas.

Tal transformação do processo de formação desse futuro agenciador não exclui, é claro, a verificação das normas jurídicas. Não se propõe, por óbvio, uma abstração intelectual, mas um estudo crítico do Direito, de modo a torná-lo um Direito real, humano.

Como dito acima, o Direito é, por essência, elemento histórico e social. Cada movimento social implica igual movimento no Direito. E, ainda, limitar a ideia do justo ao Direito; este, entendido como mero conjunto de normas, é insuficiente, para dizer o menos.

Segundo bem observa Willis Santiago Guerra Filho, "não se pode tratar da ciência do direito sem, simultaneamente tratar do próprio direito".[30]

Com a máxima *venia*, ousamos discordar da doutrina de Gunther Teubner, quando afirma que o pluralismo jurídico tem fascinado os juristas, a não ser que se pense em um fascínio tecnicista e de legalidade.[31]

O fascínio que se quer, e que pode se tornar realidade, incide sobre uma parcela ainda diminuta do mundo jurídico. É certamente mais contundente entre

---

28. A cultura e as profissões jurídicas numa sociedade em transformação. In: NALINI, José Renato (Coord.). *Formação jurídica*. São Paulo: Revista dos Tribunais, 1994, p. 9.
29. *Teoria da Ciência Jurídica*. São Paulo: Saraiva, 2001, p. 91.
30. *Ibidem, loc. cit.*
31. *Direito, sistema e policontexturalidade*. Piracicaba: UNIMEP, 2005, p. 91.

aqueles já mencionados nos parágrafos anteriores, como sociólogos que se propuseram a estudar a efetividade do Direito a partir do todo social. Não que não tenhamos excelentes estudos desenvolvidos por juristas, mas estes ainda são em número bastante reduzido.

Concordamos, sim, com esse doutrinador, quando sustenta que o foco do Direito começa a trilhar novos rumos, que aquilo que se chama de "Direito oficial do Estado centralizado", sua aspiração, abstração, generalidade e universalidade, começa a cair por terra, cedendo espaço a outro tipo de Direito.[32]

Ainda de acordo com a doutrina de Teubner:

> "É na 'lei do asfalto' das grandes cidades norte-americanas ou no 'quase-direito' das favelas do Brasil, nas normas informais das culturas políticas alternativas, na colcha de retalhos do direito das minorias, nas normas de grupos étnicos, culturais e religiosos, nas técnicas disciplinares da "justiça privada" e, ainda, nos regulamentos internos de organizações formais e redes informais que se encontram todos os ingredientes da pós- modernidade: o local, o plural, o subversivo."[33]

Continua esse autor, afirmando que "o pluralismo jurídico descobre, assim, no 'lado obscuro' do direito soberano, o potencial subversivo dos discursos reprimidos".[34]

É preciso, contudo, não perder de vista a ideia de que o Direito igualmente é utilizado como instrumento de perpetuação das relações de interesses.

Nessa esteira, não se crê que o Estado tenha sido fruto de uma criação do capital. Preferimos a ideia de que tanto o Estado quanto o próprio capitalismo tenham surgido de uma complexa combinação de fatores históricos da época.

Como bem anota a doutrina de Joachim Hirsch, "o Estado não é uma coisa, um sujeito ou uma organização racional, *mas um complexo de relações sociais*. Ele é gerado e reproduzido pelos indivíduos ativos, mas sob condições que fogem à sua consciência imediata e ao seu controle" (grifo nosso).[35]

Desse modo, é inegável que, inserido em uma realidade puramente capitalista, como a que vivemos hoje, o próprio Estado passe a ter as suas bases infiltradas pela concepção do lucro.

Nessa linha, é possível justificar tamanha dificuldade de se implementar medidas sociais, uma vez que contrariam e, sobretudo, não interessam a esse sistema.

---

32. *Ibidem, loc. cit.*
33. *Ibidem, loc.*
34. *Ibidem.*
35. *Teoria materialista do Estado*, p. 19.

Fundamental que se tenha em mente que o problema não está precisamente em se adotar ou não o modelo de capital, até porque o socialismo também gera problemas, ainda que de outras ordens, especialmente o chamado socialismo de Estado. A necessidade é de se abandonar esse modelo de capitalismo ultrapassado, individualista, exploratório, egoísta que tem.

Preferimos a ideia materialista de que o Estado é fruto de uma manifestação burguesa àquela concepção romântica de contrato social. O fato de ter sido gerado pelas mãos burguesas, nos parece, não permite concluir que a razão tenha sido exclusivamente o domínio capitalista.

Como dito em parágrafos acima, o Direito é produto da história. Possui influências de diversas ordens. De modo que, sendo a sociedade estruturalmente capitalista, o Direito passa a assumir esse papel, qual seja de regulador e protetor do sistema de capital.

O Direito é, para nós, portanto, um produto. Um produto resultado de uma alquimia, na qual os elementos de composição vão sendo modificados pelo tempo, um elemento passa a dominar em certo espaço de tempo histórico, permitindo que suas características aflorem, passando outras por imperceptíveis, o que não significa que lá não estejam, ou, menos ainda, que não existam.

Desse modo, mesmo em um Estado dominado pelo sistema de capital, com suas estruturas corroídas, é possível enxergar elementos de natureza social.

A inclusão de direitos sociais nas Constituições atuais nos parece um suspiro de vida em meio a toda essa lama imposta por estes modelos ressequidos de gestão.

O ideal, portanto, dentro desse cenário, não é propriamente defender o Direito, (im)posto como está, porque encontra-se contaminado, apodrecido, se mostra irrecuperável. Esse Direito é desigual, é injusto, é falso, "é mentiroso", nas palavras de Óscar Correas,[36] de modo que o ideal é defender a ideologia do justo, a partir do que Aristóteles pregava, a lógica do razoável, do equânime, fruto da deliberação.

Não acreditamos, também, que a imposição de outro sistema, como o socialismo, por exemplo, seja possível para resolver os conflitos de ordem social. Os conflitos, em nosso entender, resultam da própria diferenciação inerente aos seres humanos, o que exige uma forma de regulação, mas essa regulação deve se dar por outro tipo de Direito.

Como pondera Dalmo de Abreu Dallari, "isto significa estabelecer uma ordem dinâmica, que compreenda uma organização fundamental, mas que inclua

36. *Crítica da ideologia jurídica*: ensaio sócio-semiológico. Tradução de Roberto Bueno. Porto Alegre: Sérgio Antonio Fabris Editor, 1995, p. 211.

nessa organização mecanismos que assegurem permanentemente a possibilidade de mudanças sociais".[37]

Segundo anotação desse doutrinador, esse modelo político e jurídico que enfrentamos é fruto de um pensamento elitista, pelo qual alguns, por se imaginarem capacitados, determinam os rumos a serem observados pela massa da sociedade formada por pessoas incapazes de pensar e estabelecer os seus próprios rumos. Critica Dalmo Dallari, afirmando, com razão, que:

> "Os adeptos dessa concepção não consideram fundamental, nem mesmo necessário, respeitar a vontade dos destinatários do modelo e, além disso, estão plenamente convencidos da possibilidade de forçar a realidade a se adaptar ao modelo. E quando se propõem a buscar soluções para um povo determinado, procuram entre os modelos já existentes (...)."[38]

Como salienta Niklas Luhmann, o que acontecerá no futuro torna-se preocupação central do Direito. Segue o autor, indagando "quanto futuro será necessário para que se possa viver sensatamente no presente, isso constitui uma variável essencialmente evolutiva, e aí reside o ponto onde as mudanças nas necessidades sociais invadem o direito".[39]

Não há, desse modo, necessidade de destruição do Estado para que se possa fazer valer os direitos sociais. Essa saída é inviável, nos parece. Assim como a sociedade burguesa instituiu o Estado atual com nítido intuito de dominação, é plenamente possível nos valermos dessa mesma estrutura, completamente reformulada, nas suas bases inclusive, para implementarmos as garantias sociais, já postas no texto constitucional.

É preciso reconhecer que uma transformação desse porte não constitui tarefa das mais fáceis, até porque temos de reconhecer que é muito mais palatável a ideia vendida pelo capitalismo. Uma vida de consumo, de satisfação a partir desse consumo, de que o trabalho dignifica o homem, ainda que morra na plena miséria, de que o cumprimento das regras de Direito satisfaz a moral e de que a desigualdade é fruto da vontade de Deus, e, que, portanto, é natural que um seja mais rico do que o outro.

Esse processo de transformação só poderá ser eficaz e sólido se realizado a partir do Direito,[40] mas um Direito nascido das relações sociais, e não do Estado, de modo impositivo, unilateral, o qual deve assumir o papel de mais um integrante do processo deliberativo.

---

37. *O renascer do Direito*. 2. ed. São Paulo: Saraiva, 1980, p. 3.
38. *Ibidem*, p. 7.
39. *Sociologia do Direito*, v. II, p. 166.
40. Lembrando de que estamos aqui nos reportando a outro Direito, um Direito justo, que se faça valer a partir das determinações contidas na Constituição Federal, um Direito observado a partir de elementos reais colhidos na sociedade.

Tem razão Dalmo Dallari quando afirma que só aparentemente essa ideia de regulação social pelo Direito se mostra romântica.[41]

Esse processo de transformação exige, sobretudo, uma mudança de mentalidade. E esse processo já teve início.

Como assevera Philippe Ariès, "o homem de hoje já não está tão convencido nem da superioridade da modernidade, nem da superioridade da cultura que parece ter preparado a modernidade (...)". Continua esse autor, afirmando que hoje têm prevalecido a pesquisa e a tentativa de resolução real dos problemas sociais.[42]

Ao tratar da teoria da mudança de mentalidades, Philippe Ariès enfatiza que, "hoje, a quase simultaneidade de emoções contraditórias não é mais tolerada pela opinião comum. Apesar dos esforços para fazê-la ser admitida, através da psicologia do âmago humano, parecia, ao contrário, bastante natural".[43]

Esse cenário de redescobertas que a sociedade atual está redefinindo tem provocado certo desconforto naqueles que acreditavam historicamente que o seu modelo, protegido pelo Estado e pelo Direito (aquele velho), se renovaria, apesar de certos momentos de crises, como, aliás, se renovou em diversos momentos.

Segue-se, assim, que aquela ideia adotada pelo Estado contemporâneo, de utilizar o Direito, abstrato, impositivo, positivo, acrítico, antissocial, um Direito de poucos, perpetuado por um ensino jurídico elitizado, desigual, doutrinado, que serve de fachada para esconder as relações de poder e interesses, está certamente em declínio, como lembra Rassana Bisol.[44]

É possível reverter esse processo de mera informação empregada nos cursos de formação jurídica? Não temos dúvida de que a resposta é positiva.

Para tanto, se faz necessário, além da mudança de mentalidade, que os próprios acontecimentos históricos têm permitido que ocorra,[45] uma revolução científica.

---

41. *O renascer do Direito*, p. 3.

42. *A história das mentalidades*, p. 232.

43. *Ibidem*, p. 206.

44. Dialética social do Direito. In: COSTA, Alexandre Bernardino *et alii* (Org.). *O Direito achado na rua*: introdução crítica ao direito à saúde. Brasília: CEAD/UnB, 2009, p. 39.

45. É importante frisar que o surgimento dos meios de comunicação em massa e globais tem contribuído sensivelmente para esse processo de mudança de mentalidades. Ocorrências que antes permaneciam restritas aos muros de determinados Governos, hoje são pulverizadas mundo afora. As próprias manifestações, que ocorrem concomitantemente em várias partes do globo, nas quais são colocadas em pauta reivindicações de múltiplas ordens e, que, claramente, não possuem a mesma força de outrora.

Thomas Kuhn considera revolução científica "aqueles episódios de desenvolvimento não-cumulativo, nos quais um paradigma mais antigo é total ou parcialmente substituído por um novo, incompatível com o anterior".[46]

Essa revolução científica, assim como se dá na revolução do sistema político, tem início na ideia de que o "paradigma existente (no nosso caso o positivismo jurídico, o tecnicismo, o legalismo, o individualismo) deixou de funcionar adequadamente (...)".[47]

O paradigma contra o qual estamos lutando é, sem dúvida, o dogmatismo do sistema positivista-individualista de ensino jurídico, porque insuficiente.

É preciso estabelecer paradigmas diversos dos atuais para o ensino jurídico.

Um dos passos de relevo é a transformação da universidade de informação em universidade de formação, o que lhe impõe, de início, outro modelo de docente, diverso daquele que vê tradicionalmente a docência como mais uma fonte de renda apenas.

É certo que esse tipo de docente não está, de nenhum modo, interessado em fomentar a pesquisa, desenvolvendo trabalhos que busquem aproximar o mundo teórico do Direito daquele que se encontra nas ruas. Para eles, o corpo discente não passa de um bando de sujeitos incompetentes, preocupados com questões do seu limitado dia a dia. Esse é o tipo de docente que se limita a cumprir com o tão restrito programa que a instituição lhe entrega, não passando de um ato mecânico e burocrático.

É imperioso que a docência seja respeitada, motivada, aparelhada. E isso se consegue com mecanismos de incentivo à pesquisa, remuneração digna, plano de carreira com progressão de cargo e função. É necessário, ainda, que sejam afastados os burocratas do ensino, que utilizam a palavra como instrumento de poder e não de formação.

A pesquisa jurídica não pode ser vista como mera formalidade para se obter determinados certificados que irão permitir a colação de grau, mas, sobretudo, como instrumento de inserção dos alunos no mundo da discussão, do pensamento, da indagação das questões sociais, despertando a criatividade, de modo a encontrar, a partir dos mecanismos jurídicos, a efetivação dos direitos e das garantias sociais. Uma universidade que vai além dela própria, de tal sorte a enxergar a sociedade que está à sua volta.

É preciso, antes ainda, mostrar-lhes que a sociedade vai bem além do seu mundo, que os problemas sociais são reais e devem ser resolvidos.

---

46. *A estrutura das revoluções científicas*, p. 125.
47. *Ibidem*, p. 127.

É, pois, o caminho da educação, tanto a nova educação jurídica quanto a nova educação social, que, de algum modo, produzirá reflexos na forma de atuação jurisdicional que necessitamos.

Consideramos sem propósito e vazias de qualquer significado, senão restritivamente como parâmetro de continuísmo para o cenário caótico que se tem nos dias atuais, as reformas meramente legalistas e burocráticas do sistema processual brasileiro, bastando olhar o cenário posto pelas reformas introduzidas, sobretudo, a partir da década de 1990.

3.2 Jurisdição como pacificação de relações sociais e não de lides: jurisdição de integração

Desde o momento em que posto como via de solução dos conflitos sociais, o exercício da função jurisdicional, realizado pelo Estado, visa colocar fim a uma demanda estabelecida entre sujeitos com desejos antagônicos, postos sob uma estrutura formal e racionalmente constituída, o que se faz por meio de uma sentença impositiva pautada no ordenamento jurídico vigente em dada sociedade e em cada época.

Nesse contexto, o processo, seja ele judicial ou arbitral, é visto como instrumento destinado à tutela do direito material pretendido por tais partes, com respeito às garantias fundamentais estabelecidas pela Constituição.

A quem possa se questionar sobre essa visão de processo e de atuação jurisdicional, terá em resposta que essa é a ideia e, sobretudo, o ideal de justiça imaginado em um Estado Democrático de Direito, um conflito de interesses resolvido pelas vias legítimas do processo e com respeito às determinações constitucionais.

A doutrina clássica de Adolf Wach deixa bastante clara a finalidade traçada para a atuação processual, dizendo tratar-se o processo de simples instrumento, como meio de resolução de conflito de interesses, pautado em uma lei com vontade abstrata e hipotética, um fato previsto no ordenamento e o efeito jurídico decorrente da relação entre esses elementos.[48]

Observa, ainda, Wach, que "a finalidade do processo compreende dois interesses em colisão: o interesse de tutela jurídica afirmado pelo demandante e o interesse do demandado" (tradução nossa).[49]

Outro clássico doutrinador, Leo Rosenberg, igualmente se manifesta no sentido de colocar o processo como mecanismo apto a solucionar litígios e,

---

48. *Manual de derecho procesal civil.* Tradução do alemão por Tomás A. Banzahaf. Buenos Aires: Ediciones Juridicas Europa-America, 1977. v. I, p. 21. Texto original, em Espanhol: "*la finalidade del processo compreende dos intereses em colisión: el interés de tutela jurídica afirmado por el demandante y el interés del demandado*".

49. *Ibidem*, p. 23.

especificamente em relação ao processo civil, como instrumento de resolução de conflitos privados,[50] reforçando, portanto, aquilo que, por todo o presente escrito, se procura observar, de que o processo nada mais é do que um instrumento de chancela das características liberais (individualista, privatista e legalista) postas no passado, absorvidas pelo Estado Moderno e, consequentemente, insculpidas na legislação de direito material, em especial a civilista, de onde irradiam as linhas de interpretação de todo o sistema jurídico. Segundo Rosenberg:

> "(...) o fim da instituição processual, para o qual fora criado pelo Estado, é a tutela dos interesses privados exercida pelo processo civil, o que ocupa o primeiro lugar para as partes – visto por esse aspecto, é apenas meio e resultado." (Tradução nossa.)[51]

Ainda que se tenha, hoje, parcela considerável da doutrina afirmando tratar-se o processo de mecanismo de tutela do próprio sujeito, e não mais como instrumento do puro direito material litigado, dando a ideia de uma maior e mais eficaz preocupação com a observância dos direitos fundamentais, em verdade, não é assim.

Não obstante as conquistas humanistas e sociais com o advento da Constituição Federal de 1988, o processo continua a preservar a sua característica de essência, qual seja, a tutela de um Direito pautado por privatismo, individualismo e legalismo. Portanto, o que norteia a interpretação dos mecanismos processuais, na realidade, é o direito material, especialmente o civil, e não a Constituição Federal, sobretudo nos casos que possam representar ameaça ao fortalecimento das teorias políticas e de capitais.

Como visto na subseção 1.2 do presente trabalho, as garantias fundamentais previstas no bojo da Constituição vigente ainda estão, e assim ficarão, como pertencentes ao campo da aparência.

A afirmação de que o processo, gerido nesses termos, pode ser considerado fio condutor de alguma ordem social mais justa, de alguma paz, ou de alguma felicidade, não se coaduna com os resultados decorrentes de simples caminhar pelas ruas das grandes cidades, menos ainda se voltarmos os olhos para o sistema carcerário, para a tutela dos mais fragilizados e marginalizados, por uma simples razão: sendo o processo instrumento de realização do direito material, e sendo este via maior de imposição das vontades daqueles que detêm reais condições de poder, não se pode concluir, de outro modo, senão que o processo, bem assim

---

50. *Tratado de derecho procesal civil*. Tradução de Angela Romera Vera. Lima: Ara Editores, 2007. v. I, p. 40.

51. *Tratado de derecho procesal civil*, p. 41. Texto original, em Espanhol: "(...) *El fin de la institución procesal, para el que há sido creada por el Estado, es la tutela de los intereses privados ejercida por el proceso civil, la que ocupa el primer lugar para las partes – vista desde este aspecto es sólo médio y resultado*".

a própria atuação jurisdicional, ainda que se diga, pautados na Constituição, funcionam como mecanismos formais de chancela desses desígnios.

Em uma estrutura jurídica processual com tais características, a análise sobre a decisão se reduz, como bem anota a doutrina de Tércio Sampaio Ferraz Jr., ou à questão da legitimidade do poder decisório, ou a questões de mera técnica, seja administrativa, legislativa ou jurídica.[52]

Especificamente quanto ao procedimento processual, a decisão, analisada sob o aspecto da técnica, segundo o autor, se reduz ao cumprimento das exigências formais para a sua validade; já quanto à sua legitimidade, fica restrita à sua vinculação àquilo que determinado pelo sistema jurídico material vigente.[53]

Cumprida essas duas etapas, de maneira que a decisão judicial esteja de acordo com as regras formais de validade, como, por exemplo, a obediência aos limites postos pelo autor em seu pedido e a apresentação de um raciocínio lógico dedutivo entre fundamento e conclusão (dispositivo), e, ainda, respeitadas as vontades estabelecidas pelo direito material, não resta às partes desse processo outra coisa, senão se convencerem da realização do que se convencionou chamar de decisão justa.

No entanto, em se imaginando que os conflitos jurídicos decorrem de uma incompatibilidade verificada em uma "situação de comunicação estruturada", nos dizeres de Tércio Sampaio Ferraz Jr.,[54] em outras palavras, se concluirmos que os conflitos decorrem de choques de interesses antagonicamente postos por compreensões diversas sobre o real, partindo da concepção de que esse próprio real se mostra subjetivo, a crença de que uma decisão, imposta a partir de regras positivadas gerais, possa, de algum modo, colocar fim a esse conflito é falsa, salvo se imaginado que o fim desse conflito ocorra nos limites do formal, da lide.

Pensada fora desses limites de pura técnica, em que a decisão visa à eliminação do conflito em um ambiente puramente processual, sua função é, em verdade, instrumento de fomento de novos conflitos, ainda que sob novas vestes.

Nesses termos, é possível verificar que a decisão imposta como resultado final de procedimento processualmente ordinarizado e estabelecido com base em regras positivadas e gerais, determinadas por quem de fato possui condições de interferir no sistema legislativo, é nada mais do que uma forma democratizada e institucionalizada de "poder-dominação", para ficar com as palavras de Tércio Sampaio.[55]

52. *Introdução ao estudo do Direito*. 4. ed. São Paulo: Atlas, 2003, p. 311.

53. *Ibidem, loc. cit.*

54. *Ibidem*, p. 313.

55. *Ibidem*, p. 314.

A decisão judicial, portanto, apresenta-se como instrumento absolutamente inútil quando o desejo é a pacificação dos conflitos estabelecidos a partir de um processo de harmonização de relações de interesses.

Mantidas as características instrumentais do processo, como mecanismo de realização do direito material, a sua utilidade se reduz a nada mais do que colocar fim à lide, àquele conflito estabelecido nos limites do processo judicialmente posto, quando este nada mais é do que um fragmento, quase nada representativo, daquele real conflito existente para fora desses limites.

Em áreas como o direito de família, as relações trabalhistas, penais, sem exclusão das demais, esse cenário é ainda mais cristalino. Basta pensar nas inúmeras subdemandas[56] que surgem a partir de uma decisão proferida em um processo de divórcio, o qual se restringe a resolver a pura questão da ausência de desejo dos cônjuges/companheiros de continuar a conviver, bem como a consequente divisão de patrimônio. Como não pensar nas decisões que resolvem a questão trabalhista, homologando um acordo de exploração, e acabam por aprofundar na alma daquele explorado o sentimento de abandono, de revolta, produzindo consequência para além dos limites daquele processo.

Nesse contexto, o próprio sentido de efetividade do processo traz a reboque a concepção acima posta de um processo capaz de tutelar o interesse da parte, com respeito às garantias fundamentais do processo e dentro de um tempo razoável.

Afirma Cândido Rangel Dinamarco que compete à função jurisdicional, a partir de três aspectos, influir na atuação política, com: a) a missão de promover os valores do poder (autoridade), o que se realiza pela via da decisão e da sua exclusiva capacidade de imposição do que decidido, sem o que, nas palavras desse processualista, nem o próprio Estado se sustentaria; b) a tutela da *liberdade*, vista por Cândido Dinamarco como forma de limitar a atuação do próprio poder do Estado; e c) a tutela da *participação*, seja individual ou associativamente, como forma de legitimar o processo político (grifos nossos).[57]

Como analisado nos parágrafos anteriores, a própria concepção de um Estado que atue no sentido de impor as suas vontades sobre as vontades dos conflitantes já se mostra falsa, visto que a análise real e histórica dos fatos políticos e, sobretudo, econômicos, nos revela que tais vontades não decorrem puramente de um Estado, autônomo, constituído para o atendimento das necessidades gerais de uma nação, senão que tenha sido encampado por núcleos de detenção de reais fatores de poder.

Por outro lado, é inegável que a sociedade contemporânea, nascida em uma estrutura de interesses, desconheça a convivência desprovida de alguma forma de

---

56. Ações relativas à guarda de filhos, a alimentos, tudo, sem falar dos casos de violências geradas pela insatisfação decorrente das imposições vindas com a ordem judicial.
57. *A instrumentalidade do processo*, p. 198 *et seq.*

autoridade, e é inevitável reconhecer ser a autoridade (poder) indispensável nos moldes de sociedades que temos, assim como já vimos ser inevitável a presença de alguma forma de Direito (positivo), mas não este que se tem, posto e imposto por vontades alheias ao desejo e às necessidades de uma sociedade de desiguais e de não livres.

O que explica essa relação de dependência entre Estado-poder e estrutura social, nas palavras de Max Horkheimer,[58] é o fato de que, durante toda a sua história, o trabalho e as relações sociais, de modo geral, se davam sob os limites impostos por uma instância alheia, variando apenas a sua forma ao longo do tempo. Em síntese, a sociedade contemporânea desconhece, por jamais ter vivenciado, outra forma de convívio, senão aquele pautado em regras estabelecidas por uma estrutura de poder.

A grande questão, e daí a insuficiência das considerações de Cândido Dinamarco, *data venia*, é que a possibilidade de participação como forma de limitação política mostra-se ilusória, se considerados o modelo de gestão do Estado que se tem, e, principalmente, que o seu principal mecanismo para atingimento desse desiderato é o próprio direito material (individual, elitizado, discriminatório) posto como parâmetro para a ordenação social.

E mais, a concepção de que o Estado possui alguma condição de poder, frente aos reais detentores desse poder, é falsa.

Quando considerados os poderes político e econômico, a capacidade de eficácia de uma ordem decorrente da atuação jurisdicional é praticamente inexistente.

Em trabalho destinado a observar os limites da autonomia, especificamente do Supremo Tribunal Federal, nos casos envolvendo as privatizações, no período compreendido entre os anos de 1989 a 2002, Veridiana Alimonti anota que as demandas propostas com fins a impedir as privatizações envolviam muito mais do que complexas questões jurídicas. Na verdade, o centro do debate era ocupado por duas concepções de Estado, sendo o Direito, nas palavras dessa autora, lido de acordo com os interesses de cada qual dos lados.[59]

O referido trabalho mostra o quanto as posições políticas de cada ministro interferiam na decisão sobre as ADIns que visavam a impedir as privatizações daquele período, realidade essa absolutamente presente no contexto atual.

Após analisar um número razoável de decisões da Suprema Corte, verificando os fundamentos utilizados, sobretudo nos casos de indeferimento das liminares que buscavam impedir a realização dos leilões de privatizações, observa a autora que havia uma ideia comum entre os ministros do STF que atuavam nesse

---

58. *Teoria crítica*. Tradução de Hilde Cohn. São Paulo: Perspectiva, 2011. v. I, p. 192.

59. *O controle de constitucionalidade das privatizações: o contexto político e o tempo nos votos do Supremo Tribunal Federal*, p. 21, em especial.

período, qual seja a de que, mesmo diante do risco de pesar alguma inconstitucionalidade na base jurídica do processo de privatização, a interrupção desse processo poderia causar dano maior com a insegurança jurídica a que estariam sujeitos os investidores.[60]

É necessário, portanto, haver uma ruptura com o modelo tradicional de autoridade, sinônimo de força, coerção, repressão.

Assim, como ressalta Horkheimer, toda decisão que provém de uma instância alheia deve ser compreendida como autoritária. O que não deve ser necessariamente ruim, desde que proveniente de processo de deliberação. Em suas palavras:

> "A autoridade como dependência aceita pode significar tanto condições progressistas, favoráveis ao desenvolvimento das forças humanas, correspondentes ao interesse dos participantes, quanto um conjunto de relações e ideias sociais sustentadas artificialmente e há muito falseadas que contrariam os interesses reais da comunidade. Baseia-se na autoridade tanto a submissão cega e servil, que subjetivamente resulta de indolência psíquica e incapacidade de tomar uma decisão própria e objetivamente contribuir para a continuação de condições limitadoras e indignas, quanto à disciplina consciente de trabalho em uma sociedade em ascensão."[61]

Esse é o erro histórico da atuação jurisdicional, limitar-se à pacificação do conflito, restritivamente nos limites dos seus aspectos processuais, técnicos, o que é pior, com olhos ainda presos na mais imperfeita concepção de autoridade que se possa ter, da força, da imposição e da subserviência dos interesses políticos e econômicos, pautados em uma consciência elitista e individualista.

Não se diga que a garantia da participação, velada no âmbito processual a partir da preservação do contraditório e da ampla defesa, seja capaz de limitar os abusos que provocam o aprofundamento das desigualdades e das insatisfações. Em outras palavras, garantir o direito da parte processual de se manifestar no processo, de apresentar suas provas, não modifica o cenário de inadequação desse modelo de atuação pautado na decisão-poder, até porque a própria premissa de igualdade entre as partes no desenvolvimento do processo, logo, das provas, é falso.

A conclusão sobre a inadequação do modelo de decisão adotado no exercício da função jurisdicional contemporânea arrima-se, basicamente, sob dois aspectos: de um lado, a característica já apontada ao longo de todo o presente trabalho, pela qual, como assevera a doutrina Calmon de Passos, a função jurisdicional, entendida como o braço do Estado responsável por dirimir os conflitos sociais,

---

60. *O controle de constitucionalidade das privatizações*: o contexto político e o tempo nos votos do Supremo Tribunal Federal, p. 39.
61. *Teoria crítica*, p. 193.

assume o perfil ajustado ao modelo de Estado em que se insere,[62] aquilo que se denominou, em linhas atrás, de função de chancela das vontades e necessidades de um sistema político e de capital alheio às necessidades humanas e sociais; de outro, a própria complexidade natural das relações sociais.

Como bem anota Calmon de Passos, esse modelo de atuação jurisdicional atua limitadamente em nível micro e, nos dizeres do autor, assemelha-se à esmola que se dá ao mendigo que recebe um pedaço de pão; mata-se a fome momentânea, mas não se elimina a mendicância.[63]

O grande problema é que se acredita que a mudança das vestes é capaz de transformar o espírito.

Assim tem ocorrido, tanto com a concepção de ativismo judicial, sobretudo em relação ao processo de judicialização das políticas públicas, quanto no que se refere às demandas coletivas.

Especialmente na última década, tem tomado corpo no cenário jurídico brasileiro o debate sobre a atuação jurisdicional na realização dos direitos fundamentais por meio daquilo que se convencionou denominar "políticas públicas".

Ressalte-se, de início, que não é objeto do presente trabalho o estudo das políticas públicas, mas restritivamente a análise sobre a (in)suficiência e, em particular, a (in)adequação da atuação jurisdicional diante da ineficaz atuação do Executivo e do Legislativo.

Ainda assim, algumas anotações sobre o tema são fundamentais para o raciocínio que se pretende aqui impor.

Como observa Gianpaolo Poggio Smanio, é fruto da redemocratização do país a percepção da insuficiência de se garantir os direitos fundamentais no texto constitucional, fazendo-se necessária uma ação efetiva visando à concretização desses direitos pelo Estado em parceria com a sociedade civil.[64]

Observa Smanio que a crescente cobrança social envolvendo a indispensável efetivação dos direitos fundamentais decorre exatamente dessa maior conscientização permitida pelo processo de redemocratização.[65]

Por outro lado, mostra-se flagrante a inadequação ou insuficiência da atuação do Executivo e do Legislativo na realização desses direitos, fazendo com que se busque o Poder Judiciário, seja de modo individual (na grande maioria das

---

62. *Revisitando o Direito, o poder, a justiça e o processo*: reflexões de um jurista que trafega na contramão, p. 60.

63. *Ibidem*, p. 63.

64. Legitimidade jurídica das políticas públicas: a efetivação da cidadania. In: SMANIO, Gianpaolo Poggio; BERTOLI, Patrícia Martins (Coord.). *Os direitos e as políticas públicas no Brasil*. São Paulo: Atlas, 2013, p. 3.

65. *Ibidem, loc. cit.*

vezes) ou coletivamente, com fins a pleitear a imposição da realização dos direitos constitucionalmente garantidos, em face do Estado.

Nessa esteira, importante observar que o crescente movimento rumo ao Poder Judiciário, almejando obter aquilo que, nada obstante garantido na letra fria da Constituição, sobretudo, mas não exclusivamente, na de 1988, não se materializa na vida da sociedade, é consequência não só da ampliação dos direitos fundamentais, mas, ainda, dos instrumentos jurídicos inseridos na própria norma constitucional vigente.

Contudo, se, de um lado, estão as conquistas obtidas com a ampliação dos instrumentos processuais de tutela dos direitos fundamentais, também é verdade que tais instrumentos se mostraram, como não poderia deixar de ser, ineficazes para a realização do mister que se pretendia, o que ocorre por duas claras razões:

a) a ordinarização dos seus procedimentos, inclusive com a reindividualização do coletivo; e b) a adoção do mesmo falido método de solução de conflito de interesses, qual seja a forma da decisão impositiva justamente por aquele que criado para chancelar os interesses que envolvem o Estado contemporâneo, o Judiciário.

Maria Paula Dallari Bucci, conceituando políticas públicas à luz do Direito, o faz afirmando tratar-se "(...) de programas de ação destinados a realizar, sejam os direitos a prestações, diretamente, sejam a organização, normas e procedimentos necessários para tanto".[66]

Nas palavras de Wilson Donizeti Liberati, "políticas públicas são metas coletivas conscientes e, como tais, um problema de direito público, em sentido lato".[67]

Nesse cenário, como já lembrado por Smanio, linhas atrás, não se nega ter havido um processo de constitucionalização dos direitos fundamentais para o desenvolvimento do Estado Social que se pretende efetivar, e não se nega, igualmente, que há, por parte do Estado, um compromisso assumido, ainda que restritivamente no âmbito formal, na realização desses direitos.

Como se se tratasse de um processo de dedução lógica, a doutrina tende a concluir que, estando os direitos fundamentais constitucionalizados e competindo ao Poder Judiciário impor ao Estado o dever de efetivá-los, ainda mais diante da expressa garantia do livre acesso à ordem jurídica justa, insculpida no artigo 5.º, XXXV, da Constituição Federal de 1988, não se poderia concluir de outro modo, senão no sentido de dever o Judiciário atuar diante das políticas públicas, impondo ao Estado o dever de realizar tais direitos.

---

66. *Políticas públicas: considerações sobre o conceito jurídico.* São Paulo: Saraiva, 2006, p. 31.

67. *Políticas públicas no Estado Constitucional.* São Paulo: Atlas, 2013, p. 86.

De outro lado, seguem aqueles que, pautados nos limites da atividade de cada um dos poderes que compõem a estrutura do Estado, observam uma invasão de limites do Executivo e do Legislativo, por parte do Judiciário, quando determina a realização de políticas públicas.

Com a devida vênia àqueles que concluem de modo diverso, o problema da judicialização das políticas públicas está para além desse debate. O problema transborda, inclusive, os limites do próprio Judiciário, devendo ser visto como de *insuficiência* e de *insignificância* do próprio Estado perante os mecanismos de sufocamento impostos pelos poderes político e econômico.

De insuficiência, porque é ingênuo imaginar que a constitucionalização dos direitos fundamentais representaria uma garantia de tais direitos, senão devendo ser vista como mera promessa de realização dentro de um programa que, no caso do Brasil, jamais fora devidamente constituído. É exatamente esse programa que devemos entender por políticas públicas, constituído a partir de estudos, planejamento e realização constante.

Não se pode crer tenha o Estado pretendido garantir, em sua totalidade, todos aqueles direitos fundamentais estampados na Constituição Federal, simplesmente por não ser razoável, face às características políticas, populacionais, geográficas, econômicas, sociais de nosso país.

Imperioso lembrar que o processo de judicialização das políticas públicas deve ser visto como de provocação do próprio Estado, que, diante da inexistência de planejamento, resultado da pressão que sofre pela estrutura política e de capital, ordinariza e, sobretudo, individualiza a realização dos direitos ditos fundamentais por meio do processo judicial. Portanto, o Estado, leia-se o Executivo, deve ser visto como beneficiário desse processo de judicialização das políticas públicas.[68]

O Judiciário, por sua vez, não se mostra competente, porque jamais preparado para a resolução de questões de tamanha complexidade como a da efetivação dos direitos fundamentais.[69]

Não se pode deixar de ressaltar que o Estado e o Judiciário, a seu reboque, jamais foram pensados, ao longo de toda a sua história contemporânea, para a

---

68. Segundo relatório do CNJ, publicado no ano de 2012, na Justiça Federal, o Estado é responsável por 83,19% dos processos em trâmite, dos quais 34,35% envolvem o Instituto Nacional do Seguro Social (INSS); na Justiça Estadual, a soma entre União, estados e municípios resulta em 17,21% dos processos em trâmite. Cf. Dados disponíveis em: <www.acessoajustica.gov.br>. Acesso em: 15 out. 2014. A grande parte dessas demandas, para não afirmar tratar-se da totalidade, discute questões relacionadas, direta ou indiretamente, a políticas públicas não realizadas.

69. Não sem propósito, Ronald Dworkin dedicou praticamente uma obra toda, das mais relevantes, ao estudo da atuação judicial diante de questões que entende serem classificadas como difíceis. Leia- se: *Levando os direitos a sério*. Tradução de Nelson Boeira. São Paulo: Martins Fontes, 2010, especialmente os capítulos de 1 a 7.

realização de direitos sociais, mas para a tutela de interesses, ora políticos, ora econômicos de fomento do capital, tendo sido esses, inclusive, os motes para o surgimento das escolas de Direito no Brasil.

Retornando ao que dito subseção 3.1, é possível verificar como esse processo de direcionamento da atuação do Judiciário se realizou e se realiza a partir da "capacitação técnica-jurídica" implementada nos cursos jurídicos que preparam os magistrados e todos aqueles que se propõem a atuar pelo Direito para as questões de fortalecimento das necessidades elitistas e liberalistas.

Basta lembrar quanto tempo do período universitário é dedicado ao estudo dos ditos direitos fundamentais e quanto desse tempo é destinado ao estudo das obrigações, contratos, propriedade e responsabilidade civil.

Insignificante porque, como já anotado durante este trabalho, o Estado tornou-se via de realização dos interesses de quem verdadeiramente detém condições de determinar as ações do Estado.

A crítica que se põe não é, portanto, dirigida propriamente às políticas públicas ou ao anseio de alguns em buscar mecanismos de efetivação dos direitos fundamentais estampados na Constituição vigente, mas aos tortos caminhos escolhidos para que esse mister se realize.

O problema, como se vem procurando demonstrar ao longo de todo o presente escrito, é que o Poder Judiciário jamais fora imaginado com o escopo de tutelar direitos fundamentais, mas apenas como rota de legitimação dos interesses vigentes em cada época e que dominam a agenda do Estado.

Se a forma social contemporânea é de capital e política, essa é a agenda do Estado, e não a efetivação de direitos fundamentais. Como se buscou demostrar ao longo deste estudo, em especial na subseção anterior, o processo de formação e condução das estruturas jurisdicionais obedece às características que pertencem a essa mesma forma social vigente.

Outra questão que se põe é a equívoca interpretação da doutrina quanto à concepção de acesso à justiça como garantidora aos indivíduos de buscar o Poder Judiciário com fins a pleitear a realização de direitos fundamentais estampados na Constituição e não efetivados pelo Estado.

Esse modelo é insuficiente, sobretudo se se pensar na condição do pobre, como bem analisa Walter Piva Rodrigues.[70]

---

70. Assistência Judiciária, uma garantia insuficiente. In: Participação e processo. Coord. Ada Pellegrini Grinover, Cândido Rangel Dinamarco e Kazuo Watanabe. RT. São Paulo: 1988, p. 243 e ss. especialmente a página 251.

Sugere o autor que a própria concepção de assistência jurídica e judiciária deve ser ampliada de modo indiscriminado a todos os cidadãos, como forma efetiva de se garantir a igualdade prevista em sede constitucional.[71]

Em primeiro lugar, já é passada a hora de abandonar a concepção de acesso à justiça relacionado ao Judiciário. Este deve ser visto como o último caminho a ser trilhado na busca de qualquer direito, seja pela insuficiência para solucionar o conflito além dos limites do que posto no processo, seja pela existência de outras rotas muito mais efetivas do que o Judiciário, a exemplo da mediação, porque são vias que permitem um processo de deliberação.

Desse modo, o acesso à justiça deve ser visto e viabilizado a partir do fomento de meios adequados de solução dos conflitos, e não da garantia ilimitada, principalmente quando de modo individual, ao Judiciário.

A própria concepção de política pública, por si, já implica afastamento de atuações individuais, devendo ser pensada a partir do social. Tais políticas são adjetivas de "públicas", não porque realizadas por pessoas e agentes públicos, mas por trazer em sua gene o social.

Como adverte Carlos Miguel Herrera:

> "A doutrina jurídica alemã, que tem sido a primeira a analisar sistematicamente a questão, considera, majoritariamente, que não se trata de direitos garantidos constitucionalmente, entendidos como direitos subjetivos, para utilizar uma expressar tradicional, quer dizer, diretamente aplicáveis e, portanto, invocáveis de maneira autônoma perante os tribunais." (Tradução nossa.)[72]

Como adverte a doutrina desse autor, o próprio tratamento dos direitos sociais como sendo individuais, subjetivos, é resultado de um projeto político e histórico. Dito de outro modo, tratar os direitos sociais como sendo o mesmo que direitos do homem foi a tentativa política de reduzir aquele à condição subjetiva, pulverizando o seu processo de realização.[73]

Observa, ainda, Carlos Miguel Herrera que essa é a principal razão pela qual os direitos sociais aparecem sempre "como fruto de uma revolução inconclusa", não por fatores históricos, mas, sobretudo, porque há uma pretensão ainda insatisfeita de positivá-lo. Por isso o seu tratamento como políticas, irrealizáveis se

---

71. *Idem, ibidem.*

72. Estado, constitución y derechos sociales. *Revista de Derecho del Estado*, Bogotá, n. 15, 2003, p.

75. Texto original, em Espanhol: "*La doctrina jurídica alemana, que há sido la primeira en analisar sistematicamente la cuestión, considera, mayoritariamente, que no se trata de derechos garantizados constitucionalmente, entendidos como derechos subjetivos, para emplear una expressión tradicional, es decir, directamente aplicables y por lo tanto invocables de manera autónoma ante los tribunales*".

73. *Ibidem*, p. 77 *et seq.*

consideradas subjetivamente, quando deveriam, aos olhos do autor, serem tidas como naturais.[74]

Quando se aludiu à insignificância da atuação impositiva do Judiciário na tentativa de garantir, de modo subjetivo, direitos que devem ser entendidos como sociais, pretendeu-se mostrar que, frente ao poder político e, sobretudo, ao poder econômico, tais ordens se apresentam como fato gerador de consequências, estas sociais. Em outras palavras, em vez de se socializar a solução do acesso aos direitos sociais, individualiza-se o tratamento de tais direitos e socializam-se os danos.

Basta imaginar uma ordem judicial determinando que um município concretize a garantia constitucional de acesso à educação a todas as crianças com até 5 anos de idade, o que deverá fazer mediante abertura de quantas vagas forem necessárias em creches públicas, e, no caso de não as ter, que viabilize vagas em creches particulares com custeio público. Ora, de duas, uma, ou esse município irá protelar o cumprimento da ordem judicial, valendo-se da ordinarização do procedimento processual, e, ainda que transitada em julgado a decisão, simplesmente irá ignorá-la, ou realizará a ordem judicial, e, nesse caso, com rateio social dos custos.

Assim como ocorreu com os direitos fundamentais, os instrumentos processuais de realização dos direitos também ganharam certa dose de força com a onda de democratização verificada pré e pós-Constituição de 1988.

A década de 1980 reflete bem o que se diz: o Estatuto da Criança e do Adolescente, o Código de Defesa do Consumidor, a ampliação da legitimação na ação civil pública, o alargamento das hipóteses de cabimento da ação popular, a previsão do mandado de segurança coletivo e do mandado de injunção coletivo, a adequação do procedimento de Juizados Especiais, a assistência judiciária, a criação das Defensorias Públicas, visando estas duas últimas, a melhorar a realização dos direitos das pessoas economicamente carentes.

Contudo, como bem adverte Alysson Leandro Mascaro, se a década de 1980 representou uma nítida ruptura na tendência individualista do exercício dos direitos, a década seguinte, 1990, significou um retrocesso.[75]

Mas isso não quer dizer que algumas poucas tentativas de limitar o caráter liberal do sistema processual não tenham ocorrido. Cite-se como exemplo a reforma do Código de Processo Civil, ocorrida em 1994, na qual se incluiu, no artigo 461, atual 497, do NCPC, a possibilidade de o juiz adotar mecanismos que impusessem ao destinatário de suas ordens o dever de cumprir com a obrigação nos exatos termos em que assumida, limitando a possibilidade de conversão de toda e qualquer obrigação em reparação de danos.

---

74. *Ibidem, loc. cit.*
75. *Crítica da legalidade e do Direito brasileiro*, p. 198.

Exemplos como esses são mínimos diante do processo de desconstrução dos conceitos e tendências de coletivização e socialização do procedimento processual.

Até então, as obrigações não cumpridas ensejavam apenas a possibilidade de sua conversão em perdas e danos; assim, violada a norma de proteção ambiental, para citar um exemplo, pagava-se uma determinada quantia como forma de reposição, o que se convencionou denominar de princípio do poluidor-pagador.

Analisando as características liberais do processo, observa Luiz Guilherme Marinoni que:

> "(...) o direito liberal não se preocupava com as diferenças entre os bens e as pessoas. Se as pessoas são iguais – independentemente das suas diferenças concretas – e se os bens não merecem tratamento diversificado, basta o ressarcimento em pecúnia, inexistindo razão para a tutela específica. Em uma sociedade em que não há razão para proteger determinadas posições sociais, mas apenas necessidade de manter em funcionamento os mecanismos de mercado, é suficiente a tutela que retribui em dinheiro o valor da lesão."[76]

Apesar do inegável avanço obtido no sistema processual com o advento da tutela específica, permitindo ao juiz impor o cumprimento da obrigação nas exatas condições em que assumida, limitando a possibilidade de se converter qualquer dever em mera cifra, é preciso levar em conta que esse benefício não foi suficiente para afastar a excessiva carga liberal que impregna o sistema processual. Basta lembrar que o processo continua preso à finalidade instrumental de entregar a cada um o que é seu. Para lembrar a clássica definição de efetividade do processo posta por Chiovenda, continua individualista e, sobretudo, legalista.[77]

Na década de 1990, foi dado início a um processo de tecnicização dos procedimentos, de modo a doutrinar e restringir o campo de ação social do sistema processual.

Como bem lembra doutrina de Dierle José Coelho Nunes, a década de 1990 deveria representar, em termos econômicos, a década da reconstrução das estruturas de fortalecimento do desenvolvimento do mercado.

Segundo o autor, diante desse movimento, era imperiosa a reformulação das bases do processo, de modo a adequá-lo às novas exigências. Salienta Dierle Nunes, valendo-se da doutrina de Ada Pellegrini Grinover, que as medidas deveriam assegurar: a) a uniformização das decisões, deixando de lado as características do caso concreto; e b) a máxima sumarização, esvaziando a função do contraditório.[78]

---

76. *Tutela específica*, p. 13.
77. *Instituições de direito processual civil, passim.*
78. *Processo jurisdicional democrático*: uma análise crítica das reformas processuais, p. 161.

Seguindo, é possível verificar a providência da arbitragem, visando ao afastamento cada vez mais do Judiciário das relações negociais, a súmula vinculante, os precedentes judiciais, a teoria da relativização da coisa julgada.

Outro exemplo de limitação dos efeitos das decisões coletivas encontra-se no artigo 2.º-A da Lei n. 9.494/1997, onde se lê que:

> "A sentença civil prolatada em ação de caráter coletivo proposta por entidade associativa, na defesa dos interesses e direitos dos seus associados, abrangerá apenas os substituídos que tenham, na data da propositura da ação, domicílio no âmbito da competência territorial do órgão prolator."

Portanto, vê-se claramente que a década de 1990 representou um período de resgate das bases liberais do sistema processual, tudo com vistas ao fortalecimento dos limites de atuação e efetivação do processo como instrumento de realização do direito material, cada vez mais reindividualizado e parametrado pela legalidade, e, quando não por essa via, pela vinculação das decisões judiciais, em especial do STF.

Por razões históricas, observa a doutrina de Fabiana Marion Spengler que a sociedade moderna aprendeu e apreendeu a ideia de que a solução dos conflitos deveria ser entregue às mãos do Estado, do Poder Judiciário, o que deu ensejo a um comodismo social, sempre no aguardo de uma decisão que lhes dissesse a quem pertencia o direito demandado.[79]

A autora trata da questão aqui posta sobre os limites da atuação jurisdicional para solucionar conflitos, circunscritos ao que posto no processo, a lide, observando que, em verdade, esse é o limite de capacidade do Judiciário. Segundo Fabiana Spengler, o Judiciário não tem condições de ir além desse limite, resolvendo o conflito nas suas bases sociais, exatamente porque não é de seu alcance.

E a autora conclui, afirmando que:

> "(...) não pelo fato de o Judiciário decidir a respeito de divórcio ou separação, de uma ação de despejo ou homologar um dissídio coletivo entre patrões e empregados, que deixarão de existir vínculos familiares ou trabalhistas, convergentes ou divergentes."[80]

É preciso considerar que os conflitos sociais são constituídos essencialmente por pessoas, logo, impregnados de relações de interesses, de desejos, sobretudo de sentimentos, percepções essas que inatingíveis pelas decisões judiciais. Por isso, acerta a autora, quando ressalta que:

> "(...) o Judiciário funcionaliza (no sentido de que institucionaliza) ou processa conflitos sociais, mas suas decisões não eliminam relações sociais. Na verdade, ele decide sobre aquela relação social especificamente deman-

---

79. *Da jurisdição à mediação*. Ijuí: Unijuí, 2010, p. 283-284.

80. *Ibidem*, p. 287.

> dada, o que não impede, todavia, que outras tantas, com novas características, se manifestem ou que continue existindo a própria relação social enquanto relação social."[81]

É diante desse quadro de absoluta insuficiência da atuação jurisdicional do Estado para eliminar, tratar as razões de base dos conflitos, que se torna imperiosa a necessidade de outra cultura de tratamento de conflitos, e não de decisão de conflitos, o que já tratado no presente trabalho, na subseção 3.1.

A transferência para as mãos dos próprios conflitantes da responsabilidade de encontrar meios de integração das vontades é medida que se impõe, quando se pretende a eliminação desses conflitos de modo a impedir o seu ressurgimento.

81. *Da jurisdição à mediação*, p. 287.

4

DESCENTRALIZAÇÃO DA FUNÇÃO JURISDICIONAL E TRANSFORMAÇÃO SOCIAL DOS CONFLITOS

4.1 Da estrutura político-jurídico-social que temos para a que queremos

O estudo da estrutura político-jurídico-social existente na sociedade contemporânea passa, invariavelmente, pela concepção de democracia, vista como outra face da ditadura.[1]

Isso significa que democracia e ditadura não se constituem em formas antagônicas de gerência de necessidades estabelecidas por uma sociedade e em cada época, mas mecanismos constantes, vivos e, sobretudo, não estanques. Por esse ângulo, a exclusão do diverso do contexto democrático indicaria uma forma de totalitarismo,[2] e, por essa razão, não se admite, no presente trabalho, por adequado, uma sociedade administrada exclusivamente pelas massas, com

---

1. Não se tem, contudo, a pretensão de exaurir o estudo acerca do tema da democracia, que, por si só, demandaria a construção de um trabalho específico. O que se pretende é apenas consignar que não se pode entender a democracia como algo estanque, acabado, mas ao contrário, a ideia de democracia pressupõe a capacidade de convivência entre o diverso, plúrimo, sob pena de se tornar autoritária, por imposição de vontades unitárias.

2. Por totalitarismo está se entendendo não apenas a forma de se governar uma sociedade, mas a própria ideologia que se apresenta como mola propulsora desse movimento de imposições de vontades únicas. Sobre o tema, ver: ARENDT, Hannah. *Origens do totalitarismo*. Tradução de Roberto Raposo. São Paulo: Companhia das Letras, 2012, especialmente a parte III.

exclusão das instituições, devendo ser fomentada a sua efetiva participação na construção de outra realidade.

Nessa esteira, afirmar que para haver democracia se faz necessário um Governo não significa dizer, de qualquer modo, que a participação da sociedade deve ser reduzida à mera atuação aparente, exatamente como se vê na representação parlamentar, na qual o cidadão, tratado como igual, elege um representante com a expectativa de que o mesmo irá atuar em defesa dos interesses da sociedade.

O pensamento no sentido de que a única democracia possível é aquela que resguarda elementos formais de participação, face às características complexas das várias realidades que se pode enxergar diante da sociedade moderna, decorre de teoria weberiana.

Manoel Gonçalves Ferreira Filho afirma que a constante busca pela plena igualdade se mostra contraditória quando colocada ao lado da liberdade, ambas como elementos de estruturação da concepção de democracia.[3]

Segundo reconhece esse autor brasileiro, a realização da democracia implicaria a plena preservação da liberdade e da igualdade para todos, contudo, na medida em que se busca a plena igualdade, invariavelmente se impõem limites à liberdade, o que torna a própria democracia impossível. Na visão Manoel Gonçalves Ferreira Filho, não há democracia que realize a democracia.[4]

Em verdade, esse tipo de democracia, formal, permitindo que a vontade de um grupo seja imposta sobre a vontade de outro, em especial pelo método da dominação das vias políticas e de capital, indica, essencialmente, o exercício de um processo ditatorialmente democrático.

Diferentemente do que se possa imaginar, a forma ditatorial, como modo de dominação de uma sociedade, não se dá exclusivamente por meio da força como meio de controle, mas, sobretudo, através das aparências, de uma violência que é simbólica, de uma manipulação apresentada como escolha livre, aí a sua ligação com a democracia formal.

Crer na afirmação weberiana de que a relação entre as classes decorre de uma interdependência natural e, desse modo, inevitável, mostra-se inadequado.

O fato de se admitir tratar-se de uma realidade de raízes profundas, consequência de um processo de escuridão alimentado pelas benesses do capitalismo, que, por sua estrutura de exploração, se consolida e se fortalece, portanto, dependendo fundamentalmente das diferenças de classes, não nos permite concluir tratar-se de situação natural, senão racionalmente estabelecida.

Trabalhar a partir de uma realidade que se tem não significa aceitá-la como natural, menos ainda, como imutável. Pensar em democracia real, de deliberação,

---

3. *A democracia possível*, p. 3.
4. *Ibidem*, p. 23.

impõe a aceitação das realidades como passo primeiro no processo de transformação. Transformação essa que, apesar de ser fruto de sonho, reconheçamos, é sonho que se deve sonhar acordado, como inclusive já restou anotado ao longo do presente escrito, e como já consignou a obra de Ernst Block,[5] sendo não só crível, como, sobretudo, possível de ser realizado, a depender das escolhas praticadas pela sociedade.

É exatamente por se admitir a existência de uma realidade de dependência política e econômica, alimentada por uma fantasia de raízes profundas, que se crê também constituir em equívoco imaginar que, ao se aludir à democracia direta, se está falando em unidade de vontades. Por certo que não.

A própria concepção de deliberação social não exclui o indivíduo, apenas considera que este não deve ser visto em suas necessidades e desejos subjetivos, de modo que, a partir de um novo processo histórico de formação, se pense no todo. Essa a concepção de democracia que se tem aqui, que, por sua própria concepção, admite não apenas a participação do outro, mas, em particular, as suas necessidades, as divergências, efetivamente, porém, que acolhe o coletivo.

O que acontece, como analisa Joachim Hirsch, é que, embora não estabelecidos pela chamada burguesia, assim como se viu no presente trabalho que o Estado também não o é, os poderes de envolvimento da sociedade contemporânea, especificamente o político e o de capital, se valem das características assumidas pela democracia representativa parlamentar para a consolidação de suas necessidades.[6] É ali, e não no Judiciário, que as desigualdades se consolidam na forma de leis gerais. Este último apenas a reproduz por meio de um modelo de subsunção e imposição de normas aos fatos e nos limites do pedido que lhe for apresentado.

Assim, a democracia é também uma questão de linguagem, e, desse modo, absorve as características do meio social em que inserida. No caso do Brasil e, consequentemente, de suas instituições, as características são de elitismo, preconceito, segregação, corrompida em seus aspectos morais. Por isso, acerta Leonardo Avritzer, ao afirmar que a agenda estabelecida pelo elitismo democrático se mostra incompatível e nada representativa das necessidades da população.[7]

A legalidade, a exigência da garantia da liberdade e da igualdade perante a lei, a separação entre Estado e sociedade, e entre política e economia, impulsionam e alimentam o surgimento e a renovação da falsa necessidade da representação política parlamentar como a única forma possível e adequada à representação da sociedade e à realização das necessidades sociais, contribuindo para o aperfeiçoamento desse sistema.

5. *O princípio esperança, passim.*
6. *Teoria materialista do Estado*, p. 92.
7. *A moralidade da democracia.* São Paulo: Perspectiva, 2012, p. 112-113.

Vale dizer que esse modelo de democracia apenas se difere do modelo ditatorial quando analisado sob aspectos de forma, e não de conteúdo.

Como bem anota Claude Lefort, a democracia exercida a partir de desejos unilaterais igualmente irá configurar uma espécie de totalitarismo.[8]

Observa esse autor que democracia é elemento da história, capaz de absorver as complexidades e as mutações sentidas pela sociedade em cada época, heterogênea por essência.

É assim que a mesma estrutura social democrática que permite o aprofundamento das imposições das particulares necessidades, igualmente permite à sociedade impor ao Estado contornos sociais de modo a equilibrar as relações.

No caso específico do Brasil, a Constituição Federal de 1988, inegavelmente, representou um marco em relação ao movimento de democratização do país, sendo necessário lembrar que o movimento de transformação não se estabeleceu das instituições para a sociedade, senão, no sentido exatamente oposto.

A mobilização nacional experimentada na ocasião, apenas para citar um exemplo recente e que serve de parâmetro temporal para o corte epistemológico adotado no presente trabalho, em especial com a tomada de espaços públicos, fortaleceu a ideia do debate, da necessidade de se considerar as várias vertentes que compunham e compõem a sociedade brasileira.

O método da força militar, inicialmente franqueado pelos liberais como forma de limitar o domínio dos grupos sociais, do fortalecimento das representações coletivas, em que se pretendia prevalecesse a equidade social, tornou-se, ao longo de poucos anos de ditadura, certamente um dos grandes problemas a ser combatido por aqueles mesmos liberais que inicialmente o fomentaram.

Os abusos de poder, o uso extremado da força pelos militares, as violações dos direitos humanos, a insegurança gerada a partir da realidade política que vivia o país, premissas anteriores e maiores para a consolidação dos ideais liberais pós-Segunda Guerra, impuseram a necessária retomada da democracia como forma de restabelecer a segurança exigida ao desenvolvimento econômico nacional.

Conforme bem anota José Eduardo Faria, a desestruturação político-econômico-social provocada pela atuação arbitrária e tecnocrata dos militares se deu com tal grau de profundidade que a retomada da "ordem" não mais era possível por meio de simples reformulação de questões normativas pontuais.[9]

Como ainda lembra esse autor, na gene da nova Constituição, não estava o ideal positivista-normativista, que a define como um conjunto de regras que norteia a criação e a aplicação de outro conjunto de regras, agora gerais, mas sim

---

8. *A invenção democrática*. 3. ed. Tradução de Isabel Loureiro e Maria Leonor Loureiro. Belo Horizonte: Autêntica, 2011, em especial p. 87 *et seq*.

9. *O Brasil pós-constituinte*, p. 16-17.

premissas de estabilidade política e econômica, exigindo reformas muito mais profundas e contínuas do que a imposição de um simples conjunto de regras.[10]

Contudo, apesar de uma genética profundamente liberal, ressalta José Eduardo Faria que o processo de redemocratização nacional trouxe a reboque importantes ganhos sociais, tanto em relação à conquista de direitos quanto no que tange à ampliação de instrumentos jurídicos e jurisdicionais de tutela desses mesmos direitos, cujo símbolo maior são as demandas coletivas e, no campo representativo, o fortalecimento dos sindicatos, a ampliação de direitos sociais, a instituição de mecanismos para o fortalecimento da igualdade de gêneros, por exemplo, culminando na geração de novos debates sobre as políticas públicas, inclusive sobre os limites de atuação do Poder Judiciário na efetivação desses direitos.[11]

Nesse cenário de transformação, é importante não perder de vista que, ao mesmo tempo em que um regime político aberto permite a participação social, e, em tese, fomenta o debate, abre as portas de suas instituições à sociedade, oferecendo riscos sensíveis de controle. Por essa razão, a adoção de medidas já na fase de Constituinte, mas que serão aprofundadas a partir da década de 1990, voltadas ao controle das participações sociais, da reindividualização dos direitos, do estabelecimento de limites às liberdades e, sobretudo, da segurança jurídica como parâmetro de atuação jurisdicional, tornou-se fundamental.

Objetivando esse fim, a partir da década de 1990, teve início um processo de constantes reformas do sistema processual, sendo o último deles o novo Código de Processo Civil, aprovado em derradeira fase no Senado no final do ano de 2014.

O mantra da necessária segurança jurídica é o grande norte a guiar a atuação jurisdicional, seguido do constante processo de reindividualização[12] das demandas e privatização dos procedimentos.

Não foi outra a intenção do legislador quando estabeleceu, no artigo 2.º-A da Lei n. 9.494/1997, que disciplina o procedimento de aplicação da tutela ante-

---

10. *Ibidem, loc. cit.*

11. *Ibidem*, p. 20.

12. Importante não perder de vista que a reindividualização das demandas não é atenuada pelo fato de as constantes reformas processuais (em verdade meramente procedimentais) adotarem mecanismos como o da coletivização das demandas, o qual se restringe a reunir as demandas individuais que tenham o mesmo objeto demandado. Esse cenário negativo se apresenta: a) porque, apesar de decididas de maneira uniforme, a execução de tais demandas continuará sendo individual; e b) porque, ainda que se esteja diante de demandas propriamente coletivas, o que já significa um avanço, já restou apontado no presente trabalho que a forma restritiva da legitimidade ativa se mostra inadequada.

cipada em face da Fazenda Pública, os limites territoriais da eficácia da sentença em ações coletivas promovidas por entidades associativas.[13]

O mesmo objetivo de reindividualização das tutelas coletivas pode ser visto no parágrafo único do mesmo dispositivo legal, no qual se impõe a necessidade de se instruir a petição inicial das demandas propostas em face da União, estados, municípios, e suas respectivas autarquias e fundações, com a relação nominal dos associados, bem como com os seus respectivos comprovantes de endereços.

Ainda o disposto no artigo 16 da Lei de Ação Civil Pública (Lei n. 7.347/1985), que busca impor limites territoriais à eficácia da sentença proferida em ação dessa natureza. Com o mesmo espírito de dominação e supremacia de privilégios impostos por meio do ordenamento processual, tem-se o disposto no parágrafo único do artigo 1.º da Lei n. 7.347/1985, no qual existe a restrição à propositura desse tipo de ação para veicular pretensões que envolvam tributos, contribuições previdenciárias, FGTS, ou qualquer outro fundo institucional, cujo titular possa ser determinado.

No caso específico do novo Código de Processo Civil, todas essas características já amplamente apontadas e debatidas no presente escrito, do individualismo, do privatismo, do elitismo, da necessária segurança jurídica, enfim, são mantidas intocáveis, apesar de reconhecidas melhorias procedimentais de mera condução prática do processo e resolução da lide, nada mais.

Esse cenário é fruto do histórico distanciamento havido entre as escolas de processo surgidas no século XX, em particular no Brasil, e as ideologias de Estado. O estudo restritivo da mera técnica processual nos bancos acadêmicos, seguido ou seguindo as exigências do mercado de trabalho, considerados aqui, inclusive, os concursos públicos e os exames da OAB, resulta em debates rasos sobre prazos, técnicas de recursos, formas de citação etc., pondo de lado questões como a interferência do sistema econômico na reprodução da desigualdade processual, mecanismos de abertura de diálogo entre o Judiciário e a sociedade, enfim, questões que possam tocar em pontos de real transformação no modo da prestação jurisdicional, com fins ao cumprimento efetivo do que disposto pela Constituição Federal.

Reconhecido avanço se tem nesse sentido com o advento do Projeto de Lei n. 8.058, de 2014, apresentado à Câmara dos Deputados pelo deputado federal Paulo Teixeira, e coordenado pelos juristas Ada Pellegrini Grinover, Kazuo Watanabe e Paulo Henrique dos Santos Lucon.

---

13. Eis a literalidade do dispositivo: "A sentença civil prolatada em ação de caráter coletivo proposta por entidade associativa, na defesa dos interesses e direitos dos seus associados, abrangerá apenas os substituídos que tenham, na data da propositura da ação, domicílio no âmbito da competência territorial do órgão prolator".

O referido projeto, não obstante conter avanços importantes na busca por uma atuação jurisdicional mais democrática no sentido aqui empregado e único que se imagina coerente com o próprio termo, qual seja o deliberativo, com a devida *venia*, peca quanto à forma empregada.

Destinado a instituir o que chama de "processo especial para o controle e intervenção em políticas públicas pelo Poder Judiciário", o referido projeto, apesar de mencionar com certa constância em seus artigos a possibilidade de participação da sociedade, a exemplo da redação contida nos incisos II, III, VII, parágrafo único, do artigo 2.º, referindo-se, de modo expresso, nesse último inciso, à possibilidade do controle, do debate social, seja pela via judicial ou extrajudicial, não abriu a possibilidade de a sociedade debater o próprio projeto, restringindo, ao menos pelo que se pode extrair da redação da sua justificação, a poucas instituições, nominalmente, o Centro Brasileiro de Estudos e Pesquisas Judiciais (CEBEPEJ), o Departamento de Direito Processual da Faculdade de Direito da Universidade de São Paulo (USP), a Faculdade de Direito de Vitória (no seu curso de mestrado), a Universidad Lomas de Zamora, em Buenos Aires, Argentina (no seu curso de doutorado), a Associação dos Advogados de São Paulo (AASP) e o Instituto dos Advogados de São Paulo (IASP).

Aqui, é possível ver que, não obstante os merecidos aplausos a todos aqueles que se empenharam na elaboração do presente projeto, a restrição do debate a instituições compostas ou coordenadas direta ou indiretamente praticamente pelas mesmas cabeças, além de restritas ao cenário jurídico, se mostra inadequada, visto que completamente desconectada da realidade e dos fins a que se prestam as políticas públicas.

Nesse mesmo trabalho,[14] já se teve a oportunidade de observar que o problema da judicialização das políticas públicas vai muito além da simples falta de parâmetro processual (ou procedimental), atingindo questões de ordem política e econômica.

No mais, o referido projeto, apesar de aludir a um "novo processo adequado à tutela jurisdicional dos chamados conflitos de ordem pública", resume-se a colocar em nova lei aquilo que já permitido e contemplado pelo sistema processual atual, tanto individual quanto coletivo.

A própria possibilidade de o juiz consultar a sociedade, organizada por meio de entidades representativas, sobre questões de interesse geral antes de julgar a demanda já se permite, seja pela via da figura do *amicus curiae*, inclusive agora em sede de primeiro grau de jurisdição, porque admitido pelo novo Código de Processo Civil, quanto pelas possibilidades de realização de audiências públicas, o que absolutamente permitido pelo princípio da efetividade da atuação jurisdi-

14. Vide subseção 2.2.

cional e pelo poder de instrução do juiz, contemplado no artigo 370 do Código de Processo Civil.

Portanto, não se trata de autorizar o juiz por meio de nova regra a proferir sentenças abertas, flexibilizar o procedimento, consultar a sociedade, seja em temas como de políticas públicas ou qualquer outra questão, mas, sobretudo, de impressão de novos parâmetros sociais de atuação das instituições jurídicas, o que definitivamente o projeto não atinge.

Essa empreitada impõe uma transformação que não é institucional, mas social. Somente outra sociedade, pautada em novos valores, capaz de impor uma real quebra de paradigmas como os de classes, de elitismo, de privatismo, de individualismo, de gênero, é que será capaz de produzir novas cabeças e, consequentemente, novas formas de resolução dos conflitos sociais.

Como já visto em Hans-Georg Gadamer, o homem é a essência da sociedade em que inserido, esta o molda, não o contrário.[15] Um magistrado, enfim, ainda que permita a manifestação da sociedade, reproduzirá os seus preconceitos, os seus limites, ainda que de modo inconsciente nas suas decisões, assim também o professor, o promotor, o funcionário público, o jornalista...

Por essa razão, afirma-se que a democracia que se estabelece pós- Constituição de 1988, apesar de ganhos inegáveis, é por tudo isso paradoxal, no sentido de se constituir em negativa das liberdades, visto que elas são exercidas dentro de limites preestabelecidos, uma democracia que franqueia a participação, sem, contudo, permitir a deliberação, uma democracia de ações condicionadas, de negação.[16]

Os próprios limites impostos inicialmente à figura participativa do *amicus curiae*, permitindo a sua atuação apenas nos tribunais superiores, é outro exemplo do que se diz, restrição essa que, pelo menos em tese, é mitigada pela nova redação do Código de Processo Civil, que permite a participação do *amicus curiae* inclusive em primeiro grau.

É nesse sentido que se entende estar-se diante de uma espécie de democracia de fantasia, no exato sentido de negação da essência do Estado Democrático, ou seja, do pluralismo político e social.

A realidade do processo democrático que se tem no Brasil, a espelho do que se verifica, em especial, em países periféricos, em processo de "desenvolvimento" econômico-político-social, mostra o quão incompatível é a concepção de democracia de realidade,[17] com ideais perseguidos pelos sistemas político e de capital, isso devido às próprias características assumidas pela sociedade contemporânea.

15. *Verdade e método, passim.*
16. Sobre as contradições do processo democrático, ver: AVRITZER, Leonardo. *A moralidade da democracia*. São Paulo: Perspectiva, 2012, em especial p. 99 *et seq.*
17. Aquela que permite a participação efetiva da sociedade na tomada de decisões.

Sendo a exploração do trabalho e do próprio capital o pilar de sustentação do desenvolvimento do modelo capitalista, e a lógica do poder, o pilar de sustentação do elemento político, e, sendo a concepção de democracia real, de deliberação efetiva da comunidade social, ou seja, uma participação direta da sociedade no processo de tomada de decisões, sem desconsiderar as complexidades da sociedade contemporânea, logo se vê a completa incongruência existente entre esses dois extremos.

Nesse cenário, é natural que a única democracia que pode interessar aos sistemas político e econômico é, portanto, a formal, pautada na fantasia da participação, mas esta, é totalitária pela sua própria essência. Mantida essa condição de escuridão, não há que se falar em democracia real, de deliberação coletiva. Reitera-se, tudo se resume a tomada de decisão sobre que tipo de sociedade se quer.

A linha que divide a democracia de fantasia, de ilusão, da democracia real, de deliberação, é bastante tênue, o que pode indicar um caminho de risco constante para os desígnios políticos e econômicos. Exatamente por isso, o processo de renovação dos mecanismos de controle da necessária deliberação tem se mostrado constante, sendo a via da legalidade, especialmente quanto ao direito material, do fortalecimento da teoria da representação política e da vinculação da atuação jurisdicional, o caminho mais adequado para se atingir esse mister.

Essa análise não permite a conclusão de que democracia e capitalismo sejam dependentes, ou que somente uma sociedade socialista possa ser caracterizada como verdadeiramente democrática.

Como visto nos parágrafos acima, a própria concepção de democracia impõe a existência do não democrático, sob pena de não se ter democracia real.

A democracia, portanto, mostra-se fundamental tanto para o fortalecimento dos processos capitalista e político quanto para permitir uma luta em que se busca exatamente o oposto, a prevalência dos anseios sociais, em detrimento do individualismo e dos privilégios, a depender da opção social de cada época.

Se a realidade das sociedades contemporâneas de capital, a exemplo do Brasil, é de uma democracia de fantasia, está nas mãos da própria sociedade a sua transformação.

É nesse contexto em que se insere a concepção sobre a insuficiência da democracia participativa e a necessidade de outro modelo democrático, o deliberativo.

Mais do que a democracia participativa, na qual até se permite que os núcleos sociais se expressem, a partir de representações políticas, partidárias ou não, sem, contudo, considerar as suas vontades diretas, a democracia deliberativa traz consigo a necessidade de efetiva atuação da vontade dos grupos.

A instituição do modelo de democracia deliberativa, solidária no sentido mais estrito e profundo desse termo, é condição indispensável para o processo de transformação das instituições existentes, especialmente a jurisdicional, com suas características já apontadas por mais de uma vez, para um modelo de interação, de diálogo entre as instituições do Estado e aqueles que, por determinação constitucional, são reais detentores do poder, o povo.

Observar-se-á, com base na doutrina de James Holston, que o modelo de democracia posto no século XX, de mera participação representativa, de ideologia liberal, resultou em sensível aumento da conflituosidade e da insatisfação diante da não realização de direitos prometidos.[18] Isso se dá, conforme se procurará ponderar, pelo fato de que esse modelo de democracia, formal, não se estabelece com o intuito de eliminar as desigualdades, tampouco de acolher as necessidades de uma sociedade cada vez mais carente de seus elementos mais básicos, mas, ao contrário, de seu aprofundamento, trazendo nas suas entrelinhas ideais marcantes de sobreposições e de exploração.

Sustenta esse autor, em obra destinada ao estudo das características da cidadania construída especificamente no Brasil, que o modelo aqui adotado, dos mais comuns, visa apenas à administração das diferenças sociais, perpetuando um cenário de desigualdade. Em suas palavras, "a cidadania brasileira se caracteriza, além disso, pela sobrevivência de seu regime de privilégios legalizados e desigualdades legitimadas".[19]

A isso o autor denomina de "cidadania diferenciada", sendo que o próprio termo "cidadão" é posto no sentido pejorativo, de exclusão, indicando alguém fora do contexto social em que inserido o seu interlocutor.[20]

Na mesma linha, Joachim Hirsch observa que:

> "Como as formas de dominação política estão relacionadas com as estruturas econômicas e as relações de classe existentes, as primeiras modificam-se com as segundas, e com isso, modifica-se também o que se entende por democracia."[21]

A consequência é o enraizamento da concepção de democracia como expressão de liberdade, mas de uma liberdade vigiada, em que se fala sem ser ouvido, apenas como forma de se estabelecer uma proposital calmaria.

Especificamente em relação à atuação jurisdicional e à tutela de direitos, a Constituição de 1988 representou sensível avanço, acolhendo medidas como

---

18. *Cidadania insurgente: disjunções da democracia e da modernidade no Brasil.* Tradução de Claudio Carina. Revisão técnica de Luísa Valentini. São Paulo: Companhia das Letras, 2013, p. 21.
19. *Cidadania insurgente: disjunções da democracia e da modernidade no Brasil*, p. 22.
20. *Ibidem, loc. cit.*
21. *Teoria materialista do Estado*, p. 247.

a coletivização das demandas, a criação de Juizados Especiais, a instituição da Defensoria Pública, como já apontado nas linhas acima em relação ao novo Código de Processo Civil e ao projeto de lei que pretende instituir novo procedimento para a intervenção judicial nas decisões de políticas públicas.

Como anota doutrina de Alysson Leandro Mascaro:

> "A redemocratização fez por apagar os vícios de um direito processual autoritário, na medida em que aposta em garantias em relação ao Estado e faz com que o devido processo legal se estenda a toda demanda processual."[22]

A característica do privatismo, identificada a partir da tese da limitação da atuação jurisdicional aos parâmetros do pedido, desconsiderando por completo a desigualdade substancial existente entre as partes, o elevado custo das demandas judiciais, a excessiva burocracia reinante na atuação jurisdicional, a segurança jurídica colocada como premissa maior da aplicação do Direito, a justificar as eternas vias recursais e executivas, tudo, como bem lembra Alysson Mascaro, a permitir um maior controle dos feitos judiciais pelas mãos do Estado.[23]

Ainda que se diga sobre a existência da ação popular, como símbolo da participação democrática na atuação da jurisdição e, sobretudo, no controle da administração da coisa pública, o gigantismo do hiato existente entre o Poder Judiciário e a sociedade se mostrava (e ainda se mostra) de tal ordem que tornava a existência dessa espécie de ação absolutamente desconhecida e, consequentemente, inutilizada.

É mesmo a partir do advento da Constituição de 1988 que esse cenário assume, ainda que de modo embrionário, outra roupagem.

O chamado constitucionalismo processual, impondo a observância das garantias fundamentais do processo, ainda que em estágios de fantasia, trouxe luz ao debate.

É inegável que algum avanço ocorreu. O implemento dos Juizados Especiais, especialmente no seu modelo itinerante, no qual se leva a estrutura jurisdicional aos locais mais periféricos da sociedade, facilitando a aproximação da sociedade e do Poder Judiciário, é claro exemplo.

Imperioso observar que, se avanços existiram com o advento da Constituição Federal de 1988, em relação à democratização dos direitos e da atuação jurisdicional, também é verdade que tais avanços se deram, em grande parte, de maneira bastante restrita na prática judiciária.

Exemplo importante se tem com relação à ampliação do acesso à justiça às pessoas mais pobres.

---

22. Crítica da legalidade e do Direito brasileiro, p. 192.
23. *Idem*, p. 192.

Se, por um lado, surge a Defensoria Pública como via de acesso para essas pessoas, por outro, a criação e a estruturação desse organismo nos Estados ainda se mostram bastante restrita.

O já citado último relatório apresentado como resultado de pesquisa produzida pela ANADEP e o IPEA, em março de 2013, revela que, em 72% das comarcas brasileiras, há alguma forma de deficiência relacionada à Defensoria Pública. Segundo o relatório, a Defensoria Pública está presente em apenas 754 das 2.680 comarcas existentes em todo país, e apenas 59,5% (o que representa 5.054 dos 8.489) dos cargos de defensores existentes estão providos, ressalvados apenas o estado de Roraima e o Distrito Federal, que estão com os quadros de defensores completos.[24]

Outro dado relevante apontado pelo relatório é que justamente naquelas comarcas menores, com Índice de Desenvolvimento Humano (IDH) menor, ou seja, pessoas mais carentes, a falta de defensores se mostra mais expressiva.[25]

A sugestão ofertada por Glauco Gumerato Ramos[26] é no sentido de se ofertar às Defensorias Públicas autonomia de gerenciamento sobre tais necessidades, por exemplo, lhe sendo permitido reunir advogados que queiram prestar o serviço de atendimento as pessoas carentes, cabendo a Defensoria atuar como órgão de fiscalização desse serviço.

A ampliação das possibilidades das demandas coletivas, fortalecendo a atuação processual dos grupos de representação, é outro bom exemplo de avanços tidos com a Constituição de 1988 em termos processuais.

É preciso observar, neste momento em que se comenta sobre os ganhos processuais com o advento da democratização das instituições a partir de Constituição de 1988, que, ao se falar em atuação jurisdicional democrática, não se está limitando à questão de tratamento procedimentalmente isonômico, como por vezes se verifica na doutrina.

Ofertar maiores ou menores poderes de atuação ao juiz, como forma de equilibrar as relações internas do processo, o que equivocadamente se resolveu denominar de sociabilização do processo, nada tem com democratizar a atuação jurisdicional. É preciso lembrar, o que já se fez no presente trabalho, mais precisamente na subseção 1.3, que o cumprimento das garantias constitucionais do processo, com maior ou menor interferência do juiz, é elemento de fantasia, já que os limites da desigualdade não estão propriamente no procedimento processual, mas já estabelecidos no próprio direito material a ser aplicado.

---

24. Cf. INSTITUTO DE PESQUISA ECONÔMICA APLICADA. *ANADEP e Ipea lançam Mapa da Defensoria Pública no Brasil, passim.*

25. *Ibidem, passim.*

26. Realidade e perspectiva da assistência jurídica aos necessitados no Brasil. In: Cadernos ADENAUER, São Paulo: 2000. p. 44.

Isso não significa que a questão da isonomia sobre o procedimento do processo não tenha relevância, ao contrário, a imposição de vontades igualmente se dá por essa via. Apenas se ressalta não ser essa a tônica da democratização da atuação jurisdicional.

Assim, inverter o ônus da prova, como permite a legislação, por certo que colabora com uma mais adequada isonomia procedimental, mas, de modo algum, implica um processo mais democrático.

O debate envolvendo a democratização da atuação jurisdicional não é algo estranho ao debate sobre o mesmo tema envolvendo questões de ordem político-social.

Como anota Calmon de Passos, a relação entre processo e democracia visa exatamente a permitir compreender e partir da premissa de que o processo, leia-se, aqui, a atuação jurisdicional, é, por essência, política, e, na realidade atual, possui, como assevera esse processualista, sensíveis vínculos com a atuação econômica.[27]

Ora, as instituições que compõem o Estado atuam na tutela dos interesses impostos por expressões de poder em certa época histórica.

Assim como acontece com os sujeitos que compõem a sociedade, o Estado e, consequentemente, suas instituições, absorvem as características do modelo de gerência que lhe foi imposto por quem de fato detém os reais fatores de poder. Em uma sociedade capitalista, bem ou mal, essa será a tônica de toda atuação da estrutura do Estado, assim também do Judiciário.

Portanto, a transformação e a efetivação do processo de democratização da atuação jurisdicional pressupõem uma conjugada transformação dos modos de atuação das instituições do Estado.

Contudo, o processo reformista processual, iniciado na década de 1990, culminando com um novo Código de Processo Civil, caminha exatamente no sentido oposto ao que se deseja.

A celeridade da atuação jurisdicional, a tutela do crédito, a previsibilidade dos resultados da prestação jurisdicional, o reforço da legalidade, o fortalecimento da atuação dos juízes com relação às provas, tudo isso define o espírito reformista da legislação processual.

A reforma da legislação processual recebe esses contornos, porque, diferentemente do que se possa imaginar, com a devida vênia a quem possa pensar de modo diverso, não decorre da ânsia por um processo de relações equilibradas, ao contrário, é resultado de imposições estabelecidas por organismos internacionais

---

27. Processo e democracia. In: GRINOVER, Ada Pellegrini; DINAMARCO, Cândido Rangel; WATANABE, Kazuo (Coord.). *Processo e participação*. São Paulo: Revista dos Tribunais, 1988, p. 83 *et seq*.

preocupados em ofertar maior segurança, exclusivamente como forma de controle à atuação jurisdicional.

Os já mencionados Relatórios n. 319 S e n. 32.789-BR, do Banco Mundial,[28] o primeiro datado de 1996, e o segundo de 2004, serviram de norte para a elaboração da chamada reforma do Judiciário introduzida pela Emenda Constitucional n. 45, de 2004, bem como das subsequentes reformas da legislação infraconstitucional processual.

Como nos lembra Graça Maria Borges de Freitas, o modelo econômico imposto a partir do chamado "Consenso de Washington" refletiu sobre as instituições dos Estados, inclusive e, sobretudo, sobre a atuação do Poder Judiciário.[29] Isso por uma razão muito clara. Sendo a garantia dos contratos e da propriedade privada o norte desenhado por aquela política econômica, considerando se estar em um Estado de Direito, somente pela via da atuação jurisdicional é que tais direitos podem ser tutelados.

Como afirma a autora, o programa estabelecido de ajuste com o FMI está condicionado à aprovação da nova lei de recuperação de empresas (que, no Brasil, ocorreu com o advento da Lei n. 11.101/2005) e à criação de um programa de treinamento de juízes, o que se realizou com a Resolução n. 3, do STJ, no ano de 2006, em cumprimento ao disposto no artigo 105, parágrafo único, I, da Constituição Federal de 1988, dispositivo esse inserido pela já mencionada reforma do Judiciário.[30]

Ao contrário do que se possa imaginar, a adoção de tais medidas não pode ser desprezada. Não se duvida que o ajuste na atuação jurisdicional possa permitir decisões mais céleres e uma ampliação no acesso ao Judiciário por uma camada maior da população, sobretudo aquela mais carente, contudo, é preciso não perder de vista que o ponto central e determinante de todo esse processo de ajuste não é, definitivamente, obter um Judiciário com atuação menos desigual, menos elitista, menos privatista, mas o estabelecimento de parâmetros de atuação que reforçam tais características, as quais, como já dito, estão alojadas no próprio direito material, figurando o magistrado como um burocrata do Direito.

Igualmente, não se pode crer que a adoção de tais medidas irá permitir uma realização do acesso à justiça, no sentido ideológico, senão, com muita sorte e boa vontade, um acesso mais amplo do Judiciário e a obtenção da resolução de lide posta em juízo.

---

28. *Documento técnico número 319*: o setor judiciário na América Latina e no Caribe – elementos para reforma; *Relatório n. 32.789-BR*: fazendo com que a justiça conte – medindo e aprimorando o desempenho do Judiciário no Brasil, *passim*.

29. A reforma do Judiciário, o discurso econômico e os desafios da formação do magistrado hoje. *Revista do Tribunal Regional do Trabalho da 3ª Região*, Belo Horizonte, v. 42, p. 31-44, jul./dez. 2005, *passim*.

30. *Ibidem, loc. cit.*

A superação desse modelo de atuação jurisdicional, pautado nos limites do que provocado pela parte, o que denota profunda caraterística privatista, além dos limites impostos pela individualização das demandas, também não pode ser alcançada com a oferta de maiores poderes ao magistrado. Não é esse o caminho da democratização da atuação jurisdicional.

A teoria do ativismo judicial, visando a atribuir maiores poderes ao magistrado, com fins ao atingimento de uma imaginada verdade, além de não atingir o fim a que se destina, simplesmente porque tal verdade não existe, senão como fruto de um enredo ofertado pelas partes, cada qual nos limites do seu interesse, mostra-se insuficiente para estabelecer uma igualdade real entre os litigantes, visto que as suas desigualdades, bem como os privilégios de classes que marcam esse modelo de sociedade de capital, conforme já se viu, estão estabelecidas para além dos limites do litígio posto em juízo e independem do modelo procedimental que se adote.

A democratização da atuação jurisdicional é impossível de ser conquistada, se imaginada como algo a ser construído a partir do sistema processual A ou B, ativista, ou garantista, privatista, ou publicista.

A atuação jurisdicional atingirá maior ou menor grau de democracia na medida em que a sociedade conquiste esse *status*. Uma sociedade pautada em pilares estabelecidos por tons individualistas, preconceituosos, elitistas, perpetuada em suas caraterísticas por um modelo de democracia representativa, que apenas e naturalmente reflete essas mesmas características, não pode conquistar um Judiciário com expressão democrática real. A ordem de realização do sonho da democracia de fato, de deliberação, é conquistada a partir da transformação social, seguida, naturalmente, da institucional, não existindo outro caminho possível.

É exclusivamente a partir da transformação dos valores sociais, de modo profundo a atingir as bases infraestruturais, construídas ao longo da história, de datas remotas, sob elementos de preconceitos, de separação e de individualismo, que se permite a formação de novos atores a compor e coordenar os passos de um Judiciário mais democrático, o que já restou dito.

É preciso ressaltar, sempre, que o modelo de atuação jurisdicional construído a partir da divisão dos poderes reflete as características da sociedade em que inserida. É, pois, a transformação desta que provoca a mudança deseja naquela, e não o inverso.

4.2 A necessidade de reconstrução das instituições de representação e de organização política: o processo de formação de novas relações sociais

A insuficiência do modelo democrático liberal, de pura representatividade, não dos anseios sociais, mas da ordem política e econômica instalada nas sociedades de capital contemporâneas, impõe a necessidade de se repensar as instituições de representação, de modo a renovar as forças de participação direta da sociedade no diálogo deliberativo democrático.

Como bem pondera Fábio Konder Comparato, a transformação da sociedade não é acidental, mas resultado de um processo de realização dos fins eleitos pela comunidade e que força a concomitante reforma das estruturas institucionais, sejam elas pertencentes ao Estado, ou aquelas diretamente relacionadas ao exercício do poder popular, o que impõe organização.[31]

A insuficiência na atuação das instituições, segundo o autor, passa pela perpetuação das estruturas de poder permitidas pela Constituição de 1988, que consagrou, quase que com total exclusividade, nas mãos do Estado, a função de transformação social;[32] Estado esse, ressalte-se, comprometido, por meio da legalidade, com os anseios de um mercado de exploração e de privilégios, transformando aquelas mesmas necessidades sociais em empoeiradas normas programáticas.

Observa Comparato o paradoxo que representou o movimento de transformação social imaginada para o momento de rompimento com o regime ditatorial, de essência liberal, com a estrutura institucional assumida pela própria Constituição de 1988, atribuindo ao Estado as funções de transformação social, o que, na visão do autor, redunda na perpetuação do não desenvolvimento.[33]

Iniciar a manobra de transformação das relações sociais mostra-se, portanto, condição *sine qua non* para o atingimento do objetivo que se pretende. Isso porque, já se viu, será a renovação do modelo de representação social, permitindo uma participação mais efetiva e direta dos núcleos sociais, que irá redundar em mudança na atuação do Estado.

Em um primeiro passo, impõe-se a necessidade de que as diretrizes de atuação das instituições, sejam elas públicas ou de representação direta da sociedade, como ocorre com os sindicatos, as ONGs e as associações de qualquer ordem, se deem a partir dos interesses sociais gerais, o que resulta de um processo de diálogo constante, permitido por um movimento de deliberação, horizontal, interrompendo a contribuição com o modelo atual piramidal, de privilégios e com profunda identificação de interesses comuns entre Estado e organismos de representação social e setor privado.

---

31. Planejar o desenvolvimento: perspectiva institucional. *Revista de Direito Público*, São Paulo, n. 88, 1988, *passim*.

32. *Ibidem, loc. cit.*

33. Já se teve oportunidade de anotar, no presente trabalho, que, nada obstante tenha a sociedade, com mãos próprias, participado ativamente do movimento de derrubada do regime ditatorial militar que se instalou em nosso país a partir da década de 1960, a Constituição Federal de 1988 entregou às mãos do Ministério Público, da União, dos estados etc., a legitimação para tutelar os interesses da sociedade em questões de ordem coletiva, por meio da ação civil pública, sob a alegação da falta de condições de exercício pela própria sociedade.

A democracia de deliberação distingue-se essencialmente do modelo de democracia participativa, visto que, enquanto esta permite a manifestação formal dos núcleos, mas com concentração do poder de decisão, aquela, de deliberação, vai além, impondo um processo de construção coletivo e descentralizado de decisões.

É preciso apenas definir qual o modelo mais adequado para esse processo de construção coletivo das decisões, se por aquilo que Jünger Habermas chama de "mundo da vida", ou seja, uma teia de comunicação estabelecida na sociedade, permitido por um movimento constante e individual de interação, o que denomina de "ação comunicativa";[34] ou se por meio do que John Dryzek, citado por Leonardo Avritzer, denomina de "câmaras de discursos", de modo a quebrar a exclusividade da representação do *demos*.[35]

Para Habermas, o mundo da vida, considerado em seu aspecto sociológico, e guardadas aqui as devidas proporções ao aprofundamento do tema pelo autor, se dá na própria convivência social, na qual os sujeitos apresentam e, concomitantemente, ouvem questões problematizadas.[36]

Em outras palavras, o que pretende Habermas é observar que as grandes questões sociais devem ser tratadas a partir de um processo deliberativo que se estabelece e se desenvolve no próprio convívio social, como um processo de depuração natural da sociedade, que, por sua vez, tem a responsabilidade de identificar as questões a serem problematizadas. Desse modo, a relação social se dá de modo individualizado.[37]

Habermas procura reduzir a relação que comumente se estabelece entre "razão" e saber, no sentido de aquisição de conhecimento, vinculando-a de modo mais profundo com o agir comunicativo, como expressão da linguagem. Entende que, enquanto nas manifestações linguísticas se expressa saber, no agir direcionado se expressa poder.[38]

A análise de Dryzek concentra-se, basicamente, na tentativa de descentralização do núcleo de debate e tomada de decisão. Propõe, segundo aponta Avritzer, a diferenciação entre o que denomina de representação de pessoas e de discursos,

---

34. Para uma visão mais completa sobre a teoria da ação comunicativa e os conceitos de mundo da vida e ação comunicativa, ver obra específica do autor: *Teoria de la acción comunicativa*. Tradução de Manuel Jiménez Redondo. Madri: Editorial Trotta, 2010.

35. *Deliberative democracy and beyond*. Oxford: Oxford University Press, 2000, *apud* AVRITZER, Leonardo. *Sociedade civil, instituições participativas e representação*: da autorização à legitimidade da ação. *Revista de Ciências Sociais*, Rio de Janeiro, v. 50, n. 3, 2007, p. 454.

36. *Teoria de la acción comunicativa*. Tradução de Manuel Jiménez Redondo. Madri: Editorial Trotta, 2010, p. 23 *et seq.*

37. *Ibidem, loc. cit.*

38. *Ibidem, loc.*

entendendo haver uma dimensão discursiva ignorada pelo constitucionalismo liberal e que necessita ser tratada em separado, para além do ambiente eleitoral.[39]

Analisando um segundo trabalho de autoria de John Dryzek, em parceria com Simon Niemeyer, observa Avritzer que os autores ponderam o fato de que a representatividade permitida pela via eleitoral, que concentra a vontade individual nas mãos do *demos*, não seria capaz de reunir as múltiplas dimensões da política moderna.[40] Por isso a criação de câmaras de discursos, nas quais os seus integrantes ficassem impedidos de serem eleitos em pleitos eleitorais e de atuação paralela ao debate eleitoral.

Essa posição, na análise de Avritzer, apesar de apresentar ganhos sensíveis, padece de alguns pontos negativos. Primeiro, porque entende ser difícil a separação da representação de indivíduos e de ideias, visto que a representação deve ir além das ideias, encampando valores e interesses; segundo, observa Avritzer, porque Dryzek estaria ignorando uma realidade em que as representações sociais são exercidas com divisão de prerrogativas com o Poder Executivo.[41]

Para Leonardo Avritzer, é necessário levar em consideração a possibilidade de diversos tipos de autorização representativa, relacionados a três papéis políticos diversos: o papel do agente, o do advogado e o do partícipe.[42] Dispensando o debate sobre o papel do agente, considerado como representante em resultado de pleitos eleitorais, observa que, no caso do advogado, passou da característica de individualmente eleito, para o advogado de causas públicas. É o caso, segundo aponta o autor, das ONGs, que, sem que tenham sido indicadas como representantes (até porque não haveria necessidade, face à amplitude e à abrangência dos temas), agem em razão da defesa de causas que vão além dos limites do território nacional, como acontece com o Greenpeace e a Anistia Internacional.[43]

No entanto, aponta esse professor da Universidade Federal de Minas Gerais, que, em determinadas situações e condições específicas de cada realidade social, a busca pela autorização representativa poderia ser frustrada, citando o exemplo da defesa dos direitos da mulher, que, em determinados países, poderia ser recusada pelas próprias mulheres. Nesse caso, sustenta que a representatividade deve se dar por afinidade, ou seja, a identificação de um conjunto de sujeitos com o tema

---

39. *Op. cit.*, p. 454.

40. Sociedade civil, instituições participativas e representação: da autorização à legitimidade da ação, p. 454.

41. Nesse passo, importante considerar que o modelo de associativismo no Brasil propicia essa dependência entre os núcleos de representação social e o Poder Executivo. É claramente o que acontece com as associações, que, de duas, uma: ou são de total insignificância representativa, ou, se de alguma força representativa, acabam por se tornar financeiramente dependentes daquele poder, passando a fazer parte de uma esfera ampliada do Estado.

42. *Op. cit.*, p. 456.

43. *Ibidem, loc. cit.*

que os legitimaria na atuação de sua defesa. Segundo pondera, em casos assim, "a identificação com a causa se tornou mais importante do que a autorização explícita para representá-la".[44]

Parece ser essa a ideia de fundo quando se trata da representatividade adequada no tema de demandas coletivas.

Com o intuito de concentrar a legitimação para a propositura de demandas coletivas, preferiu o legislador eleger alguns entes para representarem os interesses de grupos, classes, categorias, ou mesmo aqueles direitos que, apesar de individuais, possuem uma potência coletiva. Tais entes legitimados pela via legal (*ope legis*), elencados no artigo 5.º da Lei n. 7.347/1985 (Lei da Ação Civil Pública), não podem ter a sua legitimação contestada, nem mesmo pelo próprio magistrado, visto que se parte da premissa de que a sua atuação dar-se-á em defesa dos interesses de seus representados.

Como nos ensina doutrina de Walter Piva Rodrigues a exigência de constituição com mais de um ano para a configuração da legitimidade das entidades associativas para promover demandas coletivas, tanto em defesa de interesses coletivos, quanto individuais homogêneos se mostra insuficiente.[45]

Segundo anota esse autor, a própria condição deficitária das associações que representam pessoas pobres já configura um claro desequilíbrio na relação, podendo ser equiparada a condição dessas associações à condição da própria população de baixa renda.[46]

Como se verá adiante, a questão não se mostra tão clara quando se está inserido em um contexto de dominação política e econômica de ordem tão imperativa como ocorre no Brasil, vez que, em dado momento, os representantes percebem certa afinidade de interesses, não com os representados, mas contra quem deveria atuar.

O terceiro caso de representatividade apontado por Avritzer é o da representação da sociedade civil. Nessa situação, segundo pondera, tem-se a representatividade decorrente da "especialização temática e da experiência". Está relacionada a questões afetas às políticas públicas, constituídas por atores da sociedade civil que tendem a assumir essa posição de seus representantes, pelo que se pode compreender, quase que em decorrência de processo natural de assunção dessa condição em razão do próprio tempo de atividade relacionada às políticas públicas.[47]

A conclusão a que chega Leonardo Avritzer é que, em verdade, tais formas de representação não se isolam, ao contrário, se interrelacionam, afirmando que é

---

44. Sociedade civil, instituições participativas e representação: da autorização à legitimidade da ação, p. 457.

45. A Assistência jurídica aos necessitados e as ações judiciais coletivas. *Cadernos ADENAUER*, São Paulo: 2000. p. 55.

46. *Idem, ibidem.*

47. *Ibidem*, p. 459.

necessário reduzir a preocupação em relação à questão da legitimidade de representação e aumentar a mesma preocupação sobre o modo de atuação diante de uma realidade de múltiplas soberanias.[48]

De um modo ou de outro, o que se sabe é que esse movimento de reordenação das relações sociais não se dá a partir da transformação das instituições de Estado, visto que essas estão (e não são) destinadas ao atendimento dos anseios de reprodução das expectativas perpetuadas pelo processo de dominação.

Nessa linha, Joachim Hirsch coloca questão de relevo, observando que o desenvolvimento de um sistema de capital sem fronteiras permite o atingimento diferenciado das diversas posições sociais, detentoras de uma multiplicidade de interesses, o que exige dos movimentos de representação um processo de renovação em igual medida.[49]

Em cenário como esse, observa Hirsch, não há espaço para os atores privilegiados, o que permite o surgimento de novos espaços deliberativos, de processos de busca e de mobilização de conhecimentos.[50]

Na observação do autor, os movimentos representativos que ignorarem a multiplicidade de interesses surgida e que está em constante movimento não farão frente às necessidades de seus representados. Assim, pondera:

> "Que as novas redes de protesto não englobem simplesmente os 'opositores da globalização' é revelado pelo fato de que elas até agora de nenhum modo, aos menos conhecidos, agem globalmente, embora se sirvam de maneira competente das novas técnicas de informação e de comunicação. A crítica não se volta contra a 'globalização' enquanto tal, mas contra a sua forma dominante enquanto projeto de poder, de exploração e de domínio."[51]

De outro modo, é preciso que a renovação dos movimentos de representação ocorra na mesma medida daquela observada pelo sistema de capital.

Exemplo desse descompasso pode ser visto no crescimento e na internacionalização do mercado de automóveis, bem como no modelo quase provinciano que ainda hoje se tem nos sindicatos das categorias ligadas a essa atividade, cenário esse não diverso nas outras áreas do setor econômico.

Enquanto o setor econômico propõe uma pauta organizada de debate de suas necessidades, buscando uma contínua linha de crescimento globalizado, a exemplo do Fórum Mundial de Economia em Davos, os sindicatos e as ONGs se reúnem em salas ou pátios de empresas, a partir de lideranças politicamente estabelecidas, para reivindicar, da carroceria de um caminhão, direitos que aqueles suprimiram em acordo com os Estados, de modo organizado e pela via da legalidade.

---

48. *Ibidem, loc. cit.*
49. *Teoria materialista do Estado*, p. 272.
50. *Ibidem, loc. cit.*
51. *Ibidem*, p. 273.

Convergindo o debate sobre a necessidade de novas formas de representação social e o problema da atuação jurisdicional, é preciso considerar que as associações e as organizações não governamentais têm exercido papel relevante, não se nega, bastando observar o sensível crescimento de sua atuação por meio das demandas coletivas, ainda que com os limites impostos à sua legitimidade.

Mas há de se considerar o outro lado dessa moeda. Como bem anota Hirsch, se, por um lado, as associações, especialmente as ONGs, constituem importante instrumento de pulverização do debate, fortalecendo e equilibrando o diálogo, visto sua maior capacidade[52] de organização e imposição de necessidades, por outro, têm servido às empresas como instrumento de *marketing*, de modo a "conferir às suas estratégias econômicas uma imagem humana e social".[53]

O modelo de criação e desempenho das associações e ONGs no Brasil, de dependência econômica, como em regra acontece no restante dos países desenvolvidos e em desenvolvimento, contribui para o estreitamento das relações de interesses entre Estado e instituições de representação social.

São raras as associações e as ONGs constituídas com o escopo de fomentar o debate sobre o enfrentamento das desigualdades. A sua grande maioria é constituída de entidades criadas pelas próprias empresas, ou que se mantêm com investimentos privados, com benefícios fiscais. As consequências são duas: a) entidades comprometidas com os valores empresariais, logo econômicos, imagem essa atenuada aos olhos da sociedade, face à tamanha carência desses serviços;[54] e b) entidades com sérias carências estruturais e financeiras, exatamente por optarem em permanecer autônomas em relação ao Estado e ao setor privado, na busca dos fins para os quais foram constituídas, que, em regra, são assistencialistas, e não de deliberação democrática sobre questões de políticas públicas.

O Direito, como instituição de construção democrática, deve servir de instrumento de transformação. Isso não esconde, sobremaneira, a consciência que se tem de que o Direito faz parte da arquitetura de um sistema de gerenciamento das necessidades de capital e de poder político, juntamente com o pensamento jurídico, mas esse cenário não pode implicar motivo de abandono dessa via.

Sustenta Roberto Mangabeira Unger que:

> "O direito e o pensamento jurídico foram, nas democracias industriais contemporâneas ocidentais, assim como em muitas sociedades do passado, o lugar em que um ideal de civilização assume forma institucional detalhada."[55]

---

52. O que não significa que já esteja organizado.

53. *Teoria materialista do Estado*, p. 277.

54. Mais ou menos o que se vê com o tráfico, protegido pela comunidade em razão do fornecimento de serviços básicos, não disponibilizados pelo Estado.

55. *O Direito e o futuro da democracia*. Tradução de Caio Farah Rodrigues e Marcio Soares Grandcamp. São Paulo: Boitempo, 2004, p. 9.

Em outras palavras, no modelo político-econômico-social adotado pelas sociedades contemporâneas de capital, o Direito e o pensamento jurídico, inexoravelmente, fazem parte desse sistema. A sua lógica estruturação está voltada ao atendimento das necessidades desse sistema, por isso a sua incompatibilidade com o atendimento das necessidades sociais.

A partir da compreensão do lugar ocupado pelo Direito no modelo social atual, permite-se o direcionamento dos debates com fins à transformação, desde que se parta de premissas de realidade, e não mais de fantasia, o que pressupõe organização e formação.

É sabido que uma sociedade desinformada sobre as ideologias que a envolvem gera movimentos descompassados, de modo que as manifestações sociais e as próprias pautas de reivindicações não ganham força, o processo de deliberação se reduz à mera participação, formal, no grito isolado, e não ouvido.

Portanto, organizar os conceitos, informar sobre as premissas e as consequências de um sistema de democracia aparente, mostra-se como de ordem fundamental no processo de reforma das representações, sob pena de se avolumarem os gritos diante de uma multidão de surdos.

Segundo Mangabeira Unger, o curso dessa transformação passa por dois caminhos que invariavelmente se cruzam: o experimentalismo prático da política, conjuntamente com o experimentalismo cognitivo das Ciências Sociais.[56]

Para esse pensador brasileiro, professor de Harvard, "as ciências sociais prescindem completamente da ideia de mudança estrutural", isso pelo fato de ainda estarem presas, de algum modo, a premissas e dogmas historicamente estabelecidos, o que contribui para o surgimento de "superstições hostis ao projeto democrático".[57]

A consequência apontada pelo autor é a plena incapacidade dessa Ciência Social de imaginar outros caminhos de transformação. O resultado, segundo pondera, é a consolidação do que chama de "fetichismo institucional", ou seja, "um tipo de superstição que permeia a cultura contemporânea". Conclui, observando que afastá-lo deveria ser tarefa constante de uma geração de críticos e cientistas sociais.[58]

A consequência, como anota Mangabeira Unger, é que o fetichismo institucional acaba por resultar em pseudociências, que, a despeito da alegada investigação, limitam-se à reprodução dos dogmas.

É assim com a Ciência Processual, que inaugura o século XXI trabalhando sobre questões do início do século XX, quando não, do século XIX. Nas remotas

---

56. *Ibidem*, p. 17.
57. *O Direito e o futuro da democracia*, p. 17.
58. *Ibidem, loc. cit.*

oportunidades em que se arrisca a sair desse limite de pura técnica, o faz com olhos no passado.

O tratamento ofertado ao instituto da mediação, das ações coletivas, das políticas públicas e do próprio conceito de acesso à justiça é exemplo claro do que se diz. No caso da mediação, é reduzida à mera possibilidade de acordo entre as partes como forma de pôr fim à lide estabelecida entre elas, salvo raras situações de exceção. No caso das políticas públicas, limita-se a atuação do magistrado frente a essas questões, em um claro exercício de limites de poder entre os poderes, o que contraria a própria concepção de integração de ideias, de deliberação, e o que é ainda mais grave, esquecendo-se de que o verdadeiro limite de sua atuação está no pedido ofertado pelo autor, carregado das desigualdades que o "mundo da vida" lhe apresenta.

O próprio projeto de lei que tramita no Congresso, mencionado linhas acima, que visa a disciplinar a atuação jurisdicional diante das políticas públicas, é outro exemplo dos dogmas estabelecidos pela Ciência Processual, ao tentar *ordinarizar* o procedimento judicial de resolução dessas questões, além de adotar o modelo já desgastado de resolução de políticas públicas por meio de sentença impositiva.

Nesse sentido, a abertura das instituições ao enfrentamento das novas necessidades sociais, partindo da realidade de desigualdade estabelecida como resultado da adoção de modelo de exploração, é medida que se impõe.

No caso do Poder Judiciário, secularmente encastelado e sustentado na falsa concepção de poder, exige-se o abandono da mera atuação subsuntiva, mecanicista de aplicação do fato à norma, passando a atuar pela equidade, observando e ponderando as desigualdades reproduzidas nas regras de direito material.

Nesse movimento de deliberação social, o Judiciário passa a ser um ator desse novo cenário, atuando não mais a partir de decisões, impositivas, mas a partir do debate, sobretudo diante de questões de ordem social.

Como se vê, e diferentemente do que se possa imaginar, a transformação das instituições não se restringe à função legislativa ou executiva, mas envolve profundamente a função jurisdicional.

Se é verdade que, a partir da década de 1970, com o início do movimento contrário ao arbítrio da ditadura militar, houve um sensível aumento das entidades representativas diretas da sociedade, como as associações, também é verdade que o Poder Judiciário ficou às margens desse processo.

Se, por um lado, já se permite deliberar sobre o orçamento de algumas das grandes cidades brasileiras, sobre a implantação de determinadas políticas públicas, se já foram criados fóruns sociais internacionais, inclusive no Brasil, a atuação jurisdicional ainda encontra-se à margem de todo esse processo, presa a um modelo individualista, privatista, elitista, de atuação mecanicista de adequação do fato à norma.

O caminho, contudo, mostra-se tortuoso, exigindo o adequado diagnóstico das razões ideológicas e não meramente técnicas para a ineficiência da atuação do Estado diante das necessidades sociais, inclusive as de natureza jurisdicional.

Talvez seja o momento de trazer à tona uma questão que deverá se apresentar na mente dos leitores do presente trabalho. Quais são os planos para se ter outra sociedade? Como seria uma outra sociedade?

A esses questionamentos bem responde Joachim Hirsch.

Observa esse autor, que é certamente uma das referências do nosso pensamento, que não, "não há planos sobre como seria outra sociedade".[59]

Pondera, ainda, que, diante das condições de dominação impostas pelo modelo de exploração, é necessário estabelecer um olhar capaz de ir além da realidade que se tem, o que pressupõe conhecimento, compreensão, mas, especialmente, condição de negar as declarações de que se trata de uma realidade imutável.[60]

Esse processo constante de renovação das forças de transformação, segundo Hirsch, exige reflexão sobre as vias alternativas, que, por sua vez, impõe constante deliberação. Segundo o autor, é preciso colocar constantemente em xeque as "relações sociais de forças existentes", como condição para a mudança, o que exige um movimento de "libertação do pensamento e a fantasia das banalidades ideológicas de um discurso dominante".[61]

Propõe Hirsch que, para se iniciar o caminho da transformação das relações democráticas sociais, não se faz necessária nenhuma grande engenharia, basta transformar de fantasia em realidade a promessa já realidade na Revolução Francesa, ou seja, a efetivação da proposta de liberdade, igualdade e fraternidade.

Considera que liberdade deve ser entendida como garantidora de ampla autodeterminação humana, sobretudo sobre as condições materiais, sob pena de permanecer como hoje, formal. Quanto à igualdade, observa que deve ser para todos. De fundamental relevância nessa quadra lembrar que a igualdade que se tem no modelo de ideologias dominantes é uma igualdade perante a lei, colocando como condição natural do processo evolutivo social as desigualdades verificadas. Quanto à fraternidade, entende Hirsch, deve ser entendida como "a realização de uma sociedade solidária que assegure a todos os seus membros uma vida humana digna".[62]

Paralelo à efetivação do que já prometido naquela revolução burguesa e até os dias atuais, e que continua sendo negado à sociedade até o presente momento,

59. *Teoria materialista do Estado*, p. 284.
60. *Idem.*
61. *Ibidem, loc. cit.*
62. *Ibidem*, p. 285.

sustenta esse professor da Universidade de Frankfurt o abandono do histórico processo de dominação do homem pelo homem, o que somente será possível a partir da mudança da maneira como as relações sociais se realizam, o que, na sua visão, depende apenas de vontade política para se concretizar, uma vez que os elementos econômicos e técnicos já existem, por isso não crê tratar-se de uma realidade utópica.[63]

É importante que se esclareça que a crença de Hirsch em não ver esse processo de transformação das relações sociais como necessário para se ter outra sociedade, estabelecida sob pilares de real democracia, não se contradiz com o que aqui já sustentado.

Quando esse autor observa não acreditar tratar-se de utopia o movimento de transformação da realidade social que se tem, certamente o faz no sentido de uma utopia platônica, de algo inatingível, ainda que com esforço incomum, algo que não permite superar o campo da imaginação. Por outro lado, o que se sustenta no presente trabalho, com fundamento da obra de Ernst Bloch, é que a concretização desse movimento de transformação da realidade social, apesar de realizável, somente se concretizará a partir da recusa coletiva do modelo de sociedade que se tem. Exatamente por isso, Bloch fala em utopia como sonho realizável, um sonho de quem sonha acordado, de quem está lúcido quanto à realidade à sua volta.[64]

Retornando às ponderações de Hirsch, tem-se como proposta do autor para outra sociedade democrática a criação do que chama de "estruturas de contestação e auto-organização da sociedade civil", o que somente será possível a partir da *praxis* da vida diária.[65]

Observa o autor a necessidade de se criar ambientes que permitam uma revolução na transformação das relações sociais vitais, contribuindo para o surgimento de novas formas de organizações, de modo a contribuir para a construção de conhecimentos independentes, desvinculados da esfera pública, das empresas, dos partidos que trabalhem interesses conflitantes.[66]

Quanto o papel do Direito e do pensamento jurídico nesse movimento de transformação, observa Mangabeira Unger que, enquanto não superada a fase do que chama de "auto-pobreza imposta", não seremos capazes, na visão do autor, de definir essa questão.[67]

---

63. *Teoria materialista do Estado*, p. 285.
64. *O princípio esperança, passim.*
65. *Op. cit., loc. cit.*
66. *Ibidem, loc. cit.*
67. *O Direito e o futuro da democracia*, p. 44.

O que se sabe, pondera o autor, é que é preciso estabelecer novas capacidades de superação de modelos tradicionais de debate, citando o debate tradicional e conservador que se tem das políticas públicas como exemplo.[68]

Contudo, anota Mangabeira Unger que, a permanecer o modelo de pensamento jurídico que tem hoje na doutrina jurídica contemporânea, a intenção de transformação não se realiza.[69]

O papel do reformador jurídico, segundo afirma esse professor de Harvard, seria de dar continuidade ao processo de abandono da preocupação com o gozo efetivo de direitos, passando a buscar mecanismos de reforma institucional, de modo a se fazer justiça às promessas sociais-democratas.[70]

---

68. *O Direito e o futuro da democracia*, p. 44.
69. *Ibidem, loc. cit.*
70. *Ibidem, loc. cit.*

CONCLUSÃO

A ideia de elaborar um trabalho voltado à análise do comportamento da atuação jurisdicional em nosso país, especialmente frente ao processo reformista iniciado na década de 1990, diante das ideologias de capital e política, nasceu de um pulsante e crescente inconformismo vindo dos caminhos trilhados tanto pela atuação jurisdicional quanto pelo pensamento jurídico contemporâneo.

O advento da Constituição Federal de 1988, fruto que se imaginava de um movimento das ruas, logo, garantia das necessidades mais básicas da sociedade, onde se inclui a indispensável preservação do direito a uma tutela jurisdicional digna, capaz de corrigir os rumos tortos provocados pelas históricas desigualdades sociais e pelo processo de elitização das instituições, acaba por revelar que a própria Constituição é resultado de um processo de dominação imposto por um sistema de capital e um sistema político já com raízes profundas em nossa sociedade.

Desse modo, ao buscar elementos de compreensão sobre a relação estabelecida entre a Constituição Federal de 1988, sistema de capital, político e a tutela jurisdicional, viu-se que aquilo que se imagina norma fundamental de garantia de direitos fundamentais, revela-se, em verdade, como instrumento de renovação e consolidação daquelas velhas ideologias, que passariam a ser impostas à sociedade brasileira a partir do regime de legalidade.

Essa afirmação, por certo, não ignora o fato de que conquistas importantes foram permitidas pelos movimentos de real democracia vivida no período pré-Constituinte. Um processo de coletivização de direitos, o surgimento de instituições de tutela dos necessitados, como é o caso da Defensoria Pública e o próprio fortalecimento do Ministério Público.

Contudo, as conquistas reais foram contrapostas por um modelo de atuação das instituições jurídicas que caminha em sentido oposto. Exemplos puderam ser notados no curso deste trabalho, como o paradoxo em que se apresenta a legitimação do Ministério Público para representar uma sociedade que conquistou, pelos seus próprios punhos, a sua liberdade, como se fosse incapaz de exercer os seus próprios direitos.

Observa-se, ainda, que, em razão da inadequação do antigo sistema de dominação, predominante até meados do século XX, no qual a força prevalecia, o fortalecimento da ideia de democracia era necessário, fazendo-se indispensável à garantia do sistema de capital o envolvimento de outro sistema de dominação, qual seja o político.

Sistema de capital e sistema político, portanto, não são vias de dominação contrapostas, mas complementares, de tal ordem que não mais é possível verificar a sobreposição do primeiro sobre o segundo.

Quanto à tutela jurisdicional, verifica-se que, assim como se dá com as próprias garantias fundamentais e sociais, a sua autonomia igualmente se mostra como elemento meramente formal, uma vez que a sua atuação se dá umbilicalmente vinculada àqueles sistemas de dominação.

Desse modo, tem-se que a atuação jurisdicional, a partir do instrumento processual, é nada mais do que via de legitimação dos mecanismos de exploração social e de dominação das estruturas do próprio Estado e da sociedade.

A tutela jurisdicional, como consequência de um pensamento jurídico e de um direito de privilégios, no sentido mais amplo, atua nos dias atuais ainda sobre características definidas quando do momento da revolução burguesa francesa, determinado por ideologias liberais.

Tais características são objetivamente marcadas:

- o privatismo, marcado, sobretudo, pela legislação material civilista, e, no caso do processo, pelos limites impostos à atuação do juiz, estabelecidos pelo pedido das partes, fundamentalmente por parte do autor;

- o elitismo, uma não exclusividade da atuação jurisdicional, mas igualmente presente nas demais instituições de atuação jurídica, como a advocacia, o Ministério Público, a Defensoria Pública, as Procuradorias, e que se apresenta como resultado de uma sociedade marcada quase que geneticamente por essa mesma característica, fruto de uma formação histórica de nosso país. Sabe-se, agora, que não é o sujeito social quem define o seu meio, mas o exato oposto dessa ideia, e, desse modo, em uma sociedade marcada por profundo grau de preconceito, elitizada, não se poderia imaginar instituições formadas por sujeitos com outras características; e

- o legalismo, por sua vez, se mostra como a via de dominação mais adequada quando a força deve ceder espaço para a ideia formal de uma sociedade livre e igual.

A legalidade se mostra, assim, como o espaço de atuação do magistrado, que se torna tão vítima quanto a própria sociedade de um mecanismo de império da vontade de verdadeiros detentores do poder.

Estabelecida a legalidade como forma de decisão dos conflitos, devendo-se observar os limites do pedido do autor e da defesa do réu, e, como se não bastasse, os limites do que já decidido por instâncias superiores, o que resulta de figuras como súmula vinculante e sistema de precedentes judiciais, enfim, torna-se o magistrado uma mera figura protocolar, que, em razão do grau de elitismo que possui correndo em suas veias, ainda que de modo inconsciente, atua como se detentor do poder fosse.

Nesse cenário de pura legitimação das necessidades de um sistema econômico sem limites, as garantias constitucionais do processo não passam de figuras folclóricas, de fantasia.

Como se teve oportunidade de analisar ainda no capítulo inicial do presente trabalho, as grandes atrocidades da humanidade, especialmente aquelas praticadas no século XX, foram legitimadas a partir da legalidade e do processo legal, aqui considerado em seu sentido mais amplo.

Portanto, verifica-se que aquelas características acima indicadas e percebidas a partir da atuação jurisdicional não se dão por via sistema processual, mas pela via do direito material, sendo o processo nada mais do que via de legitimação dessas necessidades.

Outra caraterística marcadamente presente na atuação jurisdicional como resultado da sua atuação de chancela do direito material é o individualismo. Característica marcante do liberalismo, é ele fruto da concepção de liberdade no exercício dos direitos. Os códigos de processo civil brasileiros, considerados em todas as suas edições, constituem exemplos claro desse modelo de atuação jurisdicional de sujeitos, e não da sociedade.

Não se nega que avanços existiram no sentido de transformar essa realidade, mas foram enfraquecidos pela adoção do sistema equivocado de legitimidade das demandas coletivas, em que a representatividade da sociedade se dá por instituições que, face ao seu modelo de representatividade social vertical, favorecem a identificação de interesses entre essas entidades e o Estado, que, por sua vez, encontra-se historicamente vinculado ao atendimento das necessidades impostas ao desenvolvimento do sistema de capital e do sistema político.

O resultado é um quadro de absoluta ineficácia do sistema de tutela coletiva de direitos, assim como ocorre com as políticas públicas, ainda presas em um modelo de debate fracassado.

Nessa quadra de ideias, o processo reformista das regras processuais nada mais representa do que uma via de fortalecimento dessas mesmas características, de modo a afastar a possibilidade da via jurisdicional de se tornar rota de transformação da realidade social que se estabeleceu e que deve assim permanecer como condição para o continuísmo da exploração social.

A transformação do modelo de representatividade social, de maneira a permitir o surgimento de uma real democracia, pautada em elementos de diálogo, com a participação dos diversos atores sociais, é medida que se impõe para que se possa realizar a utopia concreta de uma sociedade de iguais, livres e fraternos.

Esse processo de reconstrução das bases de democracia impõe a formação de novas bases teóricas de discussão, a criação de novos ambientes de debate, mas, sobretudo, a organização, fundamental para que haja condições de imposição das necessidades sentidas.

Diante dessa exigência de novos ambientes de debate, nos elementos de formação educativa dos atores sociais, passa-se a adotar novos instrumentos de resolução de conflitos sociais, a exemplo da mediação, mas não essa que se tem, e sim outra, efetiva, com finalidades que vão além da preocupação com a resolução de lides.

O magistrado, assim como o advogado e todos os demais personagens que participam da atuação jurisdicional, passam à condição de novos atores, agentes em um movimento de deliberação e construção de novas realidades.

Antes, é preciso que se compreenda que o fator determinante da inefetividade da injusta e falida atuação jurisdicional não está no âmbito da técnica, da estrutura, mas da ideologia, portanto, da infraestrutura.

BIBLIOGRAFIA

ADORNO, Theodor. *Teoria estética*. Tradução de Artur Morão. Lisboa: Edições 70, 2012.

ALCÂNTARA FILHO, José Luiz; FONTES, Rosa Maria Oliveira. A formação da propriedade e a concentração de terras no Brasil. *Revista de História Econômica e Economia Regional Aplicada*, Juiz de Fora, v. 4, n. 7, p. 63-85, jul.-dez 2009.

ALEXY, Robert. *Teoria dos direitos fundamentais*. Tradução de Virgílio Afonso da Silva. São Paulo: Malheiros, 2008.

ALIMONTI, Veridiana. *O controle de constitucionalidade das privatizações: contexto político e o tempo nos votos do Supremo Tribunal Federal*. 2006. Monografia (Curso da Escola de Formação) – Sociedade Brasileira de Direito Público, São Paulo, 2006. Disponível em: <www.sbdp.org.br/arquivos/material/406_veridiana%20alimonti.pdf>. Acesso em: 19 ago. 2014.

ALVES, Alaôr Caffé. *Estado e ideologia: aparência e realidade*. São Paulo: Brasiliense, 1987.

ARANTES, Rogério Bastos. Ações coletivas. In: AVRITZER, Leonardo *et alii* (Org.). *Dimensões políticas da justiça*. Rio de Janeiro: Civilização Brasileira, 2013.

______. Direito e política: o Ministério Público e a defesa dos direitos coletivos.

Revista Brasileira de Ciências Sociais, São Paulo, v. 14, n. 39, fev. 1999.

ARENDT, Hanna. *Origens do totalitarismo*. Tradução de Roberto Raposo. São Paulo: Companhia das Letras, 2012.

ARIÈS, Philippe. A história das mentalidades. In: LE GOFF, Jacques (Org.). *A História Nova*. Tradução de Eduardo Brandão. São Paulo: Martins Fontes, 2005.

AVRITZER, Leonardo. *A moralidade da democracia*. São Paulo: Perspectiva, 2012.

______. Judicialização da política e equilíbrio de poderes no Brasil. In:______*et alii* (Coord.). *Dimensões políticas da justiça*. Rio de Janeiro: Civilização Brasileira, 2013.

______. Sociedade civil, instituições participativas e representação: da autorização à legitimidade da ação. *Revista de Ciências Sociais*, Rio de Janeiro, v. 50, n. 3, 2007.

BALDEZ, Miguel Lanzellotti. Notas sobre a democratização do processo. In: MOREIRA, José Carlos Barbosa (Coord.). *Estudos de direito processual em memória de Luiz Machado Guimarães*. Rio de Janeiro: Forense, 1997.

BANCO MUNDIAL. *Documento técnico número 319: o setor judiciário na América Latina e no Caribe – elementos para reforma*. Tradução de Sandro Eduardo Sardá. Washington, D.C.: Banco Mundial, 1996. Disponível em: <http://www.anamatra.org.br/uploads/document/00003439.pdf>. Acesso em: 20 mar. 2013.

BANCO MUNDIAL. *Relatório n. 32.789-BR: fazendo com que a justiça conte – medindo e aprimorando o desempenho do Judiciário no Brasil*. Washington, D.C.: Banco Mundial, 2004. Disponível em: <https://www.amb.com.br/docs/bancomundial.pdf>. Acesso em: 20 mar. 2013.

BASTOS, Aurélio Wander. *O ensino jurídico no Brasil*. 2. ed. Rio de Janeiro: Lúmen Júris, 2000.

BAUMAN, Zygmunt. *Tempos líquidos*. Tradução de Carlos Alberto Medeiros. Rio de Janeiro: Zahar, 2007.

BEDAQUE, José Roberto dos Santos. *Direito e processo*. 3. ed. São Paulo: Malheiros, 2003.

BERCOVICI, Gilberto; MASSONETTO, Luis Fernando. A Constituição dirigente invertida: a blindagem da Constituição financeira e a agonia da Constituição econômica. *Boletim de Ciências Econômicas*, Coimbra, v. 49, 2006.

______. Constituição e política: uma relação difícil. *Revista Luanova*, São Paulo, n. 61, 2004.

______. Estado intervencionista e Constituição social no Brasil: o silêncio ensurdecedor de um diálogo entre ausentes. In: SOUZA NETO, Cláudio Pereira de; SARMENTO, Daniel; BINENBOJM, Gustavo (Coord.). *Vinte anos da Constituição Federal de 1988*. Rio de Janeiro: Lúmen Júris, 2009.

BERGER, Peter L.; LUCKMANN, Thomas. *A construção social da realidade: tratado de sociologia do conhecimento*. Tradução de floriano de Souza Fernandes. Petrópolis: Vozes, 2012.

BERTOLIN, Patrícia Tuma Martins; RIBEIRO, Hélcio. Reflexões sobre o ensino jurídico no Brasil: perpetuação ou ruptura? In: MESSA, Ana flávia; THEOPHILO JÚNIOR, Roque. *Estado e economia: estudos em homenagem a Ademar Pereira*. São Paulo: Saraiva, 2011.

BISOL, Rassana. Dialética social do Direito. In: COSTA, Alexandre Bernardino *et alii* (Org.). *O direito achado na rua: introdução crítica ao direito à saúde*. Brasília: CEAD/UnB, 2009.

BLOCH, Ernest. *O princípio esperança*. Tradução de Nélio Schneider. Rio de Janeiro: Ed. da Universidade do Estado do Rio de Janeiro, 2005. v. I.

BOBBIO, Norberto. *A era dos diretos*. Tradução de Carlos Nelson Coutinho. 14. tir. Rio de Janeiro: Campus, 1992.

______. *Igualdade e liberdade*. 2. ed. Tradução de Carlos Nelson Coutinho. Rio de Janeiro: Ediouro, 1997.

BOBBIO, Norberto. *Liberalismo e democracia*. 6. ed. 10. imp. Tradução de Marco Aurélio Nogueira. São Paulo: Brasiliense, 2011.

BONAVIDES, Paulo. *Do Estado Liberal ao Estado Social*. 7. ed. São Paulo: Malheiros, 2001.

______. *Do país constitucional ao país neocolonial: a derrubada da Constituição e a recolonização pelo golpe de Estado institucional*. 4. ed. São Paulo: Malheiros, 2009.

______. *Teoria constitucional da democracia participativa: por um direito constitucional de luta e resistência, por uma nova hermenêutica, por uma repolitização da legitimidade*. 3. ed. São Paulo: Malheiros, 2008.

______; ANDRADE, Paes de. *História constitucional do Brasil*. 3. ed. Rio de Janeiro: Paz e Terra, 1991.

BRASIL. Ministério da Justiça. *Portal do Ministério da Justiça*. Brasília: Ministério da Justiça, 2013. Disponível em: <http://portal.mj.gov.br>. Acesso em: 2 jun. 2013.

______. Ministério do Desenvolvimento Social e Combate à Fome. *Pesquisa nacional sobre a população em situação de rua*. Brasília: Secretaria de Avaliação e Gestão da Informação, 2008. Disponível em: <http://www.mds.gov.br/backup/arquivos/sumario_executivo_pop_rua.pdf>. Acesso em: 10 mar. 2013.

BUCCI, Maria Paula Dallari. *Políticas públicas: considerações sobre o conceito jurídico*. São Paulo: Saraiva, 2006.

CALDEIRA, Adriano. *Processo coletivo: uma análise sistemática sobre a litispendência entre as demandas coletivas e entre estas e as individuais*. São Paulo: LTR, 2012.

CALVINHO, Gustavo. *El proceso con derechos humanos: método de debate y garantia frente al poder*. Buenos Aires: Editorial Universidad del Rosário, 2012.

CAPPELLETTI, Mauro. *Juízes legisladores*? Tradução de Carlos Alberto Álvaro de Oliveira. Porto Alegre: Sérgio Antonio Fabris Editor, 1999.

______; GARTH, Bryant. *Acesso à justiça*. Tradução de Ellen Gracie Northfleet. Porto Alegre: Sergio Antonio Fabris Editor, 2002.

CARNELUTTI, Francesco. *Sistema de direito processual civil*. Tradução de Hiltomar Martins Oliveira. São Paulo: ClassicBook, 2000. v. I.

______. *Sistema de direito processual civil*. Tradução de Hiltomar Martins Oliveira. São Paulo: ClassicBook, 2000. v. II.

CASTRO, Carlos Roberto Siqueira. *O devido processo legal e os princípios da razoabilidade e da proporcionalidade*. 3. ed. Rio de Janeiro: Forense, 2005.

CHIOVENDA, Giuseppe. *Instituições de direito processual civil*. Tradução de J. Guimarães Menegale. 2. ed. São Paulo: Saraiva, 1965. v. II.

CINTRA, Geraldo de Ulhoa. *Da jurisdição*. Rio de Janeiro: Lux, 1958.

COHN, Gabriel. Perspectiva da esquerda. In: IANNI, Octávio *et alii*. *Política e revolução social no Brasil*. Rio de Janeiro: Civilização Brasileira, 1965.

COMPARATO, Fábio Konder. Planejar o desenvolvimento: perspectiva institucional. *Revista de Direito Público*, São Paulo, n. 88, 1988.

CORREAS, Óscar. *Crítica da ideologia jurídica: ensaio sócio-semiológico*. Tradução de Roberto Bueno. Porto Alegre: Sérgio Antonio Fabris Editor, 1995.

DALLARI, Dalmo de Abreu. *O poder dos juízes*. 3. ed. São Paulo: Saraiva, 2008.

______. *O renascer do Direito*. 2. ed. São Paulo: Saraiva, 1980.

DEBORD, Guy. *A sociedade do espetáculo*. Tradução de Estela dos Santos Abreu. Rio de Janeiro: Contraponto, 1997.

DINAMARCO, Cândido Rangel. *A instrumentalidade do processo*. 14. ed. São Paulo: Malheiros, 2009.

______. *Fundamentos do processo civil moderno*. 4. ed. São Paulo: Malheiros, 2001. v. I.

______. *Instituições de direito processual civil*. São Paulo: Malheiros, 2001. v. I.

DWORKIN, Ronald. *Levando os direitos a sério*. Tradução de Nelson Boeira. São Paulo: Martins Fontes, 2010.

FARIA, José Eduardo Campos de Oliveira. A cultura e as profissões jurídicas numa sociedade em transformação. In: NALINI, José Renato (Coord.). *Formação jurídica*. São Paulo: Revista dos Tribunais, 1994.

______. *O Brasil pós-constituinte*. Rio de Janeiro: Graal, 1989.

______. Positivismo x jusnaturalismo: um falso dilema. In:_____. *O direito achado na rua*. Brasília: Ed. da Universidade de Brasília, 1988.

FERRAJOLI, Luigi. *Direito e razão: teoria do garantismo penal*. 3. ed. Tradução de Juarez Tavares. São Paulo: Revista dos Tribunais, 2010.

FERRAZ JR., Tércio Sampaio. *Introdução ao estudo do Direito*. 4. ed. São Paulo: Atlas, 2003.

FERREIRA FILHO, Manoel Gonçalves. *A democracia possível*. São Paulo: Saraiva, 1972.

FILGUEIRAS, Fernando; GUIMARÃES, Juarez; STARLING, Heloísa. *Teoria da Ciência Jurídica*. São Paulo: Saraiva, 2001.

FREIRE, Gilberto. *Problemas brasileiros de Antropologia*. 3. ed. Rio de Janeiro: Livraria José Olympio, 1962.

FREITAS, Graça Maria Borges de. A reforma do Judiciário, o discurso econômico e os desafios da formação do magistrado hoje. *Revista do Tribunal Regional do Trabalho da 3ª Região*, Belo Horizonte, v. 42, p. 31-44, jul./dez. 2005.

FURTADO, Celso. *Análise do modelo brasileiro*. 2. ed. Rio de Janeiro: Civilização Brasileira, 1972.

GADAMER, Hans-Georg. *Verdade e método*. 6. ed. Tradução de Enio Paulo Giachini. Petrópolis: Vozes; Bragança Paulista: São Francisco, 2011. v. II.

GARCIA-PELAYO, Manuel. *De mito y de la razon en el pensamiento político*. Madri: Revista de Occidente, 1968.

______. *Derecho constitucional comparado*. 3. ed. Madri: Revista de Occidente, 1953.

______. *Los mitos políticos*. Madri: Alianza Editorial, 1981.

GRINOVER, Ada Pellegrini. *A garantia constitucional do direito de ação e sua relevância no processo civil*. 1972. Dissertação (Livre-docência em Direito) – Universidade de São Paulo, São Paulo, 1972.

______. O princípio da ampla defesa no processo civil, penal e administrativo. In: . *O processo em sua unidade*. Rio de Janeiro: Forense, 1984. v. II.

GUERRA FILHO, Willis Santiago. *Processo constitucional e direitos fundamentais*. 5. ed, São Paulo: RCS, 2007.

______. *Teoria da Ciência Jurídica*. São Paulo: Saraiva, 2001.

GUIMARÃES, Mário. *O juiz e a função jurisdicional*. Rio de Janeiro: Forense, 1958.

HABERMAS, Jünger. *Teoria de la acción comunicativa*. Tradução de Manuel Jiménez Redondo. Madri: Editorial Trotta, 2010.

HEIDEGGER, Martin. *A caminho da linguagem*. 6. ed. Tradução de Maria Sá Cavalcante Schuback. Petrópolis: Vozes; Bragança Paulista: São Francisco, 2012.

HERRERA, Carlos Miguel. Estado, constitución y derechos sociales. *Revista de Derecho del Estado*, Bogotá, n. 15, 2003.

HIRSCH, Joachim. *Teoria materialista do Estado*. Tradução de Luciano Cavini Martorano. Rio de Janeiro: Revan, 2010.

HOLANDA, Sérgio Buarque de Holanda. *Raízes do Brasil*. São Paulo: Companhia das Letras, 2006.

HOLSTON, James. *Cidadania insurgente: disjunções da democracia e da modernidade no Brasil*. Tradução de Claudio Carina. Revisão técnica de Luísa Valentini. São Paulo: Companhia das Letras, 2013.

HORKHEIMER, Max. *Eclipse da razão*. Tradução de Sebastião Uchoa Leite. São Paulo: Centauro, 2002.

______. *Teoria crítica*. Tradução de Hilde Cohn. São Paulo: Perspectiva, 2011. v. I.

IANNI, Octávio. Processo político e desenvolvimento econômico. In:_____ *et alii*. *Política e revolução social no Brasil*. Rio de Janeiro: Civilização Brasileira, 1965.

INSTITUTO DE PESQUISA ECONÔMICA APLICADA. *ANADEP e Ipea lançam Mapa da Defensoria Pública no Brasil*. Brasília: IPEA, 2013. Disponível em: <http://www.ipea.gov.br/sites/mapadefensoria>. Acesso em: 21 nov. 2014.

KANT, Immanuel. *Introdução ao estudo do direito*. 2. ed. Tradução de Edson Bini. Bauru: Edipro, 2007.

KELSEN, Hans. *O que é justiça*? Tradução de Luís Carlos Borges. São Paulo: Martins Fontes, 2001.

KOSIK, Karel. *Dialética do concreto*. Tradução de Célia Neves e Alderico Toríbio. São Paulo: Paz e Terra, 2011.

KUHN, Thomas. *A estrutura das revoluções científicas*. Tradução de Beatriz Vianna Boeira e Nelson Boeira. São Paulo: Perspectiva, 2009.

LAFER, Celso. *A reconstrução dos direitos humanos*. São Paulo: Companhia das Letras; Schwarcz, 1988.

LASSALLE, Ferdinand. *A essência da Constituição*. 4. ed. Rio de Janeiro: Lúmen Júris, 1998.

LEFORT, Claude. *A invenção democrática*. 3. ed. Tradução de Isabel Loureiro e Maria Leonor Loureiro. Belo Horizonte: Autêntica, 2011.

LE GOFF, Jacques. *A História Nova*. Tradução de Eduardo Brandão. São Paulo: Martins Fontes, 2005.

LEITE, Sérgio Pereira; ÁVILA, Rodrigo Vieira de. *Reforma agrária e desenvolvimento na America Latina: rompendo com o reducionismo das abordagens economicistas*. RER, Rio de Janeiro, v. 45, n. 3, p. 777-805, jul./set. 2007.

LEMBO, Claudio. *A pessoa – seus direitos*. São Paulo: Manole, 2007.

LESSA, Pedro. *Do Poder Judiciário*. Rio de Janeiro: Livraria Francisco Alves, 1915.

LIBERATI, Wilson Donizeti. *Políticas públicas no Estado Constitucional*. São Paulo: Atlas, 2013.

LUHMANN, Niklas. *Sociologia do Direito*. Tradução de Gustavo Bayer. Rio de Janeiro: Edições Tempo Brasileiro, 1983. v. I.

______. *Sociologia do Direito*. Tradução de Gustavo Bayer. Rio de Janeiro: Edições Tempo Brasileiro, 1985. v. II.

MACIEL, Débora Alves; KOERNER, Andrei. Sentido da judicialização da política: duas análises. *Revista Lua Nova*, São Paulo, n. 57, p. 113-133, 2002

MALBERG, Carré de. *Teoría general del Estado*. Tradução de José Lion Depetre. México: Facultad de Derecho Fondo de Cultura Económica, 2001.

MARCUSE, Herbert. *Eros e civilização: uma interpretação filosófica do pensamento de Freud*. 8. ed. Tradução de Álvaro Cabral. Rio de Janeiro: LTC, 2009.

______. *Razão e revolução: Hegel e o advento da teoria social*. 5. ed. Tradução de Marília Barroso. São Paulo: Paz e Terra, 2004.

MARICATO, Ermínia. Metrópole, legislação e desigualdade. *Estudos Avançados*, São Paulo, v. 17, n. 48, p.151-166, 2003.

MARINONI, Luiz Guilherme. *Curso de processo civil: teoria geral do processo*. 3. ed. São Paulo: Revista dos Tribunais, 2008. v. I.

______. *Tutela específica*. 2. ed. São Paulo: Revista dos Tribunais, 2001.

MARTINS, Eliezer Pereira. MARTINS, Eliezer Pereira. *Inconstitucionalidades e atecnias da lei disciplinar da Polícia Militar do Estado de São Paulo*. São Paulo: Leud, 2007.

MARTINS, Ives Gandra da Silva. A cultura do jurista. In: NALINI, José Renato (Coord.). *Formação jurídica*. São Paulo: Revista dos Tribunais, 1994.

MARTINEZ, Sérgio Rodrigues. A evolução do ensino jurídico no Brasil. *Jus Navigandi*, Teresina, ano 10, n. 969, 26 fev. 2006. Disponível em: <http://jus2.uol.com.br/doutrina/texto.asp?id=8020>. Acesso em: 10 mar. 2013.

MASCARO, Alysson Leandro. *Crítica da legalidade e do Direito brasileiro*. 2. ed. São Paulo: Quartier Latin, 2008.

______. *Estado e forma política*. São Paulo: Boitempo, 2013.

______. *Utopia e direito*. São Paulo: Quartier Latin, 2008.

MENGER, Antonio. *El derecho civil y los pobres*. Tradução para o espanhol de Adolfo G. Posada. Buenos Aires: Atalaya, 1947.

MIAILLE, Michel. *Introdução crítica ao direito*. 3. ed. Tradução de Ana Prata. Lisboa: Editorial Estampa, 2005.

MITIDIERO, Daniel Francisco. O processualismo e a formação do Código Buzaid. *Revista de Processo*, vol. 183. RT. São Paulo, 2010.

______. Processo e Constituição: As possíveis relações entre Processo Civil e Direito Constituicional no marco teórico do formalismo-valorativo. Cadernos do programa de pós-graduação da UFRS, vol 1, 2004.

MORAIS, José Luis Bolzan. *As crises do Estado e da Constituição e a transformação espacial dos direitos humanos*. Porto Alegre: Livraria do Advogado, 2002.

MOREIRA, José Carlos Barbosa. *O futuro da justiça: alguns mitos*. São Paulo: Saraiva, 2004. (Temas de direito processual, série 8).

______. O neoprivatismo no processo civil. *Revista de Processo*, São Paulo, v. 122, 2005.

______. *Por um processo socialmente efetivo*. São Paulo: Saraiva, 2004. (Temas de direito processual, série 8).

MOTTA, Benedito. *Filosofia e história do Direito*. São Paulo: José Bushatsky Editor, 1976.

NERY JÚNIOR, Nelson. *Princípios do processo na Constituição Federal*. 11. ed. São Paulo: Revista dos Tribunais, 2012.

NUNES, Dierle José Coelho. *Processo jurisdicional democrático: uma análise crítica das reformas processuais*. Curitiba: Juruá, 2009.

OLIVEIRA, Carlos Alberto Álvaro. *Do formalismo no processo civil*. 2. ed. São Paulo: Saraiva, 2003.

ORGANIZAÇÃO INTERNACIONAL DO TRABALHO. *Declaração da OIT sobre os princípios e direitos fundamentais no trabalho e seu seguimento.* Adotada durante a Conferência Internacional do Trabalho na octogésima sexta reunião, em Genebra, em 18 de junho de 1998. Brasília: OIT, 2007. Disponível em: <http://www.oitbrasil.org.br/sites/default/files/topic/international_labour_standards/pub/declaracao_oit_293.pdf>. Acesso em: 20 mar. 2013.

ORTIZ, Juan Carlos Guayacán. *Las implicaciones de la oralidade en algunas de las garantias constitucionales del proceso civil.* In:_____. *Proceso y Constitución.* Lima: ARA Editores, 2011.

PAIXÃO, Marcelo *et alii* (Org.). *Relatório Anual das Desigualdades Raciais no Brasil 2009-2010.* Brasília: Garamond; Laeser, 2010. Disponível em: <http://www.laeser.ie.ufrj.br/PT/ relatorios%20pdf/Relat%C3%B3rio_2009-2010.pdf>. Acesso em: 10 mar. 2013.

PASSOS, J. J. Calmon de. Processo e democracia. In: GRINOVER, Ada Pellegrini; DINAMARCO, Cândido Rangel; WATANABE, Kazuo (Coord.). *Processo e participação.* São Paulo: Revista dos Tribunais, 1988.

______. *Revisitando o direito, o poder, a justiça e o processo: reflexões de um jurista que trafega na contramão.* Salvador: Juspodivm, 2013.

PASUKANIS, Eugeny. *A teoria geral do direito e o marxismo.* Tradução de Paulo Bessa. Rio de Janeiro: Renovar, 1989.

PICARDI, Nicola. *Jurisdição e processo.* Organização e revisão técnica da tradução de Carlos Alberto Álvaro de Oliveira. Rio de Janeiro: Forense, 2008.

PINHEIRO, Armando Castelar. Impacto sobre o crescimento: uma análise conceitual. In: CASTELAR, Armando *et alii* (Org.). *Judiciário e economia no Brasil.* São Paulo: Sumaré, 2000.

POLITZER, Georges. *A Filosofia e os mitos.* Tradução de Eduardo Francisco Alves. Rio de Janeiro: Civilização Brasileira, 1973.

PORTO, Júlia Pinto Ferreira. *Acesso à justiça: o Projeto florença e o Banco Mundial.* 2009. Dissertação (Mestrado em Direito) – Universidade Presbiteriana Mackenzie, São Paulo, 2009.

PRADO JUNIOR, Caio. *Formação do Brasil contemporâneo.* 6. ed. São Paulo: Brasiliense, 2000.

RAMOS, Glauco Gumerato. Realidade e perspectiva da assistência jurídica aos necessitados no Brasil. In: *Cadernos ADENAUER*, São Paulo: 2000.

RIBEIRO, Patrícia Carvalho. *Judicialização da política: estudos de caso.* 2008. Monografia (Curso de Especialização em Instituições e Processos Políticos do Legislativo) – Centro de Formação, Treinamento e Aperfeiçoamento da Câmara dos Deputados (Cefor), Brasília, 2008. Disponível em: <http://www2.camara.leg.br/responsabilidade-social/edulegislativa/educacao-legislativa-1/posgraduacao/arquivos/publicacoes/banco-de-monografias/ip-2a-edicao/PatrciaCarvalhoRibeiro.pdf>. Acesso em: 10 mar. 2013.

RODRIGUES, Walter Piva. A assistência jurídica aos necessitados e as ações judiciais coletivas, in: *Cadernos ADENAUER*, São Paulo: 2000.

______, Assistência judiciária, uma garantia insuficiente. *Participação e processo.* coord. Ada Pellegrini Grinover, Cândido Rangel Dinamarco e Kazuo Watanabe. RT, São Paulo: 1988.

ROSAS, Roberto. *Direito processual constitucional.* 3. ed. São Paulo: Revista dos Tribunais, 1999.

ROSENBERG, Leo. *Tratado de derecho procesal civil.* Tradução de Angela Romera Vera. Lima: Ara Editores, 2007. v. I.

SAYAD, João. Aspectos políticos do déficit público. In: POMERANZ, Lenina; MIGLIOLI, Jorge; LIMA, Gilberto Tadeu. *Dinâmica econômica do capitalismo contemporâneo*: homenagem a M. Kalecki. São Paulo: FAPESP/ Edusp, 2001.

SCHMITT, Carl. *O conceito de político: teoria do partisan.* Tradução de Geraldo de Carvalho. Belo Horizonte: Del Rey, 2009.

SINGER, Paul. A economia brasileira depois de 1964. *Debate e Crítica, Revista de Ciências Sociais*, São Paulo, n. 4, 1974.

SMANIO, Gianpaolo Poggio. Legitimidade jurídica das políticas públicas: a efetivação da cidadania. In: SMANIO, Gianpaolo Poggio; BERTOLI, Patrícia Martins (Coord.). *Os direitos e as políticas públicas no Brasil.* São Paulo: Atlas, 2013.

SOARES, Rogério Aguiar Munhoz. *Tutela jurisdicional diferenciada: tutelas de urgência e medidas liminares em geral.* São Paulo: Malheiros, 2000.

SPENGLER. Fabiana Marion. *Da jurisdição à mediação.* Ijuí: Unijuí, 2010.

STRECK, Lenio Luiz. A crise da hermenêutica e a hermenêutica da crise: a necessidade de uma nova crítica do direito. In: SAMPAIO, José Adércio Leite (Coord.). *Jurisdição constitucional e direitos fundamentais.* Belo Horizonte: Del Rey, 2003.

SWENSSON JUNIOR, Walter Cruz. *Os limites da liberdade: a atuação do Supremo Tribunal Federal no julgamento de crimes políticos durante o regime militar de 1964.* 2006. Tese (Doutorado em Direito) – Universidade de São Paulo, São Paulo, 2006.

TARUFFO, Michele; FENOLL, Jordi Nieva. *Neurociência y processo judicial.* Coleção processo y derecho. Marcial Pons. 2013.

TEUBNER, Gunther. *Direito, sistema e policontexturalidade.* Piracicaba: UNIMEP, 2005.

TOMMASEO, Ferruccio. *Appunti di diritto processuale civile.* 4. ed. Tutim: G. Giappichelli Editore, 2000.

TUCCI, José Rogério Cruz e. *Jurisdição e poder.* São Paulo: Saraiva, 1987.

UNGER, Roberto Mangabeira. *A segunda via: presente e futuro do Brasil.* São Paulo: Boitempo, 2001.

_____. *O Direito e o futuro da democracia*. Tradução de Caio Farah Rodrigues e Marcio Soares Grandcamp. São Paulo: Boitempo, 2004.

VIANNA, Luiz Werneck; CARVALHO, Maria Alice Resende de; MELO, Manuel Palácios Cunha; BURGOS, Marcelo Baumann. *A judicialização da política e das relações sociais no Brasil*. Rio de Janeiro: Revan, 1999.

VILLEY, Michel. *A formação do pensamento jurídico moderno*. Tradução de Claudia Berliner. São Paulo: Martins Fontes, 2009.

_____. *O direito e os direitos humanos*. Tradução de Maria Ermantina de Almeida Prado Galvão. São Paulo: Martins Fontes, 2007.

WACH, Adolf. *Manual de derecho procesal civil*. Tradução do alemão por Tomás A. Banzahaf. Buenos Aires: Ediciones Juridicas Europa-America, 1977. v. I.

YARSHELL, Flávio Luiz. *Tutela jurisdicional*. São Paulo: DPJ, 2006.